粤港澳大湾区能源转型
中长期情景研究

《粤港澳大湾区能源转型中长期情景研究》项目组 著

科学出版社
北京

内 容 简 介

本书以构建粤港澳大湾区"清洁、低碳、安全、高效"的能源体系为目标,充分调研和分析粤港澳大湾区内各城市能源发展现状、趋势和相互关联,比较研究世界三大湾区能源转型演进历程,对粤港澳大湾区在全球能源转型进程中的坐标进行定位,从城市和部门两个维度对粤港澳大湾区中长期能源转型情景进行研究,提出分阶段能源转型的目标、重要任务和政策措施。研究发现,煤炭减量化和提高非化石能源比例是实现用能方式优化的核心;交通和建筑部门是粤港澳大湾区能源转型重要的政策着力点;在能源结构调整、高端制造业和新兴产业加快发展的支撑下,在2035年粤港澳大湾区重要能源指标将达到国际先进水平。

本书是中国工程院系列重大咨询项目"推动能源生产和消费革命战略研究"的深化和重要延续,可为政府相关部门决策者提供参考,也可供能源相关领域的科研人员、管理者、大专院校师生阅读。

图书在版编目(CIP)数据

粤港澳大湾区能源转型中长期情景研究 /《粤港澳大湾区能源转型中长期情景研究》项目组著 . —北京:科学出版社,2020.9
    ISBN 978-7-03-066114-2

Ⅰ.①粤… Ⅱ.①粤… Ⅲ.①能源经济-区域经济发展-研究-广东、香港、澳门 Ⅳ.① F426.2

中国版本图书馆 CIP 数据核字 (2020) 第 175398 号

责任编辑:李轶冰 / 责任校对:郑金红
责任印制:肖 兴 / 封面设计:黄华斌

科 学 出 版 社 出版
北京东黄城根北街16号
邮政编码:100717
http://www.sciencep.com
中国科学院印刷厂 印刷
科学出版社发行 各地新华书店经销
*

2020年9月第 一 版 开本:787×1092 1/16
2020年9月第一次印刷 印张:15
字数:350 000

定价:180.00元
(如有印装质量问题,我社负责调换)

撰写委员会

项目负责人

谢克昌　中国工程院

陈　勇　中国工程院

赵黛青　中国科学院广州能源研究所

院士顾问组

周守为　中国工程院

李立浧　中国工程院

罗　安　中国工程院

项　目　组

廖翠萍　中国科学院广州能源研究所

汪　鹏　中国科学院广州能源研究所

王文军　中国科学院广州能源研究所

骆志刚　中国科学院广州能源研究所

漆小玲　中国科学院广州能源研究所

成贝贝　中国科学院广州能源研究所

谢鹏程　中国科学院广州能源研究所

黄　莹　中国科学院广州能源研究所

骆跃军　中国科学院广州能源研究所
任松彦　中国科学院广州能源研究所
蔡国田　中国科学院广州能源研究所
白　羽　中国科学院广州能源研究所
于文益　广东省能源研究会
刘　凯　广东省能源研究会
李建华　广东省能源研究会
马雅燕　香港浸会大学
卢笛声　香港浸会大学
张文伟　香港浸会大学
王志石　澳门科技大学
宋庆彬　澳门科技大学
梁扬扬　澳门科技大学

外部专家组

郑庆顺　中国工程科技发展战略广东研究院
谢冰玉　中国工程科技发展战略广东研究院
周凤起　国家发展和改革委员会能源研究所
胡秀莲　国家发展和改革委员会能源研究所
姜克隽　国家发展和改革委员会能源研究所
杨　鹂　绿色创新发展研究中心
呼和涛力　常州大学
傅崇辉　广东医科大学
张艳芳　中国社会科学院
薛　冰　中国科学院沈阳应用生态研究所

前　言

习近平总书记提出推动能源消费革命、能源供给革命、能源技术革命、能源体制革命和全方位加强国际合作"四个革命、一个合作"的能源安全新战略，从全局和战略的高度为我国能源事业高质量发展指明了方向。粤港澳大湾区具有独特的区位优势、丰富的创新资源，通过聚焦粤港澳三地共同关注的能源转型问题、环境保护和低碳发展问题，凝聚共识，使粤港澳三地的能源供需体系共同朝着"清洁、低碳、安全、高效"的方向转型提升，带动三地在经济、技术、产业、体制等多方面融合协同发展，以小切口推动大变局，助力"一国两制"事业发展迈上新台阶，具有深远的国际影响和政治意义。

在粤港澳大湾区发展规划落地、各项建设正如火如荼开展之际，作为中国工程院和广东省政府共建的高端智库——中国工程科技发展战略广东研究院响应国家重大战略部署，聚焦广东经济社会发展的全局性重大科技战略，服务粤港澳大湾区建设，启动了"粤港澳大湾区能源转型中长期情景研究"重大咨询项目，适度超前、恰逢其时、意义重大，体现了中国工程院作为国家智库的敏锐性、前瞻性、责任感和使命感。

项目由陈勇和谢克昌牵头，粤港澳三地的科研工作者分4个子课题共同执行。项目剖析了纽约湾区、旧金山湾区、东京湾区的能源发展演进路线，汲取可借鉴的经验和启示，根据国家"五位一体"总体布局、推动能源革命和区域发展战略等要求，立足于粤港澳大湾区"9+2"城市群能源现状和未来的经济融合协同发展，对粤港澳大湾区11个城市能源供需与互联互通情况开展跨时数月的深度调研，并与世界三大湾区进行多维度比较分析。在此基础上，从"9+2"城市群和4个能源部门两个维度构建粤港澳大湾区社会经济和能源转型集成模型，创新探索城市群能源转型战略和路径的情景研究方法。采用长期能源替代规划系统模型、宏观经济结构方程模型、人口预测模型的研究方法，描述中长期粤港澳大湾区能源转型情景，提出能源转型的目标、重要任务和政策措施。从研究尺度看，与之前开展的国家宏观层面、技术层面的能源发展战略研究工作不同，是从中观层面研究城市群的能源转型问题；从研究内容看，体现了城市群之间经济、能源发展的差异性，增加了多目标协同研究内容。研究工作全面落实国家对战略研究提出的"基础研究要扎实，战略目标要清晰，保障措施要明确，技术路线图和政策建议要具体可行"的要求，坚持中国工程院对重大课题研究的战略性、科学性、时效性、可行性、独立性的要求，经过广泛的专家讨论、现场调研、深入分析、成果交流和征求意见，最后形成一份项目综合报告和4个课题报告。项目在研究过程中取得的一些重要成果和核心认识，及时上报了广东省政府有关部门。

本书是项目综合报告的深化和提炼，由项目研究人员负责修改撰写，全书研究思路和结构框架由谢克昌和陈勇总体设计。第1章概论，由赵黛青、王文军负责撰写。第2章世界三大湾区能源转型经验及对粤港澳大湾区建设的启示，由骆志刚、杨鹏负责撰写。第3章粤港澳大湾区能源发展现状分析，由汪鹏负责组织研究和撰写，与中国科学院广州能源研究所课题组成员及于文益、刘凯、王志石、宋庆彬、马雅燕、卢笛声、张文伟共同完成。第4章粤港澳大湾区中长期经济社会发展趋势分析，由王文军、谢鹏程负责撰写。第5章粤港澳大湾区能源转型情景分析，由廖翠萍负责组织研究和撰写。其中，骆跃军负责研究电力部门能源转型情景，漆小玲和任松彦负责研究工业部门能源转型情景，黄莹负责研究交通运输领域能源转型情景，成贝贝负责研究建筑部门能源转型情景。第6章能源转型推动粤港澳大湾区可持续发展的分析，由赵黛青、王文军负责撰写。第7章粤港澳大湾区能源转型政策建议，由陈勇和谢克昌组织项目组成员共同讨论完成。另外，王文军和成贝贝在书稿的文字整理和图表编制方面做了大量工作。

作为项目负责人，借本书付梓之际，对参加研究的各位院士和专家表示衷心的感谢！目前项目组成员在第一期项目研究成果的基础上已经启动第二期项目研究。希望能源和城市领域的专家与有识之士共同努力，携手合作，为推进粤港澳大湾区能源转型与经济社会持续健康发展贡献力量！

陈　勇　谢克昌
2020年6月20日

目 录
CONTENTS

CONTENTS

目 录
CONTENTS

第1章 概 论

1.1 粤港澳大湾区能源转型宏观背景

1.1.1 能源转型政策背景

粤港澳大湾区包括香港特别行政区（以下称香港）、澳门特别行政区（以下称澳门）和广东省（以下称广东）广州市、深圳市、珠海市、佛山市、东莞市、中山市、惠州市、江门市、肇庆市（以下称珠三角9市）。粤港澳大湾区拥有独特的区位优势、产业链基础及科技创新环境，是我国开放程度最高、经济活力最强的区域之一，在国家发展大局中具有重要战略地位。2019年2月18日，中共中央、国务院印发了《粤港澳大湾区发展规划纲要》（以下简称《规划纲要》），粤港澳大湾区建设是国家重要区域发展战略，承载着引领高水平对外开放、推进粤港澳大湾区城市群高质量协同发展的重要使命，既是新时代推动形成全面开放新格局的新尝试，也是推动"一国两制"事业发展的新实践。《规划纲要》提出要将粤港澳大湾区建设成为：充满活力的世界级城市群；有全球影响力的国际科技创新中心；"一带一路"建设的重要支撑；内地与港澳深度合作示范区；宜居宜业宜游的优质生活圈。

能源是社会经济发展不可或缺的物质基盘，粤港澳大湾区未来经济的高起点和快速发展，无疑需要可持续的能源体系提供安全保障。同时，粤港澳大湾区的发展定位，决定了其必须在经济高质量增长、保护碧水蓝天、与生态自然共生共存、减少对化石能源的依赖等方面率先行动，以科技创新为驱动，以清洁低碳、安全高效为目标，推进能源转型，打造与未来粤港澳大湾区发展目标相适应的先进能源体系，使粤港澳大湾区城市群成为支撑国家可持续发展的重要区域，将粤港澳大湾区打造成为世界一流绿色湾区城市群。

1.1.2 能源转型国际背景

在人类文明史发展的长河中，能源发展经历了传统薪柴时代、煤炭利用、石油时代的演进，目前正向着低碳/零碳的自然能源为主流的能源体系转型的阶段。能源转型不会自然发生，一定伴随着触发要因的出现，主要表现为能源供应危机、能源技术进步、环境约束、地缘政治博弈带来的能源格局变化。不同经济体在不同发展阶段有不同的能源转型动机，能源资源危机的发生、全球经济格局和能源格局深刻变化将导致能源体系被动转型。随着人民物质和精神生活水平的不断提升，转而会对环境质量提出追求，能源技术发生重大变革和突破会导致更为高效、经济和清洁的主流能源品种出现，人类将会积极地追求和推动这种能源转型。前瞻性战略研究将对能源转型的方向发挥引领作用。世界经济论坛报告指出，能源转型具有三个特征，分别是能源安全与可获得、环境可持续性以及包容性经济增长和发展潜力。

当前全球能源正在处于第三次转型过程中，具有多点系统爆发的特征，智慧能源、能源互联网等新技术在能源领域得到应用，分布式、可移动能源发展开创了新的用能模式，非化石能源与可再生能源资源的开发取得了革命性进步。粤港澳大湾区城市群在一体化建设过程中应充分利用能源发展转型的重要战略机遇期，以习近平总书记提出的"四个革命、一个合作"的能源安全新战略为指导，研究粤港澳大湾区中长期能源转型情景和路线图，推进粤港澳大湾区的能源供给和消费结构发生根本性的改变，以绿色低碳能源为动力驱动粤港澳大湾区实现可持续发展。

纵观全球主要国家的能源转型和发展的特点可知，迄今能源转型主要有两种类别：一类是化石能源之间由煤炭向油气转型，发达国家经济体已经基本完成这个阶段；另一类是由化石能源向低碳/零碳能源转型，全球各国都面临能源重塑，在全球气候变化的大背景下，即使是发展中国家，都要求向低碳转型。区别在于，考虑各国经济发展需求及转型成本，低碳转型力度可以不一致。

表1-1是粤港澳大湾区和世界三大湾区城市群的宏观指标对比，粤港澳大湾区经济体量较大，增长势头强劲，人口总量和土地面积在全球湾区城市群中位列第一，但人均GDP和能源强度差距较大，需要推动能源发展的质量变革、效率变革和动力变革。

表 1-1　2016 年粤港澳大湾区与世界三大湾的宏观指标对比

项　目	东京湾区	旧金山湾区	纽约湾区	粤港澳大湾区
经济总量（亿美元）	17 836	7 220	23 836	14 977
人口总量（万人）	3 631	760	2 341	6 793
土地面积（万平方千米）	1.35	1.79	2.15	5.65
人均 GDP（万美元）	3.54	10.46	6.56	2.11
能源消费总量（万吨标准煤）	11 691	7 225	23 644	23 004
能源强度（吨标准煤/万美元）	0.66	1.07	0.96	1.54
人均能源消费（吨标准煤）	4.44	10.16	10.10	3.44
湾区经济特点	高端制造业和服务业、重化工业	世界硅谷原始创新地、先进制造	金融、制造业	重化工业、应用型创新、集成创新

资料来源：根据日本经济产业省自然资源与能源厅、美国能源信息管理局、美国商务部经济分析局相关统计数据，《日本能源经济统计要览2019》《广东省能源发展"十三五"规划》《广东应对气候变化"十三五"规划》《广东省生态文明建设"十三五"规划》《广东省打赢蓝天保卫战实施方案（2018—2020年）》《强化应对气候变化行为——中国国家自主贡献》《广东统计年鉴2018》相关数据，香港统计局、澳门统计局相关统计数据整理

1.1.3 粤港澳大湾区能源发展面临的硬约束

作为中国最富庶的区域板块之一，在巨量的生产生活需求驱动下，粤港澳大湾区能源消费总量高，2017 年综合能源消费量约为 2.39 亿吨标准煤，从需求品种看，煤炭和油品占比超过 53%；从需求部门看，工业用能占比为 32%，交通用能占比为 31%；从需求分布看，广州、东莞、香港是能源消费大市。从能源强度看，粤港澳大湾区虽处于国内先进水平，但与世界三大湾区相比仍有一定差距；从人均能源消费水平看，2016 年粤港澳大湾区人均能源消费量为 3.44 吨标准煤，与世界三大湾区相比，也还有一定差距（表 1-1）。在能源发展、二氧化碳减排、污染物控制等指标方面，粤港澳大湾区面临着硬约束（表 1-2）。

表 1-2 粤港澳大湾区节能减碳和环境约束目标

指标类型	关键指标	2020 年广东目标值	2035 年国家（或广东）目标值
能源发展指标	能源消费总量	3.38 亿吨标准煤	中国工程院预测：2040 年左右国家能源消费量达峰，峰值为 56 亿～60 亿吨标准煤
	煤炭消费总量	1.65 亿吨标准煤（珠三角负增长）	中国工程院预测：2050 年煤炭占中国一次能源消费比例将控制在 40% 以下 2019 年《BP 世界能源展望》预测：2040 年煤炭在中国能源消费中的占比将下降到 35%
	单位 GDP 能耗	比 2015 年下降 17% 以上	广东省能源结构优化调整专题研究报告：广东能源强度下降到 0.2 吨标准煤 / 万元
	非化石能源占能源消费比例	26%	国家自主减排贡献目标：2030 年占比 20% 左右
二氧化碳减排目标	单位 GDP 碳排放强度	比 2010 年下降 20.5% 以上	国家自主减排贡献目标：2030 年比 2005 年下降 60%～65%
	二氧化碳达到峰值	支持珠三角率先达峰	国家自主减排贡献目标：力争 2030 年左右碳排放达峰
污染物控制指标	二氧化硫排放减少	比 2015 年下降 5.4%	国家实施污染物总量控制政策。分区域负责污染物浓度下降目标
	氮氧化物排放减少	比 2015 年下降 3%	国家实施污染物总量控制政策。分区域负责污染物浓度下降目标
	$PM_{2.5}$ 平均浓度	≤35 微克 / 米^3	世界卫生组织过渡期目标：$PM_{2.5}$ ≤15 微克 / 米^3

资料来源：根据《广东省能源发展"十三五"规划》《广东应对气候变化"十三五"规划》《广东省生态文明建设"十三五"规划》《广东省打赢蓝天保卫战实施方案（2018—2020 年）》及中国工程院咨询项目《推动能源生产与消费革命战略研究》《BP 世界能源展望 2019 年版》《强化应对气候变化行动——中国国家自主贡献》数据整理

1.2 粤港澳大湾区能源转型战略意义

粤港澳大湾区能源转型具有多重战略意义，从国内看，率先实施能源转型可打造国内区域能源转型样板，发挥示范作用；从国际看，为中国积极应对气候变化、参与全球能源转型树立良好形象；从粤港澳大湾区自身可持续发展看，能源转型是实现《粤港澳大湾区发展规划纲要》目标的有力支撑。具体体现在以下方面。

• 以"清洁、低碳、安全、高效"为目标，率先实现中国湾区能源安全保障体系构建。

• 立足粤港澳大湾区实际，借鉴全球经验，瞄准先进指标，探索以创新为驱动的能源转型方式。

• 在多目标约束背景下，探索促进区域能源协调发展、提升生态环境质量、推进生态文明建设、提高应对气候变化韧性的能源转型道路。

• 在"一国两制"背景下，探索粤港澳大湾区能源互联互通蓝图，建立互利共赢的能源合作新机制。

• 粤港澳大湾区能源转型将为科技创新和新兴产业发展创造巨大的空间载体和市场。例如，工业4.0智慧能源系统，智能制造与高端装备、零碳建筑、能源利用新技术等。

• 国际上能源政治、能源外交日趋重要和活跃，粤港澳大湾区能源转型将为推进"一带一路"建设提供开放平台和合作纽带。

综上，本书以习近平总书记提出的"四个革命、一个合作"能源安全新战略为指导，研究粤港澳大湾区经济高质量发展趋势下中长期能源转型情景，推进粤港澳大湾区能源供应和消费体系向"清洁、低碳、安全、高效"方向转型，形成"坚强柔韧、融合互补"的可持续能源保障模式；协同推进粤港澳大湾区"9+2"城市群能源发展向"清洁、低碳、安全、高效"转型开展研究（图1-1）。

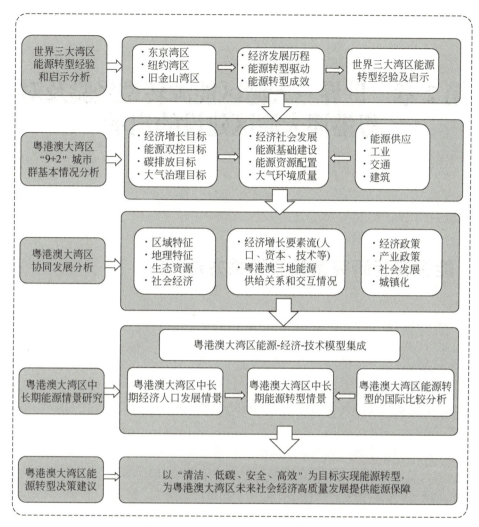

图 1-1 粤港澳大湾区能源转型中长期情景研究框架图

第2章 世界三大湾区能源转型经验及对粤港澳大湾区建设的启示

2.1 能源转型研究背景及相关方法

2.1.1 研究背景

　　能源是支撑经济发展的原动力，人类的经济发展史既是人类利用自然资源，投入生产要素改造世界、创造世界的历史，也是人类不断发现能源、利用能源、转化能源、升级能源、冲破能源约束与经济增长极限矛盾的历史。站在历史角度看，能源转型是经济转型原动力和核心要素。能源利用方式和种类的变化导致了人类依次经历农耕文明、工业文明、信息文明、生态文明的发展历程。农耕文明时期，土地报酬递减规律、薪柴的使用导致人民对经济增长是否存在极限有所担忧；煤炭的发现解除了经济的增长极限，消除了薪柴能源的制约因素，推动了工业革命在英国的爆发，打破了"马尔萨斯循环"，并使人类经济持续高速发展；化石能源的有限资源以及随之出现的环境污染和全球变暖给地球可持续发展带来威胁，经济发展的去化石能源再次成为新时代的能源转型主题，能源转型反过来也对当代经济转型提出了新的要求，随之而来的信息文明、生态文明也必将成为经济转型的方向。

　　2019年，我国政府提出建设粤港澳大湾区，目标是建设成为世界第四大湾区。在工业化时代，湾区经济往往始于最初始的临港运输产业，由于开放的经济结构、高效的资源配置能力、强大的集聚外溢功能、发达的国际交通网络等特点，一般都会经历发展成制造业中心、金融中心、服务中心等几个阶段。透过世界三大湾区发展历程，总结其发展经验教训，将为粤港澳大湾区建成世界第四大湾区提供有益借鉴。

　　粤港澳大湾区作为我国参与世界经济竞争、引领全球化、扮演下一轮经济发展形态的重要载体，目前正面临着经济转型、能源转型的双重压力。一方面，世界经济发展环境发生巨大变化，欧美发达国家经济不再具有带头动力，原有外向型经济体系需要改变，贸易出口重商主义的发展策略将会发生变化，迫切需要我们站在下一轮全球化与经济形态角度主动谋划以实现经济转型；另一方面，要维持粤港澳大湾区的经济转型，高质量发展必然需要可持续的能源供应，在化石能源资源有限、供应安全、环境改善、减缓气候变暖的大背景下，迫切需要谋划能源转型。

　　作为世界湾区，粤港澳大湾区有其自身发展的特殊规律，也将遵循世界湾区的发展规律，因此，本书系统分析了世界三大湾区的经济发展历程，将它们置于当初的历史发展背景，深刻考察其经济形态变化、产业发展变化以及支撑其经济转型背后所发生的能源转型。引入能源转型测度指标，基于长时间跨度的数据分析，判断世界三大湾区是否发生或者实质上出现过能源转型。在考察能源转型时，我们将此放到世界经济大环境中考察，剖析其背后的经济转型内在驱动逻辑，在此基础上，过渡到能源转型的驱动和规律分析。鉴于世界经济环境的变化，粤港澳大湾区的能源转型不能简单借鉴世界某一湾区的某一指标，也不能简单模仿世界某一湾区某时期的转型路径，因为时代背景、能源约束环境与能源利用技术都发生了变化。

2.1.2　能源转型与经济转型的相关性

　　能源转型主要表现为一次能源主导地位的显著更替，"新"能源取代"旧"能源，比如工业革命时期发生的煤炭取代农耕文明时期的薪柴，石油替代煤炭，以及当前正在进行的可再生能源对化石能源的替代。从历史上来看，能源转型具有复杂性，会发生品种之间的来回反复，也具有长期性，一种能源替代另一能源，往往需要几十甚至上百年；从转型动机来看，能源的转型一定是基于市场的自发力量，基于各能源品种价格的相对竞争力而言的，单纯依赖政府的长期补贴和产业扶持政策是不可持续的。

　　能源转型最终服务于经济增长与经济转型，因此，研判粤港澳大湾区的能源转型必须科学研判粤港澳大湾区经济转型方向和路径。本书参考了朱彤和王蕾《国家能源转型：德美实践与中国选择》一书相关观点，结合粤港澳大湾区特点，特作相关说明。

　　一是当前处于"已有技术约束下的长期有效需求边界难以突破"阶段。换句话说，现在世界经济发展增长乏力，各发达经济体陷入困境，处于存量博弈，接近停滞阶段，其核心原因是新一轮科技革命还处于酝酿阶段，新的经济增长点尚未产生。从历史上来看，第二次世界大战后一批成功的追赶型经济体，如日本、韩国、中国台湾等，在经历了二三十年的高速增长，人均GDP达到1.1万美元（购买力平价指标，1990美元价格）左右，无一例外出现了增长速度回落，由高速增长转到中速增长。造成该现象的原因是需求峰值出现了，作为终端产品的基础设施、房地产以及相关联的钢铁、煤炭、建材、化工等重化工业产品出现了峰值。因此，研判粤港澳大湾区的能源需求，必须关注是否出现新的技术供给推动长期有效需求的增加，且该需求对能源消耗的增长是显著变化的。在可预见的将来，粤港澳大湾区传统的衣、食、住、行需求不会有大的改变，但随着5G、人工智能等数字经济的发展，人们的数字化生存方式将会大大普及，加大对能源的需求，从而抵消传统产品能源降低效果，总体上能源消耗总量仍呈上升趋势。

　　二是经济转型再平衡将降低能源强度。经济转型期间，原有的传统产品需求峰值达

7

到高峰，开始减速过程，新旧动能转换之际，宏观经济增长会有寻底阶段，由于粗放式增长减少，此时能源强度反而是下降过程。另外，减速增长期后的平稳筑底过程，会伴随着企业的优胜劣汰，传统行业企业数量减少，集中度提高，规模经济优势提升也会使能源强度自然而然地下降。当前，粤港澳大湾区内新旧动能转换正在发生，产业升级换代加快，能源强度也随之下降。应该说明的是，该强度下降并非能源转型的原因，而是经济转型再平衡的结果，对此应该有清醒认识。当前紧迫任务是研究能源消费变化，促使尽快达到碳排放峰值。

三是经济转型的反复也会影响能源转型的反复。我国的经济转型期面临着很多内外部客观因素，保民生、促增长、防风险三者在不同时期有不同的工作重点。宏观货币政策的刺激与收缩，财政政策的积极与稳健都将会影响新旧动能转换进程与落后无效产能的出清时间。因此，需要密切关注我国的宏观调控政策组合对于粤港澳大湾区能源转型进程带来的反复性。

四是经济转型的核心关键在于全要素生产率的提高。生产率水平的提高是经济转型高质量发展的关键，对后发经济体而言，存在三种增长类型，分别是初次扩张型、追赶标杆型、前沿拓展型。粤港澳大湾区经过30年的高速增长，有些产业仍处于追赶标杆型，有些产业已进入前沿拓展型了，急需开展源头创新，产生人类社会未曾有过的新技术、新经济形态，拓展现有的增长可能性边界。这些目标需要要素投入的持续增加，并提升生产率。哈佛大学教授铂金斯（Dwight H. Perkins）研究认为，1978 ~ 2005年中国生产率年均增长达到3.8%，对经济增长贡献率达到40%。然而，近年来，随着发展阶段提升，粤港澳大湾区生产率已经呈现放缓趋势，深层次原因是随着追赶型经济体的发展，我们的后发优势减少，要素从低生产率部门向高生产率部门转移空间逐步缩小，技术追赶和要素转移的步伐相应放慢。数据表明，美国等处于技术前沿的发达国家，生产率增长相对稳定，一直处于1%的水平。日本、韩国等后发追赶型经济体生产率在人均GDP达到10 000国际元发展阶段时都出现由高速向低速转变，东京湾区在1960 ~ 1973年高速增长阶段的生产率年均达到5.58%，随后开始大幅下滑，1974 ~ 1980年甚至出现负增长。因此，粤港澳大湾区能源转型的关键在于提升生产率的水平。

2.1.3　能源转型测度指标

本书研究世界三大湾区时间跨度范围为1960年至今，长约60年，这段时期经历的能源转型并非是显著的能源品种更替，而是仅涉及化石能源内部不同能源品种的比例发生变化，以及适当地增加了一定比例的新能源品种，如核电、小水电、可再生能源等。本书中所提及的能源转型有三个测度指标。

第一个指标为能源强度，用来测度能源消耗与经济发展是否实现脱钩。以纽约湾区为例，该湾区能源强度从1963年的2.62吨标准煤 / 万元下降到2017年的0.135吨标准煤 / 万元，能源强度下降约20倍，实现了能源消耗略微增加的情况下，经济翻20倍的奇迹。这充分说明了在短短的50多年内，纽约湾区已经实现了能源与经济发展的脱钩。

深入分析该能源强度下降的因素，可以发现经济的强劲增速远远大于能源消耗的增速，其主要原因还是纽约湾区所代表的经济形态体现了美国 1971 年后布雷顿森林体系解体后美元所主导的全球化经济、美国在全球价值链中所占有的优先地位、纽约湾区金融化所导致的。东京湾区能源强度下降反映了第二次世界大战后美国所主导的产业转移至日本以及日本利用了这一战略机遇，获得了在全球制造业的核心价值。粤港澳大湾区要想实现能源强度大幅度下降，必须提升其在全球制造业价值链中的地位，实现高科技创新。从这个意义上来看，能源转型更多需要经济转型在先。

第二个指标为"新"能源比例增加，能源转型必须体现为新的能源品种占总能源的比例大幅度增加。如纽约湾区天然气品种从 1963 年的 14.6% 上升到 2017 年的 39.3%，同时期，石油消费从 1963 年的 62% 下降到 2017 年的 45%。东京湾区 1970 年天然气发电占比为 2.34%，核能发电占比为 0.51%，到 2017 年天然气发电占比为 55.51%（上升23.72 倍），核电发电占比为 4.85%（上升 9.51 倍）。数据分析发现，纽约湾区和东京湾区从 1963 年以来的能源转型主要表现在天然气比例的大幅提升，核电、小水电的相对小幅度增加，石油消耗由于交通用能比例的增加，其降幅比例不大。粤港澳大湾区当前也正处于能源品种替代时期，煤炭比例下降，天然气比例小幅增加，核电在安全可控前提下增加，可再生能源小幅增加。

第三个指标是能源转型品种的相对成本变化。世界三大湾区历史上天然气品种相对石油比例增加，主要是基于 20 世纪 70 年代国际石油危机造成的。纽约湾区石油比例在 1977 年达到最高（71.46%），同时期天然气比例历史最低（13.56%）。此后由于天然气性价比上升，导致天然气比例超越石油消费。粤港澳大湾区要实现市场自发的能源转型，除了适当的政府政策补贴外，还必须建立基于环境外部性的成本分担方式，使得天然气与可再生能源竞争力上升。

2.2　东京湾区的能源转型历程

2.2.1　东京湾区介绍

日本东京湾区包括一都三县，即东京都、琦玉县、千叶县、神奈川县，面积为 13 562平方千米，仅占日本面积的 3.5%。2018 年数据显示，东京湾区聚集了 3800 万人，实现了 GDP 约合 96 360 亿元人民币，约占全国的 58% 的经济总量。

东京湾区始于江户时代，发展于明治维新时期，东京湾区在发展过程中逐步形成了以制造业为主的发展思路。第二次世界大战后，在东京以西形成了京滨工业带，同时向东扩展，形成了京叶工业区。东京湾区集中了钢铁、有色冶金、炼油、石化、机械、电子、汽车、造船、现代物流等产业，成为全球著名的工业产业带。

将工业带建在港湾附近，凭借东京湾天然的优良深水港湾，对于原料燃料高度依赖进口的日本而言，这一做法既降低了要素流动成本，也有利于提高生产效率，缩短生产周期。同时，17世纪以来城市化发展使得生产地靠近消费地，产品刚下流水线就能被摆上货架，形成了生产、消费、再生产的良性循环。日本国土面积狭小，各类资源有限，依靠海湾发展运输业，实行开放战略发展经济势在必行。大力发展制造业和对外贸易，是其经济发展的重心，这一战略对于海港条件的依赖，使得东京湾成为工业发展和对外开放的重中之重。

在产业的空间布局上，东京湾区的特点是专业分工、扬长避短、错位发展。东京城市功能的演进与东京湾区经济带的发展过程大致可分为三个阶段：20世纪60年代前，京滨、京叶两大工业区产业聚集和企业集中的初级工业化阶段；60～80年代，京滨、京叶两大工业区开始重化工业向外扩散的阶段；80年代后，京滨、京叶两大工业区重视发展知识技术密集型产业的阶段。其中，东京都从60年代的经济高速发展时期，就开始实施"工业分散"战略，将一般制造业外迁，机械电器等工业逐渐从东京的中心城区迁移至横滨、川崎，进而形成和发展为京滨、京叶两大产业聚集带和工业区。而东京都的中心城区则强化了高端服务功能，重点布局了高附加值、高成长性的服务行业、奢侈品生产业和出版印刷业。

东京湾区发达的交通体系推动了城市的错位发展与人力的自由流通，目前仅东京都就拥有6条新干线和56条轻轨地铁路线，如日本最大的交通枢纽中转站新宿车站，每天使用人次约370万人次，被称为世界上最繁忙的车站。东京湾区的任何一个主要城市或者是卫星城市，基本上都可以确保在30分钟、最长不超过1个小时内到达，为东京湾区内的经济圈和生活圈提供了有力的保障。发达的城市交通网络，首先带动了常住人口的增长，也因此助推了产业升级的步伐。20世纪80年代开始，伴随人口净流入的加速，东京都的化工、钢铁等重工业开始外迁，目前东京湾区的第二产业的比例已经由最高时期的50%下降到20%左右，取而代之的则是比较发达的服务行业和高科技产业。

东京都各部门之间的协调比较有特色，国土、交通、产业等部门对区域发展都有各自角度的布局和规划，各城市也有自己的布局和规划。国家有全国性综合开发计划，由经济企划部门和国土部门负责，属于全国性的谋篇布局，包括人口分布、产业分布和基础设施的分布。全国性综合开发计划之下，有大区的规划，如大东京的规划。大东京规划之下，每个地区又有各种的规划，如千叶县有千叶县的规划，千叶县自身又有临海部与内陆部的规划等。所有这些规划的衔接，都由智库机构集中协调。日本政府决策者也在不断地变更，每个时代都有每个时代的诉求，但智库对整个地区来龙去脉有整体把握。智库有长期的积累和计划，而不是短期决策，这是中国城镇化过程中所缺乏的，所以最值得中国借鉴的是，一定要有一些人对本地区有长期的研究、认识和推动。智库的参谋建议通过参与和主导各种各样的规划不断地被落实。比如日本开发构想研究所，属经济企划厅和国土厅共同管理，它既为中央政府制定国土规划和产业政策服务，又为东京湾区的各级政府制定规划服务，几乎参与了所有与东京湾相关的规划和政策制定，思想是一致的、连贯的，因此这些规划可以叠加起来。各个规划部门的发包单位是有不同诉求的，这个研究所就要把不同的诉求通过沟通磨合，再结合自己的思想和数据体现出来。

2.2.2　东京湾区经济发展历程

东京湾区的发展史是日本第二次世界大战后的发展缩影，战后的日本经历了经济复苏、经济高速发展、与美国发生贸易摩擦，日元升值、石油危机和金融泡沫的几个阶段。

从 20 世纪 50 年代中期到 90 年代中期的近 40 年间，日美经济争霸从六大行业的贸易战逐步升级为汇率金融战、经济战、科技战，从产业冲突到宏观协调和经济制度冲突，最终以日本金融战败陷入"失去的二十年"、美国维持世界经济金融霸权告终。六大行业贸易战先后涉及纺织品（1957～1974 年）、钢铁（1968～1992 年）、家电（1970～1980 年）、汽车（1981～1995 年）、电信（1981～1995 年）和半导体（1978～1996 年）行业，涉及行业的演进与日本从轻工业、重化工业、高科技产业的不断升级同步。贸易战的方式，从早期的日本"自愿限制出口"和贸易数值管理（纺织、钢铁、家电）到不得不接受扩大进口、取消国内关税（如汽车）、开放国内市场（如电信）、对出口美国的产品进行价格管制等。为规避关税和汇率风险，日本汽车、家电厂家选择直接赴美投资，继而引发投资摩擦。但是日美贸易战并未从根本上解决贸易失衡问题。因此，贸易战之外，美国还对日本挑起了汇率金融战强行使日元升值降低日本产品竞争力、经济战强行改变日本经济结构和政策等。1985 年，在美国的主导和强制下，美国、日本、德国、法国、英国等签订了《广场协议》，日元在短时间内大幅度升值；1989 年，美国与日本签订了《日美结构性障碍协议》，要求日本开放部分国内市场，并直接强制日本修改国内经济政策和方针，之后日本政府通过举债的方式进行了大量扩大内需的公共投资。《广场协议》签订后，日元升值导致日本出口增速大幅下降转负（日元计价），经济增速和通胀水平双双下行，为应对"日元升值萧条"以及美国要求日本扩大内需，日本银行不断放松银根。宽松的货币政策使得国内流动性过剩，推升股票市场和房地产市场投机热潮以及泡沫。由于担心紧缩政策导致美元贬值，日本政府及央行（日本银行）错过宏观调控的最佳时机。1989 年 5 月开始连续 5 次过快、过急的加息及地价抑制政策最终导致了泡沫破裂和危机产生。日本产生大量过剩产能、不良债权、过剩劳动力，银行等金融机构、企业破产倒闭，失业率和自杀率上升，动荡的政局及错误的应对导致日本陷落。人口红利消失、老龄化加剧上升、城市化进程放缓，赶超型经济体制不再适应市场化、全球化和信息技术革命时代的需要，总量型的扩张性财政政策和宽松货币政策始终未能解决结构性问题。

2.2.3　东京湾区的能源转型历程

由于东京湾区可获得的数据时间跨度不大，本书将东京湾区置入日本整个国家能源转型进程中去考察，这样的研究分析更有意义。

《广场协议》签订之前，日本的发展史就是一部不断克服外部种种不利因素提高生产要素、增强国际竞争力的历史。以能源转型为例，日本的东京湾区经历了以煤为主到以石油为主，再到石油、煤炭、天然气均衡发展的能源结构。第二次世界大战后，日本率先开发国内煤炭，但限于资源因素，最终走上进口石油、大幅依赖石油阶段。由于随后发生的石油危机，日本开始调整能源政策。综合回顾，可以说东京湾区的能源转型是化被动为主动、不断改变能源结构的历史。其具体的转型历程如图 2-1 所示。

图 2-1　日本 GDP 及一次能源消费总量趋势（1960～2020 年）

数据来源：根据《日本能源经济统计要览 2019》整理

日本的能源转型大致分为以下四个阶段。

（1）能源粗放式发展阶段（1963～1973 年）。1963～1973 年，日本处于经济复兴和高速发展阶段，石油开始慢慢替代煤炭，但能源消费增长速度远大于经济增长速度，能源处于粗放式发展阶段。

（2）能源精细化管理阶段（1973～1985 年）。1973 年爆发第一次石油危机后，日本陷入高油价阶段，日美贸易摩擦同期，为了减少石油高价带来的负面影响，日本进入节能与能源替代战略阶段，注重能源安全，克服石油危机，从节能中挖掘经济效应是该时期的能源政策关注点。

（3）能源精细化深化阶段（1985～1995 年）。1985 年日本制定了《广场协定》，日元开始加速升值，国内开始酝酿资产泡沫，面对该情况，日本国内继续深挖节能潜力，走石油替代战略。

（4）能源转型趋缓阶段（1995～2015 年）。1995 年日本经济泡沫破裂，能源消耗增速下降，但此时日本经济更是进入"失去的二十年"，导致该阶段日本能源强度不降反升，此时，日本能源主基调是强调低碳发展，大力发展核能、新能源。

以上为日本第二次世界大战后的能源转型大致阶段梳理，更详细的转型进程历史性事件如下。

1945～1960 年，大力发展煤炭基础设施产业。未解决第二次世界大战后日本的能源危机，日本政府实施了能源增产计划，大力开发煤炭，东京湾区煤炭占比较大。同时依靠美国，加强与海外石油公司合作，加强炼油能力。1955 年开始，聚集了众多化工厂的四日市二氧化硫严重超标，多家石油化工厂不知节制、不计后果地排放。

1961～1972 年，确立以石油为主的综合能源体系。1972 年，日本全境患四日市哮喘病的患者多达 6376 人，环境问题爆发。

1973～1984 年，能源发展趋于多元化。1973 年和 1979 年的两次石油危机，东京湾区寻求石油替代政策，加大天然气进口。

1985～2000 年，《广场协议》签订、日元升值导致日本企业向精细化要效益，加强节能技术，降低能源成本。同时期，日本企业开始走国际化道路。

2001～2011 年，美国"9·11"事件后，国际油价飙升，日本加大海外油气开采。

2011 年，福岛核电站泄漏事件，日本暂时关闭核电站。

2013 年，日本获得美国出口的天然气资源，可满足日本约 15% 的天然气需求量，可缓解核电缺口。

2014 年，日本重现审视核能在日本能源版图中的作用。

2.2.4　东京湾区能源转型成效

东京湾区实现能源转型首先表现在能源强度下降明显。东京湾区的能源消费量 1990～2016 年从 1.02 亿吨标准煤增长到 1.16 亿吨标准煤，增长了 13.7%，而同期 GDP 增长幅度为 28.3%，能源强度下降幅度明显（图 2-2）。

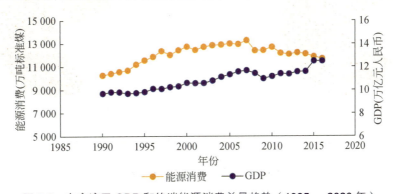

图 2-2　东京湾区 GDP 和终端能源消费总量趋势（1985～2020 年）

数据来源：根据《能源经济统计要览 2019》整理

东京湾区实现能源转型其次表现在能源消费结构优化，石油煤炭占比下降，清洁能源、天然气、电力占比上升。如图 2-3 所示，东京湾区 1990～2016 年煤炭消费占比从 14% 下降至 10%，天然气消费占比从 10% 上升至 15%，可见东京湾区从能源分品种消费方式上进行了"煤改气"的转变。石油消费占比也从 1990 年的 53% 下降至 2016 年的 47%，对于石油的依赖性有所降低。清洁能源消费占比从 1990 年的 1% 上升至 2016 年的 2%，处于应用规模虽小但持续成长的阶段。

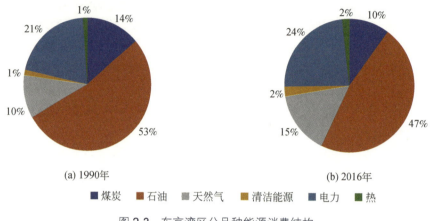

(a) 1990年　　　　(b) 2016年

■ 煤炭　■ 石油　■ 天然气　■ 清洁能源　■ 电力　■ 热

图 2-3　东京湾区分品种能源消费结构

数据来源：根据《日本能源经济统计要览 2019》整理

如图 2-4 所示，东京湾区 1990 ~ 2016 年制造业能源消费占比从 64% 下降至 57%，服务业能源消费占比从 16% 上升至 23%，可见东京湾区产业结构经历了由第二产业向第三产业的部分转移。农林水产矿建、民生和交通的能源消费占比变化幅度不大。

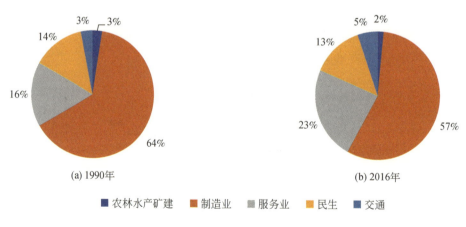

(a) 1990年　　　　(b) 2016年

■ 农林水产矿建　■ 制造业　■ 服务业　■ 民生　■ 交通

图 2-4　东京湾区分部门能源消费结构

数据来源：根据《日本能源经济统计要览 2019》整理

2.2.5　东京湾区能源转型特点

东京湾区能源转型呈现出以下特点。

（1）全要素生产率的提高推动能源强度下降。在 1963 ~ 1985 年面对日美贸易摩擦、日元大幅升值的负面影响下，能源强度依然实现了大幅下降。

（2）持续性强化节能。日本政府特别重视节能补贴，如对企业购买节能设备给予会计特别折旧制度、鼓励财政奖励节能住宅、节能汽车购买等，推动工业能效居于世界先进水平。

（3）加强能源安全。实现了能源进口多元化，鼓励日本公司对外购买国际油气公司权益，推动国内强制性石油储备，实现国家储备 102 天，民间公司要求维持至少 83 天，给予储备企业提供低息贷款。

（4）环境污染倒逼转型。20 世纪 70 年代日本出现了四大公害，民众要求治理呼声非常大，政府顺应民意，开始大幅度减少煤炭使用，取而代之，加大石油使用。

（5）强化民间湾区协调委员会角色。该委员会作为一个独立机构，长期跟踪湾区能源发展情况，基于事实和研究给出独立建议，尤其重要的是能协调湾区各方利益体，推动各方达成共识的能源转型方案。

尽管东京湾区总体上实现了能源转型，但也出现一些负面因素，这些是粤港澳大湾区应该尽力避免的。具体负面因素有：① 能源转型具有被动应对、反复等特点。日本国内能源资源缺乏、加上面临的国际环境多变、尤其是关东核事故爆发等不可抗因素导致东京湾区能源转型进程具有反复、被动应对特点。②核电暂停导致清洁能源比例下降。核电暂停导致东京湾区能源对外依赖度上升，煤电、气电比例提高，能源价格提升，经济发展放缓。③ 投机过度滋生泡沫，拖累经济转型。1985 年《广场协议》签订，随后日元大幅升值，为了应对日币升值的负面影响，日本央行执行金融管制放松以及过于金融自由化的政治，资产价格产生泡沫，随之而来的是泡沫爆裂，导致经济一度停滞，能源强度也一度停止下降。

2.3　纽约湾区的能源转型历程

2.3.1　纽约湾区介绍

纽约湾区狭义上就是纽约大都会区，其中纽约市、泽西市和纽瓦克市为该湾区三座核心城。占地面积约为 17 405 平方千米，总人口约为 2015.4 万人，人口密度达到 1158 人 / 千米^2。总体上，纽约湾区涉足美国三大州，包括纽约州、新泽西州、康涅狄格州。

2016 年纽约湾大都会区的 GDP 为 1.6 万亿美元，占美国 GDP 的 9.89%，列各大都会区之首。纽约湾区是金融湾区，是世界的金融中心，其金融业、奢侈品业和都市文化都具有世界性的影响力。制造业和港口业、金融和保险、生物医药和纳米技术是纽约湾区的重要产业。目前，纽约硅巷已成为纽约经济增长的主要引擎。硅巷位于纽约曼哈顿地区，是一个无边界的高科技园区，拥有众多高科技企业群，被誉为"东部硅谷""创业之都"等，是继硅谷之后美国发展最快的信息技术中心地带。泛金融业在纽约湾区经济中占比 32.87%，是推动纽约湾区发展的主导力量，也体现出纽约金融中心的地位。教育服务和艺术、娱乐及休闲两个科目占全国份额均超过 12%。

1825 年，伊利运河的开通助推纽约快速崛起成为美国中心城市。其后纽约在美国制造业的大发展与农产品的输出贸易中发挥着越来越核心的作用。尤其是大纽约地区的制造业集聚发展，使纽约在 19 世纪末 20 世纪初成为全球制造业的重镇，食品工业等传统制造业时至今日还是地区重要的第二产业。

第二次世界大战后，以美国为首的西方国家建立了"布雷顿森林体系"，确立了以美元为核心的世界货币体系，这为纽约的腾飞提供了重大历史契机。纽约金融业的发展，不仅仅局限于美国之内，而成为整个世界经济权力、资源的配置中心，尤其是以美元为计价的大宗商品交易、汇率、金融衍生品等，让纽约在全球金融、经济版图的分量超越其他地区。

2.3.2　纽约湾区能源转型历程

纽约湾区始发于 1825 年，得益于港口经济的发展，随着第二次世界大战后美国金融霸权的建立，纽约一举奠定了其全球金融中心、地区制造业中心的地位，顺利实现了经济转型，由此开启了能源转型的进程。

2018 年纽约湾区一次能源消费构成中，天然气占比为 35.45%，核电占比为 15.2%，水电等可再生能源占比为 9.3%，达到了降低石油比例的历史使命。电力构成中，基本实现了天然气、核电以及水电发电三者占 97%，正在向低碳电力目标前进。目前纽约市提出到 2050 年实现电力完全零碳的目标。

纽约州能源情况是不产煤、少量天然气、大部分能源依赖外部、人均能量消费美国第三低。40% 的电来自天然气发电，一半机组属于双燃料型；33% 来自核电，2021 年计划推动部分核电机组退役。目标为至 2050 年实现电力零碳排放。

新泽西州重视发展核电，给予补贴，但大部分是天然气发电，再生能源发电占 5%，2030 年要求 50% 发电来自可再生能源发电，2050 年 100% 可再生能源。不产煤、油，天然气主要来自宾夕法尼亚州。

康涅狄格州核电提供 40% 电力，天然气发电 50%，煤电 2021 年全部关停。

要研究纽约湾区的能源转型，先简单介绍一下纽约湾区的经济转型及所处的历史大背景。此处列出几个主要的历史事件。

1825 年，伊利运河开通。

1900 年，大纽约地区的制造业集聚发展，成为全球制造业的重镇、食品工业等传统制造业基地。

1944 年，确立美元与黄金挂钩，建立了"布雷顿森林体系"，即以外汇自由化、资本自由化和贸易自由化为主要内容的多边经济制度。

1945 年，第二次世界大战结束。

1971 年，"布雷顿森林体系"解体，美元浮动汇率制度开始。

1973 年，第一次石油危机。

1974 年，美国与沙特签订协议，宣布向沙特出售军事武器，并且保障其国土安全；作为回报，沙特则必须接受美元作为石油出口唯一的计价和结算货币；同年 12 月，美国与石油输出国组织其他成员国也逐一达成协定，"石油美元霸权"体系正式诞生。

1979 年，第二次石油危机，油价在 1979 年开始暴涨，从每桶 13 美元猛增至 1980 年底的 41 美元。

1980 年，里根供给侧经济开始。

1992 年，美国信息革命酝酿。

2001 年，美国遭受"9·11"恐怖袭击。

2008 年，奥巴马绿色新政。

2018 年，特朗普能源新现实主义。

2.3.3　纽约湾区的能源转型成效

2.3.3.1　纽约湾区能源与经济脱钩、清洁能源比例上升

纽约湾区从总体上来看，其经济发展基本上与能源消费脱钩，其能源强度从 1963 年的 2.62 吨标准煤 / 万元下降到 2017 年的 0.135 吨标准煤 / 万元（图 2-5），下降幅度约 20 倍。其本质原因是纽约湾区经济从 1963 年的地区 GDP 约 1030 亿美元增加到 2017 年的约 2.5 万亿美元，同期能源消耗总量只是微幅增加。这主要归功于纽约湾区的产业结构优化，全球化趋势中产业转移导致的工业用能比例下降，金融服务业比例上升。

图 2-5　纽约湾区能源强度与清洁能源消费比例趋势（1960 ～ 2020 年）

数据来源：根据美国能源信息管理局、美国商务部经济分析局统计数据整理

一次能源消费结构也呈清洁化趋势（图 2-6），1963 ～ 2016 年，包含天然气、核电、可再生能源在内的清洁能源比例上升了 40 个百分点。1963 年清洁能源比例为 20%，2016 年该比例达 60% 之多；煤炭、石油比例下降幅度大。

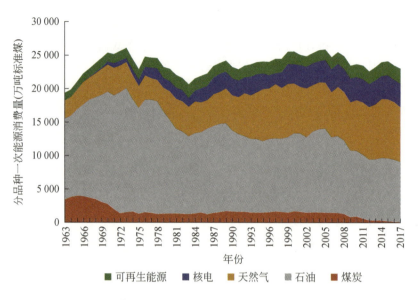

图 2-6　纽约湾区一次能源消费趋势（1963～2017 年）

数据来源：根据美国能源信息管理局、美国商务部经济分析局统计数据整理

2.3.3.2　纽约湾区能源消费总量达峰时间早于美国峰值

纽约湾区能源消费总量在 1973 年即达到高峰期，之后进入能源下降趋势，随后由于经济再次高速增长，能源一度快速增加，但最高消耗量仍与 1973 年能源总量不相上下（图 2-7）。相反，就整个美国能源消费量而言，1973 年达到一个小高峰，随后下降，但之后全国范围能源消耗总量再创新高，至 2008 年达到高峰期，比 1973 年第一个能源高峰期增加了约 20%（图 2-8）。

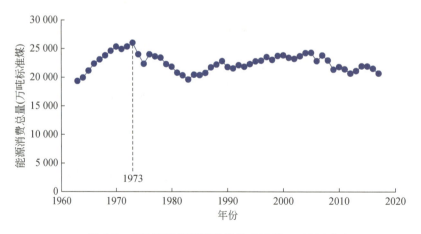

图 2-7　纽约湾区能源消费总量（1960～2020 年）

数据来源：根据美国能源信息管理局、美国商务部经济分析局统计数据整理

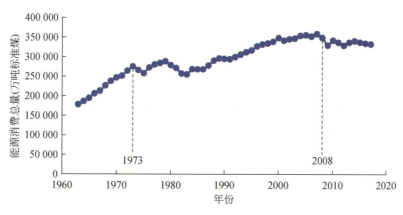

图 2-8　美国能源消费总量（1960 ～ 2020 年）

数据来源：根据美国能源信息管理局、美国商务部经济分析局统计数据整理

2.3.3.3　纽约湾区终端能源消费品种优于美国

1963 ～ 2017 年，纽约湾区的终端能源消费品种（图 2-9）呈现出煤炭逐渐消失、石油被控制、天然气和电力成长的趋势。具体来说，1963 年纽约湾区煤炭消费占比为17.81％，至 2017 年，煤炭消费占比已降至 0.67％；石油消费占比的峰值为 1978 年的71.87％，以后石油消费占比逐年被控制，2017 年石油消费占比为 45.21％；天然气消费占比从 1963 年的 14.06％升至 2017 年的 39.44％；电力消费从 1963 年的 5.68％升至2017 年的 14.67％。

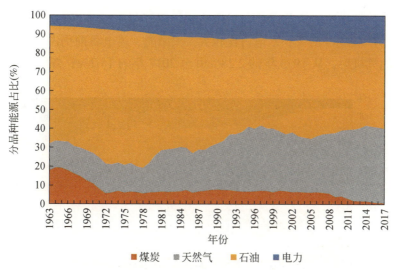

图 2-9　纽约湾区终端能源消费品种结构比例（1963 ～ 2017 年）

数据来源：根据美国能源信息管理局、美国商务部经济分析局统计数据整理

1963 ～ 2017 年，美国的终端能源消费品种（图 2-10）变化幅度与纽约湾区相比较缓慢。其中，石油和天然气消费占比长期处于较稳定的波动状态；煤炭消费占比呈现

出一定的下降趋势，1963 年美国煤炭消费占比为 21.12%，2017 年煤炭占比为 15.02%；电力消费占比趋势比较明显，处于逐年上涨的趋势，从 1963 年的 5.76% 升至 2017 年的 13.79%。

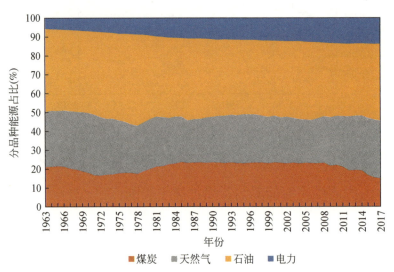

图 2-10　美国终端能源消费品种结构比例（1963 ～ 2017 年）

数据来源：根据美国能源信息管理局、美国商务部经济分析局统计数据整理

2.3.3.4　纽约湾区一次能源消费结构优于美国

纽约湾区一次能源消费总体趋向于清洁化（图 2-11），可再生能源比例从 1963 年 5.59% 升至 2017 年的 9.59%；水电占比较大，太阳能、风电目前仍占比较小；核电发展于第一次石油危机后，从 1973 年的 2.28% 升至 2017 年的 15.2%；煤炭的使用比例大幅

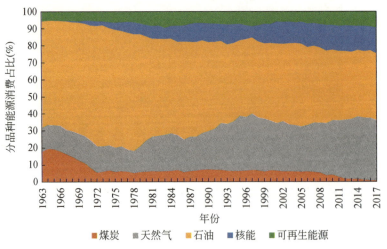

图 2-11　纽约湾区一次能源消费结构（1963 ～ 2017 年）

数据来源：根据美国能源信息管理局、美国商务部经济分析局统计数据整理

减少，从 1963 年的 17.8% 降至 2017 年的 0.61%；同时期，石油消费比例经历了先上升后下降的过程，纽约湾区石油消费占比从 62% 升至最高峰 71%，随后第一次石油危机发生，纽约湾区开始寻求能源多样化，慢慢减少石油占比，至 2017 年，石油占比下降至 39.15%；通过该过程可以发现，天然气消费占比增加了 2 倍，从 1963 年的 14% 增加到 2017 年的 35.45%。随着美国页岩气的大力发展，预计天然气将成为主流能源。

与美国相比（图 2-12），纽约湾区能源消费总量增幅较美国小很多，一次能源消费结构转型也比较清洁。就天然气而言，其占比美国范围变化并不明显，基本维持在 29% 左右，纽约湾区却实现了天然气比例大幅增加；煤炭占一次能源比例纽约湾区实现了大幅减少，达 17%，但美国范围减幅并不大，只下降了 7%。

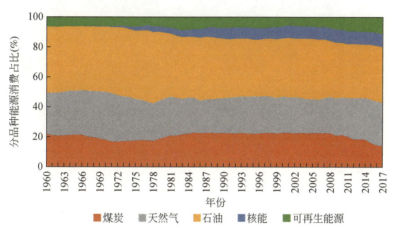

图 2-12　美国一次能源消费结构（1960～2017 年）

数据来源：根据美国能源信息管理局、美国商务部经济分析局统计数据整理

2.3.3.5　纽约湾区分部门能源消费比例与美国趋势相同

总体上来看，纽约湾区分部门能源消费（图 2-13）与美国（图 2-14）趋势相同，

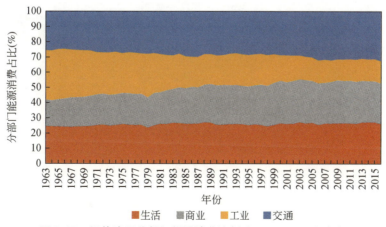

图 2-13　纽约湾区分部门能源消费比例（1963～2015 年）

数据来源：根据美国能源信息管理局、美国商务部经济分析局统计数据整理

呈现出工业部门能源消费比例大幅下降。交通、商业部门占比上升，居民消费比例保持基本稳定。纽约湾区由于 1963 年后已经确立为世界金融中心，其工业能源消费占比为 32.49%，低于全国水平 13 个百分点，由于不断强化金融服务、文化创意等高附加值产业，其工业能源消费占比下降了一半，到 2016 年工业能源消费占比仅为 14.56%。同期美国工业能源消费占比从 1963 年的 45.81% 下降到 2016 年的 32.19%，下降幅度不如纽约湾区大。值得说明的是，美国整体能源消费比例中，仍是工业占比最大，而纽约湾区交通耗能占比已经跃升为最大，为 32.58%。

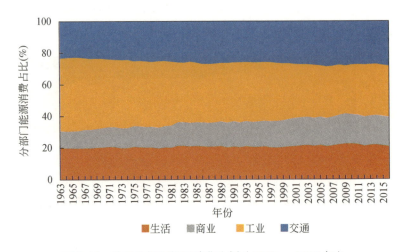

图 2-14　美国分部门能源消费比例（1963～2015 年）

数据来源：根据美国能源信息管理局、美国商务部经济分析局统计数据整理

2.3.3.6　纽约湾区电力部门呈现电力清洁化、低碳化现象

纽约湾区目前电力部门（图 2-15）主要是天然气发电和核电，2017 年天然气发电占比 35.46%，核能发电比例为 43.27%，可再生能源比例基本维持在 12% 左右。煤炭发电

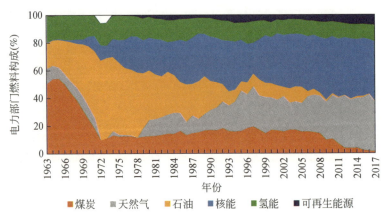

图 2-15　纽约湾区电力部门燃料构成比例（1963～2017 年）

数据来源：根据美国能源信息管理局、美国商务部经济分析局统计数据整理

比例下降幅度非常大，20 世纪 60 年代比例为 40%，随后一路下滑，目前煤炭发电比例仅有 1.2%。石油发电比例也呈现快速下滑趋势，1973 年石油危机前期，石油发电比例一度达 57.93%，由于石油价格高企，石油发电得到控制，核能发电和天然气发电比例迅速增加。

与美国（图 2-16）水平相比，纽约湾区电力部门低碳化转型更为成功。煤炭发电在美国的比例仍占有 33.8%，而纽约湾区煤炭发电比例则只有 1.3%。天然气发电比例全国范围变化不大，纽约湾区天然气发电比例则大幅增加，但纽约湾区除小水电之外的可再生能源发电比例不大，表现则不如全国水平。

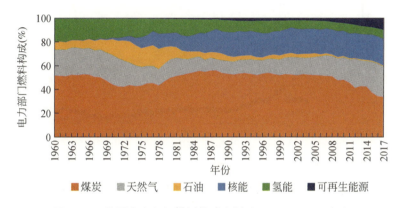

图 2-16　美国电力部门燃料构成比例（1960 ～ 2017 年）

数据来源：根据美国能源信息管理局、美国商务部经济分析局统计数据整理

2.3.3.7　纽约湾区天然气、核电性价比上升

以天然气对比其他燃料的价格作为参考，分析纽约湾区的燃料成本走向（图 2-17）与美国的燃料成本走向（图 2-18）。发现天然气与煤炭价格在全国范围统计中煤炭相对

图 2-17　纽约湾区其他燃料成本 / 天然气成本（1960 ～ 2020 年）

数据来源：根据美国能源信息管理局、美国商务部经济分析局统计数据整理

天然气性价比总体上升，纽约湾区基本维持同步上涨，这也说明了纽约湾区内煤电下降幅度比全国下降幅度大很多。再以天然气与石油相比，全国范围内油价相比天然气上升幅度由 1970 年的 2.92 升至 2017 年的 3.12，同期纽约湾区，其价格对比由 1970 年的 1.27 升至 2017 年的 2.47。很显然，纽约湾区发生的能源转型是自发的市场调节转型，相对来说比较健康且可持续。

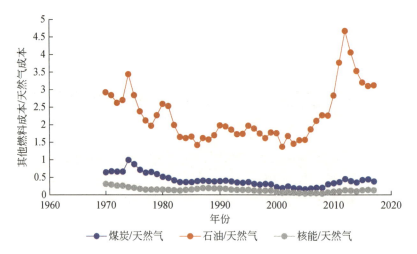

图 2-18　美国其他燃料成本 / 天然气成本（1960 ～ 2020 年）

数据来源：根据美国能源信息管理局、美国商务部经济分析局统计数据整理

2.3.4　纽约湾区能源转型特点

纽约湾区能源转型呈现出明显的美国特色。

（1）纽约湾区降低能源强度更多得益于美国金融霸权，美国第二次世界大战后依赖该国建立的战后经济政治国际秩序，居于全球治理第一梯队，获取全球价值链最高端部分。

（2）纽约湾区独特的地理位置，使其利用了更为便捷、可获得性的能源资源，该湾区从邻居宾夕法尼亚州获取了丰富的天然气及石油资源。

（3）注重发挥市场的选择作用，天然气性价比上升，页岩气革命推动能源独立。

（4）强化政府环境管制的角色，纽约湾区自 1970 年后大力推行大气污染治理，大幅降低煤炭使用；积极参与了美国中部电力碳交易市场，该市场碳配额 100% 有偿购买尤为突显。

（5）纽约湾区充分发挥了民间智库中立、协调作用，鼓励成立民间湾区协调委员会。该委员会连续、系统跟踪纽约湾区规划，独立开展调研、研究，协调各方利益关系，为纽约湾区献计献策，推动能源、环境、经济协调发展。

2.4　旧金山湾区的能源转型历程

2.4.1　旧金山湾区介绍

旧金山湾区是由旧金山、奥克兰、圣何塞大都市区基础上不断发展形成的，人口和面积都是加利福尼亚州第二大都会区，仅次于洛杉矶地区。目前由 9 县 101 个建制市构成，在 7000 英里①区域范围内形成旧金山市、半岛、南湾、东湾、北湾五大区域的格局。

旧金山湾区从萌芽到成熟经历了 160 多年历程，大致分为三个阶段（图 2-19），第一阶段：1848 ～ 1870 年，为城市化和工业化起步阶段，人口和工业经济活动呈快速聚集发展特点；第二阶段：1880 ～ 1950 年，为工业化加速期，这一阶段工业向高质量转型，依托于旧金山湾区交通一体化，旧金山湾区社会经济活动高度融合；第三阶段：从 1950 年至今，旧金山湾区经济进入成熟期，为世界金融、科技和教育中心。

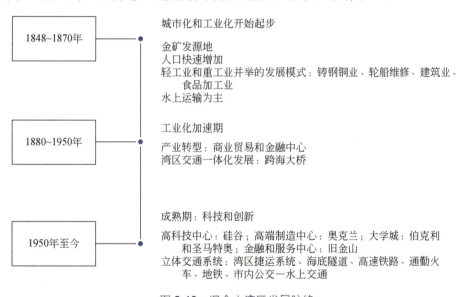

图 2-19　旧金山湾区发展脉络

加利福尼亚州淘金潮（1848 ～ 1855 年）推动旧金山快速城市化和工业化，进入美国城市化的第一行列。1848 年旧金山淘金潮形成强大的采矿业，带动产业链下游的制造业、商品贸易、金融以及运输行业也快速发展，逐渐成为美国 19 世纪末的工业中心。淘金潮带来大量移民涌入，人口暴增，1855 ～ 1870 年增加了 3 倍，达到 15 万人 。作为美国西海岸最主要的港口城市，旧金山一直垄断西海岸的对外贸易，采矿业及制造业的快

———————————
① 1 英里 =1.609344 千米

速集中式发展进一步强化其作为内陆和对外的贸易、金融和物流的中心地位。

旧金山快速城市化和工业化过程，带动周边也迅速发展起来。旧金山湾区工业化进程加快，人口平稳增长，以7座跨海大桥为标志的旧金山湾区城市间交通一体化形成，推动旧金山湾区城市经济社会发展网络化模式的形成。20世纪20～30年代，旧金山湾区城市间渡轮服务需求快速增加。旧金山的钢铁和冶炼逐渐外迁，推动旧金山周边城市的快速城市化和工业化进程。1869～1935年，旧金山湾区在美国大都市地区的总就业排名从17位提高到16位，旧金山湾区经济总量增加值从第15位提高到第10位。

第二次世界大战后，国防工业发展以及始于硅谷的高科技革命进一步加速推动和完善了旧金山湾区内各城市间的人财物网络系统的融合和分工协作。旧金山湾区随着大量移民流入，人口快速增加。硅谷迅速崛起，高素质、风险投资和创新体系三者相互融合成为旧金山湾区发展的主要驱动力。

2.4.2 旧金山湾区经济发展历程

2.4.2.1 人口

旧金山作为始终充满活力的经济体，一直吸引着全美及世界各地的移民，从产业初期的劳工到高技术快速发展时期的高素质人才，这是旧金山湾区人口始终保持增长，并在可预见的未来仍然增长的主要驱动力。过去100多年，旧金山湾区人口呈稳定增长态势（图2-20）。1990～2010年旧金山湾区年均人口增长率为1.63%，2011～2017年旧金山湾区年均人口增长率为1.21%。

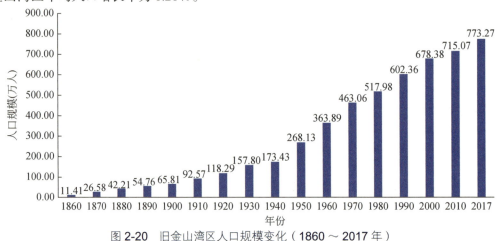

图 2-20 旧金山湾区人口规模变化（1860～2017 年）

数据来源：根据美国加利福尼亚州政府大都市交通委员会统计数据整理

2.4.2.2 经济增长

旧金山湾区 GDP 和人均收入保持较高的水平。2001 年以来，旧金山湾区经济体已经成为美国最富裕和繁荣的经济体之一。旧金山湾区经济增加值占美国总量从 1990 年的 3% 升至 2015 年的 4%，经济增长率 2000～2001 年是 1.5%，2014～2015 年是 5.7%。旧金山湾区 GDP 从 2001 年的 5080 亿美元升至 2015 年的 7220 亿美元，约占美国 GDP 总量的 4.68%，排名第六位。其中，旧金山—奥克兰区域经济产出占旧金山湾区的 60%，硅谷经济产出 2001～2015 年期间增长 70%（扣除通货膨胀）。旧金山湾区人均 GDP 高于美国其他大都市区，从 2001 年的 73 800 美元升至 2015 年的 94 700 美元（图 2-21）。

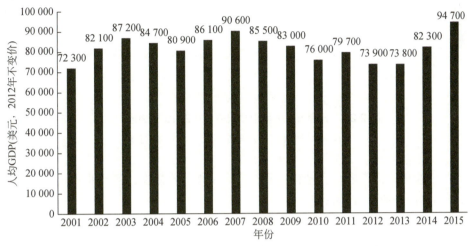

图 2-21　旧金山湾区人均 GDP 变化情况（2001～2015 年）

数据来源：根据美国加利福尼亚州政府大都市交通委员会统计数据整理

2.4.2.3　经济结构

从产业视角来看，旧金山湾区经济呈现多样化特点，但侧重于高技能高附加值产业的发展。1990～2015 年，旧金山湾区经济增长点主要得益于知识技术服务部门（包括信息、计算机及相关设备制造，以及专业、科学和技术服务业部门等）。产业结构的变化吸引了来自全球的高教育背景和工作技能的人才，工资水平高于美国平均水平。同时，旧金山湾区制造业以及吸收较低技能劳动力的相关部门就业率正在萎缩。

到 2040 年旧金山湾区人口和就业岗位持续增加。根据旧金山湾区政府联合委员会 2013 年预测，2010～2040 年旧金山湾区人口预计增长 210 万人，就业岗位新增约 127 万人。预计，到 2040 年就业增长集中在专业管理服务、健康服务、艺术及其他、建筑等行业，其中，专业管理性服务业是就业增长最大部门，预计新增 470 315 个岗位。农业、制造与批发的就业机会减少（图 2-22）。

2.4.2.4　对中国湾区经济发展的启示

最近几十年旧金山湾区的人口、经济、产业和就业结构变化轨迹对粤港澳大湾区有价值的启示有以下几点。

（1）人力资本是湾区经济发展的重要驱动力。旧金山湾区作为全球创新中心，会吸引更多来自美国其他区域以及全球的移民。新兴技术提高生产率以及改变生产过程，也会抚育出更多新就业机会和市场。

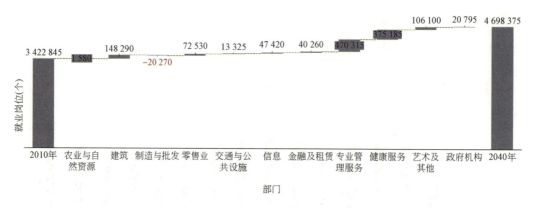

图 2-22　旧金山湾区就业情况变化（2010～2040 年）

数据来源：根据湾区政府联合委员会统计数据整理

（2）旧金山湾区产业社会结构一直保持高水平的连接性，各产业之间相互支持融通形成一个整体的产业社会生态链。

（3）风投资本对高附加值产业的推动是旧金山湾区经济繁荣的关键。1995～2011 年，旧金山湾区风险投资资本从 1995 年的 4.53 亿美元增加到 2011 年的 30 亿美元，增长了 562%（Bay Area Council Economic Institute，2012）。绝大比例的风险投资资本都进入到软件、信息通信、半导体和计算机及辅助设备的制造行业。

（4）绿色经济（新能源产业）发展是近些年旧金山湾区经济发展的重点。旧金山湾区是储能技术创新和更先进交通技术的全球引领者，特别是在电动汽车及提高交通能效技术领域。

（5）创新和企业家精神是旧金山湾区经济繁荣的关键。旧金山湾区已经引领全球创新 60 多年，拥有全球一流的公司和工作机会，影响到成百上千万人的生活。

此外，也需要注意到，旧金山湾区经济发展也面临着人口老龄化、住房成本持续上涨、交通拥堵等问题的困扰，旧金山湾区在这些方面走过的弯路也值得中国了解和避免。

2.4.3　旧金山湾区能源转型成效

2.4.3.1　旧金山湾区的能源系统及发展特点

旧金山湾区电力消费缓慢增长，化石能源消费以天然气为主，可再生能源比例逐渐上升。旧金山湾区电力消费呈缓慢增长的趋势，并且非居民用电和居民用电占比基本保持不变。1990～2016 年，旧金山湾区电力消费处于波动性上升趋势，年均增长约为 0.7%，其中，居民用电消费年均增长率高于非居民生活用电消费，分别为 1% 和 0.6%。消费中的非居民用电和居民用电比例多年基本没有变化，非居民用电比例维持在 71% 左右，居民用电比例为 29% 左右（图 2-23）。

旧金山湾区人口数量和就业量继续增加，终端部门电气化的推进，旧金山湾区电力消费会持续增长，居民部门会是最大增长点。旧金山湾区主要电力供应商美国太平洋天然气与电力公司预测，2013 ~ 2025 年旧金山湾区年均电力消费增长可能为 0.98% ~ 1.66%。

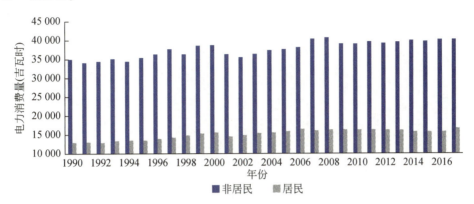

图 2-23　旧金山湾区居民和非居民电力消费量（1990 ~ 2017 年）

数据来源：根据湾区政府联合委员会、加利福尼亚州能源委员会能源消费数据库统计数据整理

近些年来，旧金山湾区人口增加速度高于电力消费速度，人均用电量和人均生活用电量变化幅度不大（表 2-1）。旧金山湾区人口和 GDP 持续增长，但是人均用电量 2011 ~ 2016 年持续下降，年均下降率分别为 -1.12% 和 -1.72%。人均用电量和人均生活用电量在 2017 年相对于 2016 年略有上升，增长率为 0.96% 和 4.86%，但仍低于 2014 年和 2013 年的消费水平。

表 2-1　旧金山湾区人均电力消费（2010 ~ 2017 年）　　　　（单位：千瓦时）

年份	2010	2011	2012	2013	2014	2015	2016	2017
人均用电量	7731.02	7732.96	7564.26	7508.65	7431.36	7309.40	7307.54	7377.63
人均生活用电量	2271.83	2251.51	2212.93	2181.67	2100.68	2077.66	2063.86	2164.21

数据来源：根据湾区政府联合委员会统计数据整理

旧金山湾区天然气消费 1990 ~ 2017 年也保持较为稳定的状态，非居民消费占比要高于居民消费的比例（图 2-24）。

2.4.3.2　旧金山湾区经济增长与温室气体排放相对脱钩

旧金山湾区温室气体排放量统计是从 1990 年开始，也就是《京都议定书》上规定的基年。从 1990 年至今的排放趋势来看，旧金山湾区的温室气体排放量增加。1990 ~ 2011 年，在旧金山湾区 GDP 增长 77%、人口增长 23% 的同时，碳排放强度下降了 27%，人均碳排放增长 5%，温室气体排放总量增加了 29%。旧金山湾区经济增长已经与温室气体排放相对脱钩，其主要脱钩的驱动因素是以能源强度较低的生产性服务

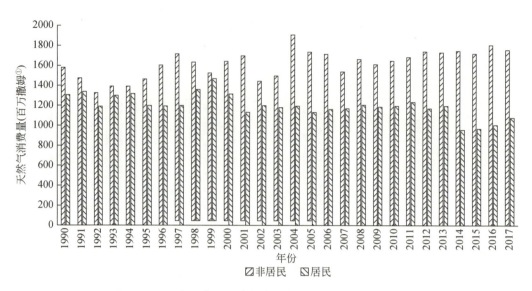

图 2-24　旧金山湾区天然气消费状况（1990～2017 年）

数据来源：根据湾区政府联合委员会、加利福尼亚州能源委员会能源消费数据库统计数据整理

业为主的经济结构，以及在节能和能效方面的努力，电力、交通和建筑能源强度持续下降。但是，根据旧金山湾区温室气体排放清单报告的预测，不考虑政策干预情况下，旧金山湾区温室气体排放会持续增加，基本保持在平均每年约 0.5% 的增长率（Claire et al.，2005）（图 2-25）。

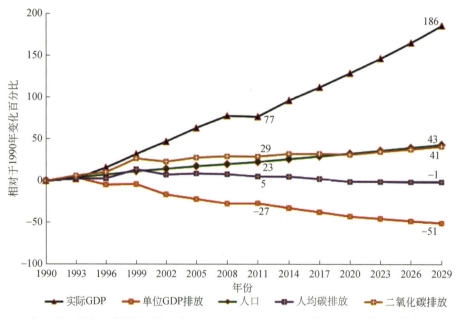

图 2-25　旧金山湾区碳排放趋势（1990～2029 年相对于 1990 年的变化情况）

资料来源：Claire et al.，2015

---

① 1 撒姆 =1.05506×10^8 焦耳

2.4.3.3　零化石能源消费是旧金山湾区未来能源转型方向

旧金山湾区电源构成清洁化速度正在加快。旧金山湾区居民和商业电力消费的近30%来自可再生能源（小型水电、太阳能、风能、地热和生物质能），若考虑大型水电和核电等零碳电力，旧金山湾区电力结构更加清洁。未来旧金山湾区可再生能源发展趋势很可能替代天然气和核电。

居民和商业部门的天然气消费排放的温室气体是区域内的第二大排放源。目前这些终端消费很少转向低温室气体排放燃料（如生物气体）或者清洁电力。旧金山湾区居民和商业部门的天然气消费排放的温室气体甚至超过了区域内五大石油炼制加工厂的排放量。

交通是整个旧金山湾区温室气体排放最大、也是化石能源消费增长最快的部门。小客车和货车是最大的化石燃料排放源，约占交通温室气体排放的80%。未来200万人的新增人口会增加总汽车驾驶里程，拥堵情况会更加严重。实现零化石能源消耗城市，需要减少机动出行以及单位出行里程的碳排放（Tam and Jo Szambelan, 2016）。

提高资源效率、终端电气化和电力系统脱碳化是旧金山湾区实现零化石能源消费的支柱。在不减少经济和公共服务设施竞争力的条件下，旧金山湾区将进一步减少不必要的废物以及提高资源效率。推进终端能源电气化，尽可能减少天然气和汽油消费。推进电力系统脱碳化，最终实现100%电力供应。

2.4.4　旧金山湾区能源转型特点

考虑到旧金山湾区能源统计数据可得性较差，旧金山湾区能源生产和消费历史演进同加利福尼亚州趋势大致保持一致，这部分希望用基于更长时间维度的加利福尼亚州能源体系变迁来理解旧金山湾能源系统的演进。

加利福尼亚州自身能源生产量逐渐下降，能源生产品种首先是原油，其次为可再生能源和天然气，核电占比正逐渐下降。加利福尼亚州一次能源生产峰值出现在1986年左右，生产总量为 3.65×10^{15} Btu[①]。从1986年之后逐渐下降，平均下降速率为1%左右。从能源生产结构看，加利福尼亚州基本不产煤炭，以原油生产为主，原油生产峰值从1977年的71%下降到2017年的40%左右，可再生能源生产比例逐渐提高，从1960年的9%左右上升到2017年的44%（图2-26）。

---

① 1 Btu=1.055 06 $\times 10^3$ 焦耳

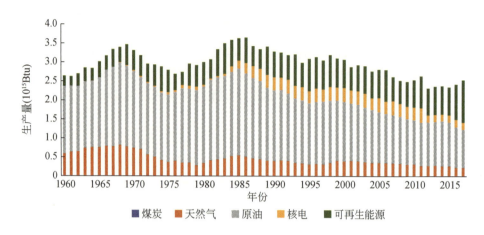

图 2-26　加利福尼亚州能源供应总量及结构（1960～2017 年）

数据来源：根据加利福尼亚州能源委员会能源消费数据库统计数据整理

电力：加利福尼亚州电力构成中，水力发电和煤炭发电比例下降，天然气发电比例快速上升，天然气发电是第一大电源（图 2-27）。

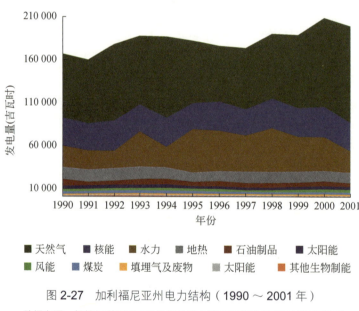

图 2-27　加利福尼亚州电力结构（1990～2001 年）

数据来源：根据加利福尼亚州能源委员会能源消费数据库统计数据管理

能源消费：1960 年以来加利福尼亚州一次能源消费量呈震荡上升趋势，2004～2007 年达到峰值（约为 8.29×10^{15} Btu），之后略有下降，2014 年后又呈略微上升的态势（图 2-28）。

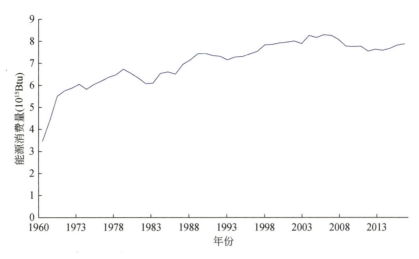

图 2-28 加利福尼亚州一次能源消费量变化情况（1960 ～ 2017 年）

数据来源：根据加利福尼亚州能源委员会能源消费数据库统计数据整理

从消费结构来看，化石能源占比从 1960 年的 92％下降到 2017 年的 82％，非化石能源占比（包括核能）从 1960 年的 8％上升到 2017 年的 18％（图 2-29）。

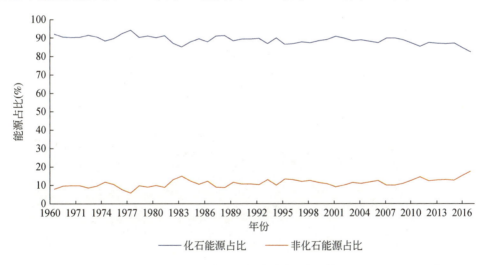

图 2-29 加利福尼亚州化石能源和非化石能源消费量变化情况（1960 ～ 2017 年）

数据来源：根据加利福尼亚州能源委员会能源消费数据库统计数据整理

1960 ～ 2017 年，加利福尼亚州化石能源消费总量在 2007 年达到峰值，随后快速下降，2011 年基本进入稳定期。化石能源消费结构中，以油品和天然气为主，分别约占化石能源消费的 60％和 40％，煤炭消费占比很低，近 60 多年来都维持在 1％左右（图 2-30）。

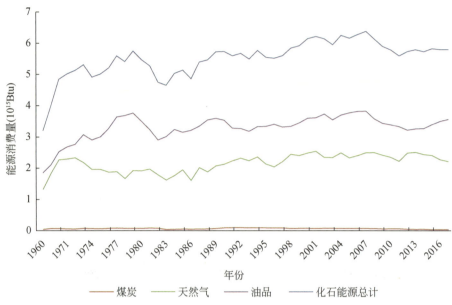

图 2-30　加利福尼亚州化石能源消费结构变化（1960 ～ 2017 年）

数据来源：根据加利福尼亚州能源委员会能源消费数据库统计数据整理

从消费部门结构分析，1975 年以后，加利福尼亚州居民和商业部门能源消费总量基本保持平稳，略有增长，在 2008 年达到峰值后，目前处于平台期震荡。1960 年以来，交通部门能源消费快速增加，2008 年达到峰值后略有下降，交通部门从 1960 年至今都是最大终端消费部门（图 2-31）。

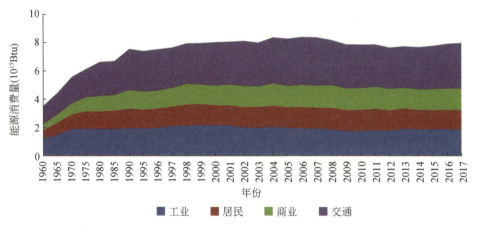

图 2-31　加利福尼亚州分部门能源消费情况（1960 ～ 2017 年）

数据来源：根据加利福尼亚州能源委员会能源消费数据库统计数据整理

旧金山湾区经济和能源低碳双转型的经验主要体现在其科技创新氛围的建立以及积极的低碳政策。

1）全球领先能源低碳转型的政策环境

加利福尼亚州和旧金山湾区重视对能效、可再生能源开发利用、环境质量改善和温室气体排放控制领域的政策制定和投资，出台了一系列与时俱进的政策、规章、法律、政府执行令、节能标准、减少废弃物和温室气体污染的消费者项目和激励措施。加利福尼亚州这一期间能效项目利润超过了 900 亿美元，避免了 50 个大规模的天然气发电厂的建设，以及上百万吨的温室气体和污染物的排放。

加利福尼亚全球变暖解决方案法案（AB 32）要求加利福尼亚州 2020 年温室气体排放减少到 1990 年水平；2016 年排放限制（SB 32）要求 2030 年温室气体排放下降到 1990 年的 40%；2012 年，加利福尼亚州州长颁布行政命令，要求 2050 年温室气体的排放下降到 1990 年的 80%。加利福尼亚州空气资源委员会（California Air Resources Board，CARB）负责政策的制定和实施。

加利福尼亚州从 2002 年制定出台了可再生能源配额制（Renewable Portfolio Standard，RPS），推动可再生能源发展和减少温室气体排放，要求州电力公司实现 2020 年零售电力的 22% 是可再生能源电力。2013 年，加利福尼亚州零售电力中大约 22.7% 是可再生电力，提前实现了 2020 年目标。随后，州政府进一步提出了 2030 年实现 50% 的目标。

2）建立指导旧金山湾区公共事务的综合决策和协调机构

建立由地方官员、企业等构成的各类型区域监管和协调机构，负责研究和制定各类旧金山湾区中长期规划，为各个城市土地利用、交通、能源、建筑、工业等部门规划制定统一和协调的行动纲领。第二次世界大战导致旧金山湾区人口规模扩张、用地无序蔓延、环境质量恶化、海湾面积大幅萎缩等后果。缘于担心逐渐恶化的空气质量会影响区域内商业投资发展，多家致力于区域内公共政策制定和管理协调的机构纷纷成立。1955 年，旧金山湾区空气污染控制区（湾区空气质量管理区域）成立，负责旧金山湾区空气污染控制。1961 年旧金山湾区政府委员会成立，作为一家官方的旧金山湾区综合规划研究机构，主要服务于区域政府议会，具体负责区域内住房、交通、经济发展、教育和环境问题研究，旨在加强区域地方政府间的合作和协调。1965 年，旧金山湾区保护和发展委员会成立，致力于呼吁停止旧金山湾区填海活动，恢复湿地。1970 年，大都市交通委员会成立，作为联邦指定的大都市规划机构和加利福尼亚州指定的区域交通规划机构，负责旧金山湾区 9 县的交通规划、投融资和协调。

2.5　世界三大湾区能源转型横向比较分析

2.5.1　能源转型的历史背景不同

考察世界三大湾区能源转型，不能仅仅孤立地纵向比较分析各自湾区转型的表征、特点以及效果。运用整体、统一的世界经济联系观点，看待世界三大湾区的能源转型历程，更有助于理解世界三大湾区背后的转型机理、动力以及转型成效。

与世界三大湾区能源转型密切相关的世界经济转型发生的几个大事件归纳如下。

1900 年，大纽约地区的制造业集聚发展，成为全球制造业的重镇，食品工业等传统制造业基地。

1944 年，建立了"布雷顿森林体系"。

1945 年，第二次世界大战结束。

1963 年后，美国开始扶植日本，日本进入高速发展阶段。

1971 年，"布雷顿森林体系"瓦解，美元浮动汇率制度开始。

1973 年，第一次石油危机。

1974 年，"石油美元霸权"体系正式诞生。

1979 年，第二次石油危机。

1980 年，全球制造业转移。

1985 年，日本《广场协议》签订。

1992 年，美国信息革命酝酿。

1995 年，日本金融泡沫破裂。

2001 年，"9·11"事件发生。

2008 年，奥巴马绿色新政开始。

2012 年，页岩气开始批量生产。

2018 年，美国政府的能源新现实主义主导。

从图 2-32 和图 2-33 结合能源转型进程中发生的主要事件，可以归纳出如下几个特点：

（1）世界三大湾区发展均受惠于第二次世界大战后以美国为主导的世界经济秩序中，体现为制造业的竞争力上升与世界金融霸权的实现。

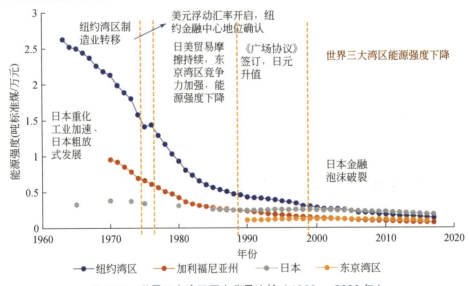

图 2-32　世界三大湾区历史背景比较（1960～2020 年）

数据来源：根据世界三大湾区数据整理

（2）从占据世界产业链角度来看，能源转型更多依赖于所在国家的经济转型，波特的国家竞争力模型也说明了美国的主导竞争力分别以纽约湾区的金融、旧金山湾区的信息产业为标志，在国际竞争中占据较多附加值，因此，纽约湾区、旧金山湾区的能源强度下降幅度也更大。

（3）东京湾区由于承接美国的制造业转移，大力发展重化工业，一度实现了能源强度大幅度下降，但由于日本政治的不独立性，最终受制于日美贸易冲突，在美国的世界经济秩序安排中，进入了"失去的二十年"，由此导致 1995 年后能源转型不力。

（4）1973 年的世界石油危机均对三大湾区造成很大影响，表现为经济一度滞涨，但随后三大湾区的应对策略略有不同，东京湾区加强了节能，多元化能源供应；而美国两大湾区则基于自身资源禀赋，主动实现天然气替代，加大新能源开发力度。

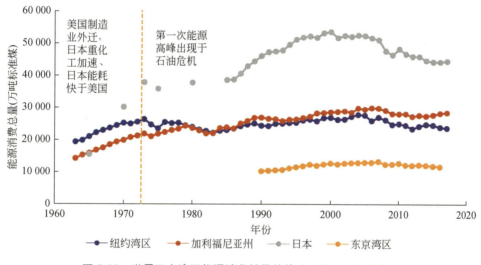

图 2-33　世界三大湾区能源消费总量趋势（1960 ～ 2020 年）

数据来源：根据三大湾区数据整理

2.5.2　能源转型的驱动力不同

纽约湾区转型既有经济转型产业结构优化、美国金融霸权的确立带来的能源强度被动下降特点，又有外部石油危机导致的纽约湾区寻求能源独立、寻找更便宜的天然气品种原因，同时由于国际气候变化政策的影响，美国限制煤炭的使用，导致煤电下降。另外，美国页岩气技术的大规模使用，导致天然气价格下跌，使得天然气比例大幅增加。应该说，纽约湾区转型动机先是自然而然的转型，后是被动地寻求能源独立，最后是新技术的突破导致的转型。

东京湾区的转型则被动应对因素更多。1973 年石油消费比例高达 67%，煤炭消费比例也非常高，直接导致了日本公害，政府不得不走"先污染，后治理"的道路。20 世纪70 年代出现的石油危机，使得东京湾区不得不寻求能源的多样化，加大了对天然气进口渠道的多样化，并开始研究增加核电。另外，由于日美贸易摩擦，日元升值导致企业成本增加，日本企业也不得不加大精细化管理，向节能要效应，向更多的附加值要效应，并启动了全球化的并购之路，造就了今日庞大的海外国民生产总值（GNP）。

日本是被动能源转型，环保、成本、安全是其转型考虑因素；美国是技术创新导向、市场经济导向，以及地缘政治主导权所致的能源转型。

2.5.3 能源消费峰值出现均早于所在国家峰值

世界三大湾区能源消费峰值早已经出现。纽约湾区先后出现了两次能源消耗高峰值，第一次是 1973 年，正值第一次石油危机时，总能源消耗量为 26 042 万吨标准煤，其后一直下降，直到 2005 年再次达到峰值，为 24 316 万吨标准煤。2007 年东京湾区能源消耗最高峰值为 1.3 亿吨标准煤，人均能源消费的最高峰值同样出现在 2007 年，为 3.8 吨标准煤，其后一路下滑。

2.5.4 能源消费结构中交通和居民生活消费占比提高

由纽约湾区数据看，工业部门能源消费比例自 1963 年开始下降，居民生活、交通部门能源消费比例上升，其中交通部门上升了 6 个百分点，且交通部门能源清洁化程度较低，2016 年仅为 8.26%。由此可见，交通部门的能源消耗是未来能源转型的关键。

东京湾区制造业的能源消耗数据从 1990 年的 64% 下降到 2016 年的 57%，这说明东京湾区与纽约湾区在产业结构上存在差距。

2.5.5 能源转型的关键部门在交通

纽约湾区的交通能耗已经由 1963 年的 26.5% 升至 2017 年的 32.58%。1975 年首次超越工业部门成为第一大耗能部门，随着纽约湾区制造业的逐步升级、金融服务业的全球化，工业部门能耗占比下降成为趋势。目前纽约湾区的交通部门耗能主要是石油，清洁化程度还非常低。因此，要顺利实现下一步能源转型，重心应该是降低交通能耗强度，且交通能耗的清洁化是关键。实现交通能耗的清洁化技术可选项有生物燃料的使用以及电动车、氢能源车的使用。生物燃料由于原料可获得性存在限制，因此，未来交通耗能必将增加电力的使用，而电力的低碳化则是关键。需要大幅度提高核电、天然气、可再生能源比例。

2.5.6 湾区进入后工业化阶段能源消费仍会保持一定增长

后工业化阶段以服务经济的加速增加为特征，主要是与制造业直接相关的配套服务业，后工业化阶段表现为核心城市发展高端服务业、创业产业、金融、研发等。制造产业外迁到卫星城市，此时人口和企业大量迁移，产生郊区化和反城市化现象，大批居民在城市中心于郊区之间往返通勤，如果公共交通不够完善的话，交通能耗将取代工业部门能耗，成为耗能第一部门。纽约湾区 1963 年左右进入后工业化时期，其能源消费总量直到 1973 年才暂时达到高峰，但交通能耗占比一直稳步上升。

2.5.7　湾区内制造业实现了能源消费零增长下的可持续发展

纽约湾区制造业 1973 年达到 7409.48 万吨标准煤，此后一路下降，2017 年只有 3873.93 万吨标准煤，几乎下降一半，但纽约湾区的工业增加值却增长了 2.5 倍。东京湾区在经历了 20 世纪 60～70 年代的重化工业快速增长时期，1973 年制造业能源消费占到总能源消费的 56.4%，1973 年的石油危机以及随后的日元升值，日本制造业在逆境中实现了产业结构升级和技术进步，在此期间，制造业的增加值增长了 80%，而能源消费却实现了零增长。其核心秘诀是提升制造业在全球分工中的产业价值链。

2.5.8　湾区均经历了石油时代，正在向天然气、核电、可再生能源多元化结构过渡

纽约湾区石油消费占比最高，与 1963 年的 62.45% 相比，到 2017 年石油占比下降到 45.2%，正在努力向石油、天然气、核电的多元结构过渡。东京湾区 1990 年石油占比高达 53%，此后出于能源安全考虑，大力发展核能，多元化引入天然气，至 2016 年石油比例下降到 47%。

随着石油峰值的到达，纽约湾区天然气比例从 1963 年的 14.3% 升至 2017 年的 39.44%，核电和可再生能源比例则从 1963 年的 21% 升至 2017 年的 55.3%，这三部分的新增力量已经高达 91.57%，实现了从石油向天然气、核电过渡。

2.6　世界三大湾区给粤港澳大湾区能源转型的启示

2.6.1　加快能源多元化转型进程，力争跨越世界三大湾区经历的"石油时代"

历史上世界三大湾区均经历了石油消费时代，目前，粤港澳大湾区仍处于煤炭时代，占比高达 48%，亟须将煤炭转换成其他能源品种，鉴于石油产量增长有限，粤港澳大湾区要重现世界三大湾区的石油时代是不可能的。应该绕过石油时代，直接进入纽约湾区、东京湾区现在的能源发展阶段，提高天然气比例，适度增加核电比例，增加外购电力可再生能源比例。

2.6.2　促进交通能耗的电气化、低碳化

后工业化阶段经济发展特点、人口流动将呈现新的特点，服务经济加速增长，与制造业直接相关的配套服务业，如创意产业、金融、研发服务也等比例增加，制造产业外

迁到卫星城市，此时人口和企业大量迁移，产生郊区化和反城市化现象，大批居民往返通勤于城市中心于郊区之间，降低交通能耗强度，且交通能耗的清洁化将是关键，粤港澳大湾区要顺利实现下一步能源转型，应加大新能源电动车的使用比例。大幅度提高核电、天然气、可再生能源发电的比例才是实现低碳交通的关键。

2.6.3　明确能源转型的目标，保持政策的连贯性

能源转型最终是服务于经济增长及经济转型的，因此，能源转型进程中会面临着不可预期的反复性。粤港澳大湾区的经济转型也会影响能源转型进程，当前面临着很多内外部负面因素，保民生、促增长、防风险三者在不同时期有不同的工作重点。此外，能源转型有多重目标，即环保、安全、高效、低碳。不同时期，可能会有不同的工作重心。粤港澳大湾区应根据自身转型的目标、路线图，坚持走下去，保持政策连贯性。

2.6.4　发挥民间协调委员会作用

建立粤港澳大湾区民间能源发展协调机构，服务于能源及环境公共事务管理。采取以粤港澳多个智库联合组建的独立咨询和协调机构，协助政府对涉及诸如环境保护、港口协调、能源供需调配、物流运输等事务进行规划、协调、咨询、评估。

2.6.5　以东京湾区为鉴，强化经济自主权，加强能源安全

从历史上看，当前的中美关系类似 20 世纪 80 年代美日关系，属于守成大国与新兴崛起大国的博弈关系。自 1890 年美国成为世界第一经济大国以来，世界第二大经济体无一例外地面临"第二经济大国陷阱"。当前中国正面临与日本当年类似的困难与问题，粤港澳大湾区作为攻克发展陷阱的桥头堡，理应认真研究东京湾区当年在日美冲突中的表现，以及所采取的能源转型策略。中国面临的相似环境有：

（1）同为第二大经济大国，日本经济强盛期 GDP 占美国 GDP 总量的 70%；2017 年中国 GDP 以 122 503 亿美元保持世界第二位，相当于美国的 63.2%。

（2）同为美国最大贸易伙伴，日本经济强盛期贸易逆差总和中，对美国贸易逆差比例为 40%；2017 年中国对美国贸易顺差为 2758 亿美元，对美贸易逆差为总逆差的 46%。

（3）同为美国最大债权国，日本经济强盛期持有美国国债为 18.5% 左右。2017 年中国持有美国国债 11 800 亿美元，占外国主要持有美国国债的 18.5%。与当年美日格局一样，日本是最大债权国，引起了美国的恐慌，限制日本出口。

（4）能源安全存在隐患，日本受制于 1973 年的石油危机，国际石油价格大幅增加，不得不对外增加天然气进口渠道，对内采取节能减排，向精细化管理要效应的策略，取得了一定的成效。当前，粤港澳大湾区也需要对外加强能源进口渠道多样化，对内向科技创新要效应。

因此，在美国主导的世界经济格局的大前提下，粤港澳大湾区与东京湾区具有更多的可比性。至少在 2035 年，新一轮世界政治经济格局没有稳定之前，粤港澳大湾区更多应吸取东京湾区的教训，学习其先进经验。

尽管中国现在面临环境与日本当年相似，但也存在不同之处和优势：第一，中国的市场比日本大，与日本相比，柔性更强。第二，中美经济仍有很强的互补性，而非日美贸易战期间产业间的直接竞争并占领美国市场。第三，中国的主权和宏观调控政策独立，中美是独立的两个大国，而非日美间的政治从属依赖关系。第四，日本的过剩产能和不良债务迟迟得不到处理，中国已经开展供给侧结构性改革。第五，中国的能源通道会比日本更多，目前开辟的北极圈经济战略将有利于中国能源进口的多样化。

要避免日本"失去的二十年"，粤港澳大湾区必须担负起历史使命，顺利进行经济转型，有序开展能源转型。首先，战略预判中美经贸关系带来的机遇与挑战；防止采取货币放水、重走刺激老路的方式应对，这是日本金融战败的主要教训；坚持对外开放，尤其扩大贸易自由化和投资自由化，但要控制资本项目金融自由化的步伐；坚决做好能源转型工作，保障粤港澳大湾区经济转型顺利。其次，当前中国正面临与日本当年类似的困难与问题，表现在国际贸易摩擦升级、本币升值压力大、金融杠杆高。粤港澳大湾区应该学习日本化被动为主动，积极寻求能源多样化、产业升级的做法。同时避免产业过度外迁、金融投机盛行，避免日本"失去的二十年"。

2.6.6　基于世界经济发展趋势、粤港澳大湾区自身资源禀赋、产业优势等特点，科学选取对标指标

我们认为，基于世界经济周期发展特点，到 2035 年，粤港澳大湾区将处于新一轮世界康德拉季耶夫周期繁荣期。中国是该波世界经济康德拉季耶夫周期的主导者，当前正在孕育下波康德拉季耶夫周期，主题是智能社会和数字经济时代。2015 年开始，2025 年进入回升阶段，2045 年进入繁荣顶点。判断依据如下。

目前正处于上一轮康德拉季耶夫周期的萧条阶段，下波周期的孕育阶段。美次贷危机是上波周期高峰转折点。目前正处于全球资产负债修复和全球去杠杆期，中国新旧动能转换期。下波周期主题为数字经济，传统工业化经济面临产能过剩，以 5G、大数据、云计算、人工智能、区块链技术为特征的数字经济即将登场。G20 峰会、联合国议题、亚太经济合作组织（Asia-Pacific Economic Cooperation，APEC）会议均强调迎接数字经济的到来。

中国将会成为下波康德拉季耶夫周期发展龙头，基于几个优势：①市场优势。中国人口多、市场大、规模效应强，有工程师红利、制造优势，且善于借鉴美、日、德原始创新成果。②制度优势。智能和数字经济时代，生产效率更为大幅提高，收入差距会更大，更容易发生经济危机，中国可调节收入差距；投资导向型经济体更利于数字经济时代的新型数字基础设施投资。③基础超前。5G 领先世界、互联网 + 基础、《中国制造

2025》规划。④新版全球化方案。中国输出制造优势，扩大"一带一路"倡仪的影响，引领走人类命运共同体道路。

粤港澳大湾区是发展龙头增长极，旧金山湾区仍旧处于原始创新中心、先进制造业中心，纽约湾区世界金融中心地位稍微弱化，东京湾区处于跟随地位（年均 GDP 增速 1.7%）。

基于未来世界经济发展格局和国际地缘政治变化，初步将粤港澳大湾区至 2035 年的发展阶段划分为两个节点。

1）2019～2025 年：新旧动能转换期，对标东京湾区 20 世纪 90 年代

该阶段发展特点：经济处于新旧动能转换、经济增速转换、环境改善阶段。国内环境处于制造业转型升级、传统产业与信息产业融合加快，新型产业处于关键技术积累阶段；外部国际环境体现为中美贸易争端加剧。该阶段最大挑战是避免陷入日本"失去的二十年"。

2）2025～2035 年：新型产业领导期，重点指标全面超越届时东京湾区

该阶段发展特点：中国突破关键技术，尤其在原始理论创新、关键集成应用方面实现突破，发挥中国市场优势。随着人工智能、区块链技术的推进应用，中国的制度优势更好地与新型技术融合，智慧地避免中美"修昔底德陷阱"冲突，成功实现中国版全球化战略，中国制造业在全球的价值链大幅提升，人民币顺利出海并处于长线升值阶段。到 2035 年，中国 GDP 达到 210 万亿人民币（2015 年价），超过美国成为世界第一经济大国。人均 GDP 超过 2 万美元，为高收入国家（国务院发展研究中心预测）。预计粤港澳大湾区 2035 年人均 GDP 超过 5 万美元，将达到纽约湾区人均 GDP 的 60%、东京湾区人均 GDP 的 80%。

到 2035 年，粤港澳大湾区能源体系的重要指标届时全面追赶东京湾区。表现为：单位 GDP 能耗和排放强度相当；人均能源消费仍比东京湾区低，创建节能型社会；人均生活能源消费相当，体现生活水平及智能化社会需求；能源安全度提高。中美将建立成熟稳定的新型大国关系，中美在能源领域合作加强，中国有效利用北极航道，加强天然气进口，中国能源进口更加多样化。粤港澳大湾区与世界三大湾区能源转型的对标比较如表 2-2 所示。表 2-3 为粤港澳大湾区与东京湾区重要经济、能源指标比较。

表 2-2 粤港澳大湾区与世界三大湾区能源转型对标比较（2016 年）

目标	粤港澳大湾区目标设定理由	美国纽约湾区	美国旧金山湾区	日本东京湾区
低碳	向旧金山湾区看齐，粤港澳大湾区可外购西部清洁电能、提高可再生能源比例	单位 GDP 碳排放强度为 0.19 吨二氧化碳 / 万元人民币	单位 GDP 碳排放强度为 0.14 吨二氧化碳 / 万元人民币	单位 GDP 碳排放强度为 0.27 吨二氧化碳 / 万元人民币
节能	向东京湾区看齐，美国生活方式不可取	人均能源消费 10.16 吨标准煤	人均能源消费 10.10 吨标准煤	人均能源消费 4.44 吨标准煤

续表

目标	粤港澳大湾区目标设定理由	美国纽约湾区	美国旧金山湾区	日本东京湾区
高效	向东京湾区看齐,未来能源需求集中在交通、建筑;粤港澳大湾区在交通、建筑基础设施规划有后发优势,可避免美国碳锁定效应	能源强度 0.96 吨标准煤 / 万美元	能源强度 1.06 吨标准煤 / 万美元	能源强度 0.66 吨标准煤 / 万美元
安全	向纽约湾区看齐,发展核电,增加西电、沿海风电外购电份额;向东京湾区看齐,油气供应安全保障	核能纽约湾区内自有,另有水电自有比例达 8%,石油、天然气来自邻州	旧金山湾区所在加利福尼亚州富产石油、天然气,且可再生能源资源丰富;能源安全度高	东京湾区内资源贫乏,且日本国内保障也不足,加之核电暂停;能源对外依存度高

表 2-3　粤港澳大湾区与东京湾区的重要经济、能源指标比较

主要指标	2017 年 粤港澳大湾区	2017 年 东京湾区现状	2035 年 粤港澳大湾区能源转型情境	2035 年 东京湾区预测	依据及结论
一次能源消费总量(亿吨标准煤)	2.39	1.61	2.94	1.29	根据日本经产省全国能源预测,结合东京湾区未来发展趋势,预计中长期东京湾区能源需求呈下降趋势
GDP 总量(万亿元人民币)	10.39	12.4	36	16.8	日本经产省预测;经济年增 1.7%,至 2035 年粤港澳大湾区增速远大于东京湾区
单位 GDP 能耗(吨标准煤 / 万元人民币)	0.235	0.129	0.08	0.076	2017 年粤港澳大湾区单位 GDP 能耗高于东京湾区,由于粤港澳大湾区 GDP 增速远高于能源增速,至 2035 年该指标接近东京湾区
人均能源消费(吨标准煤)	3.44	4.44	2.89	3.55	粤港澳大湾区人均能源消费一直低于东京湾区,但至 2035 年该差距缩小
能源结构(煤:油:气:其他能源)	30:34:11:25	10:49:16:25(日本)	7:25:28:40	25:33:18:24(日本)	2017 年能源结构相当,但至 2035 年粤港澳大湾区指标优于东京湾区
碳排放强度(吨二氧化碳 / 万元人民币)	0.403	0.18	0.1	0.098	2017 年粤港澳大湾区碳强度高于东京湾区,但至 2035 年碳强度接近东京湾区

第3章 粤港澳大湾区能源发展现状分析

3.1 粤港澳大湾区能源发展重要指标

3.1.1 粤港澳大湾区能源系统指标

粤港澳大湾区按照能源系统发展特性可分为珠三角、香港和澳门三个部分。三个区域经济、社会、制度、发展阶段不同，能源系统特性存在差异，表3-1列举了三个区域能源系统的关键指标，对比分析其共性因素及差异。粤港澳大湾区能源消费总量增速方面，珠三角能源消费总量增速快于香港和澳门，珠三角人均能源消费高于香港和澳门，但香港和澳门的单位GDP能耗低于珠三角。

依据《粤港澳大湾区发展规划纲要》对能源系统的定位和要求，未来粤港澳大湾区的转型方向将不断优化相关能源指标，从能源发展可持续性角度支撑和保障粤港澳大湾区经济、环境、社会高质量发展。

表3-1 2015年粤港澳大湾区能源发展指标

指标	指标单位	粤港澳大湾区	珠三角	香港	澳门
能源消费总量[①]	万吨标准煤	22 331	21 181	1 088	62
煤炭	万吨标准煤	7 065	6 168	897	0
油品	万吨标准煤	6 878	6 270	558	50
天然气	万吨标准煤	3 010	2 535	452	23
一次电力	万吨标准煤	8 229	7 780	334	115
全社会电力消费量[②]	亿千瓦时	4 914	4 422	438	54
碳排放[③]	万吨	61 867	55 900	5 505	462
能源消费总量增速	%	3.4	3.8	1.0	3.5
人均能源消费	吨标准煤	3.6	3.7	3.0	3.0

续表

指标	指标单位	粤港澳大湾区	珠三角	香港	澳门
单位 GDP 能耗	吨标准煤 / 万元	0.26	0.31	0.12	0.04

注：①能源消费总量是指一个地区物质生产部门、非物质生产部门消费的各种能源的总和，是观察能源消费水平、构成和增长速度的总量指标。

②全社会用电量是指一个地区第一、二、三产业等所有用电领域的电能消耗总量，是观察电力消费水平、构成和增长速度的总量指标。

③碳排放指标由根据能源消费总量和结构计算，其他数据指标根据《广东统计年鉴 2016》、2016 年各地市统计年鉴、香港能源统计办公室、澳门能源统计数据整理

3.1.2　粤港澳大湾区能源经济对比

粤港澳大湾区与世界三大湾区相比，产业结构不同。美国纽约湾区主要以金融、港口产业为主；美国旧金山湾区主要以高科技、研发、服务业和先进制造业为主；日本东京湾区主要以高端制造业、服务业、重化工业为主。在全球产业链体系分工中，东京湾区与粤港澳大湾区呈现以制造产业居多的多元混合业态，在能源消耗特性上具有一定的相似性和可比性。在人口、面积方面，粤港澳大湾区超过东京湾区，但是 GDP 总量和人均 GDP 低于东京湾区；产业结构方面，粤港澳大湾区第二产业比例比东京湾区高 10%，第三产业比东京湾区低 11%。表 3-2 列出了 2016 年粤港澳大湾区和世界三大湾区经济及能源宏观指标对比情况。

表 3-2　2016 年粤港澳大湾区和世界三大湾区经济及能源宏观指标对比

项目	东京湾区	旧金山湾区	纽约湾区	粤港澳大湾区
经济总量（亿美元）	17 836	7 220	23 836	14 977
人口总量（万人）	3 631	760	2 341	6 793
土地面积（万平方千米）	1.35	1.79	2.15	5.65
人均 GDP（美元）	3.54	10.46	6.56	2.11
能源消费总量（万吨标准煤）	11 691	7 225	23 644	23 004
能源强度（吨标准煤 / 万美元）	0.66	1.07	0.96	1.54
人均能源消费（吨标准煤）	4.44	10.16	10.10	3.44
湾区经济特点	高端制造业、服务业和重化工业	高科技、研发、服务业和先进制造业	制造业、金融服务业	应用型创新、集成创新、重化工业

1999～2017 年粤港澳大湾区 GDP 年均增长率 10%，能源消费量年均增长率 5%；能源消费总量持续增长（图 3-1，图 3-2），经济增长对能源的依赖程度逐渐降低；2016～2018 年三年广东能源消耗累计增量达到"十三五"控制目标（3650 吨标准煤）的 88%，能源总量控制仍然严峻。

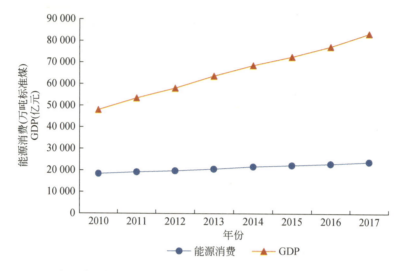

图 3-1　粤港澳大湾区能源消费总量和 GDP 变化趋势（2010～2017 年）

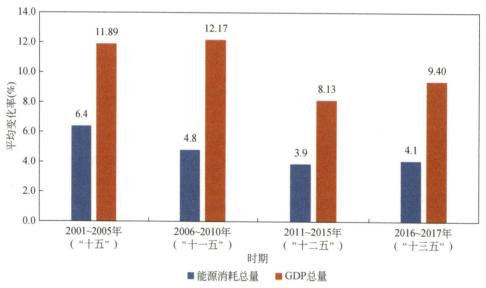

图 3-2　粤港澳大湾区能源消费总量和 GDP 总量每 5 年平均变化率（2001～2017 年）

3.1.3　粤港澳大湾区环境约束目标

粤港澳大湾区作为整体目前尚未有统一的能源、环境、污染物约束指标。在不同的管理制度下，珠三角在改革开放以来，重化工业发展较快，能源发展方式较粗放，近些年为严格管理能源消费，提高能源利用效率，促进节能减排，国家"自上而下"实施了多项针对能源环境管理的约束性目标，以提高能效为目的，实施能源精细化管理。对比国家未来设定目标，珠三角在能源管控上已实施能源消费总量控制目标、煤炭消费总量控制目标、单位 GDP 能耗下降目标、非化石能源发展目标。在二氧化碳减排上实施单位 GDP 碳排放下降目标和二氧化碳尽早达峰行动。污染物减排方面珠三角已实施二氧化硫和氮氧化物排放量下降目标、$PM_{2.5}$ 浓度下降等旨在提高环境质量水平的环保目标。

近年来在全球气候变化背景下，香港和澳门应对气候变化走在前列，积极落实国家推动的力争 2030 年碳达峰实施方案。香港和澳门推行温室气体清单报送计划，推动应对气候变化方案制定，从能源、工业、建筑、交通、居民生活消费等方面积极制定温室气体减排目标行动计划。

粤港澳大湾区空气质量较之世界三大湾区差距大，远高于世界卫生组织提出的 20 微克/米^3 标准（图 3-3）。粤港澳大湾区未来经济发展增量巨大，改善大气质量挑战极为严峻。2016 年粤港澳大湾区 $PM_{2.5}$ 年均 33 微克/米^3，《广东污染防治攻坚战三年行动计划》提出到 2020 年 $PM_{2.5}$ 要下降到 30 微克/米^3，环境质量改善任务依然艰巨。

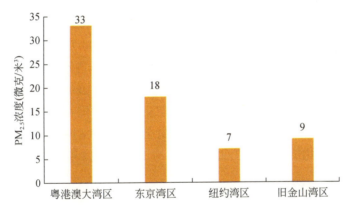

图 3-3　粤港澳大湾区与世界三大湾区 $PM_{2.5}$ 浓度对比（2016 年）

3.2　粤港澳大湾区能源供应现状和趋势

3.2.1　能源资源供应保障

粤港澳大湾区位于我国南部，远离国内资源富集地，能源资源匮乏，处于国内能源运输通道和供应链的末端，所需煤炭、常规油气等能源依赖省外调入和进口，不确定性较大；同时面临着较大的国际能源市场风险，容易受到资源短缺、运力紧张、价格波动和极端天气等因素的影响，能源资源的可获得性和储备应急能力相对薄弱；核能、海上风电等清洁能源具有一定的开发潜力。

3.2.1.1　煤炭资源保障

粤港澳大湾区的煤炭资源储量贫乏，开采条件复杂，现已停止开采，不具备煤炭自产能力。自 2006 年广东省政府下令省内煤炭开采业退出以来，粤港澳大湾区煤炭来源完全依赖省外调入和进口。2017 年粤港澳大湾区煤炭供应量为 6094 万吨标准煤。煤炭供应从山西、内蒙古西部、陕西煤炭基地调运并逐步成为主要来源，进口煤炭主要以澳大利亚、印度尼西亚和越南等国的为主。其中省外调入煤炭量占比约 75%，进口煤炭量占比约为 25%。2017 年香港外购煤炭 896.4 万吨标准煤，比 2016 年降低约 6%，全部用于火力发电。澳门能源供应结构中已实现无煤化。《珠三角地区煤炭消费减量替代管理工作方案》提出到 2020 年，珠三角地区煤炭消费要实现负增长。2017 年粤港澳大湾区发电用煤占总用煤量的 68%，工业用煤占总用煤量的 32%，因此，控煤任务不仅需要关注发电，减少工业用煤同样重要。

3.2.1.2　原油资源保障

粤港澳大湾区加工的原油主要来源于南海油田、进口和外省调入，主要通过输油管道和海运供应。2017 年粤港澳大湾区油品供应总量达 6704 万吨标准煤，其中，本地区生产原油占比 20%，外部调入占比 80%。香港和澳门不具备原油生产和加工能力，直接从内地调运和国外进口石油产品。2017 年香港油品供应为 289 万吨标准煤，2017 年澳门油品供应为 22.1 万吨标准煤。目前粤港澳大湾区内建成中国石油化工股份有限公司广州分公司、中海石油炼化有限责任公司惠州炼油分公司两家大型炼油化工企业，生产汽油、柴油、煤油等燃料及化工原料，原油加工能力约 3520 万吨 / 年。

3.2.1.3　天然气资源保障

截至 2017 年，粤港澳大湾区形成进口液化天然气、跨地区长输管道天然气和海上天然气等"多源互补、就近供应"的供气格局，建成天然气供应项目 7 个，供应能力约 400 亿米^3/ 年（表 3-3）。香港无天然气资源，主要依靠南海气源、西气东输二线以及深圳大鹏液化天然气接收站供应。澳门天然气也主要依靠调入，横琴—澳门输气管道是目前内地唯一输送澳门的天然气管道，日均输气量约为 75 万立方米，2017 年全年共计调入 1.77 亿立方米，其中 90% 用于天然气电厂发电。

表 3-3　粤港澳大湾区天然气供应能力（截至 2017 年）

属性	天然气供应来源	供应能力（亿米^3/ 年）
进口液化天然气	深圳大鹏液化天然气接收站	80
	中海油深圳迭福液化天然气接收站	54
	中海油珠海金湾液化天然气接收站	47

续表

属性	天然气供应来源	供应能力（亿米³/年）
陆上管道天然气	中国石油西气东输二线广东段	100
海上天然气	珠海横琴岛海上天然气管道	20
	高栏港海气管道	80
其他	东莞九丰调峰库	20
合计		401

在油气资源开采方面，中国地质调查局数据及省相关部门研究表明粤港澳大湾区及周边海域油气和天然气水合物等资源开发利用潜力极大。海域油气资源多在珠江口盆地，预测石油资源量为 80 亿吨，天然气水合物有较好的开发前景，已圈定 11 个远景区、19 个成矿区，锁定 2 个千亿立方米级矿藏。

3.2.1.4　水能资源保障

广东水能资源理论可开发装机容量为 1072.8 万千瓦，2017 年广东已建成水电站总装机容量 814 万千瓦，抽水蓄能电站装机容量 480 万千瓦。根据历次抽水蓄能电站站址普查及抽水蓄能电站选点规划成果，珠三角城市中较为优秀的抽水蓄能站址（包括已建和规划）有广州抽水蓄能电站、惠州抽水蓄能电站、深圳抽水蓄能电站和江门抽水蓄能电站。

3.2.1.5　核能资源保障

核电站选址需要考虑人口密度及分布、土地及水资源利用、动植物生态状况、电网连接、地质特征、地震、海洋与陆地水文等诸多实际情况，目前国家核电规划厂址保护目录的厂址可装机规模约 2.8 亿千瓦，其中广东约占 20%。粤港澳大湾区 2017 年现有核电装机容量 612 万千瓦，计划 2018～2020 年新增建成核电 350 万千瓦，其中包括台山核电 1 号和 2 号机组。另外广东太平岭核电厂一期工程（惠州市）规划建设 6 台 AP1000 核电机组，项目已获国家核准，工作已经全面开展。

3.2.1.6　风能资源保障

（1）陆上风能资源。根据《广东省陆上风电发展规划（2016—2030 年）》可知，粤港澳大湾区内可规划建设风电厂的地区划分三个区域。其中，惠州属于东部沿海地区，该区域 70 米高年平均风速为 6.0～7.0 米 / 秒，年平均有效风功率密度为 250～350 瓦 / 米²，规划风电装机容量约为 15 万千瓦。佛山和广州属于西部沿海地区，地处亚热带季风气候区，濒临南海，受海陆热力作用和地形地势影响较为显著，该区域 70 米高年平均风速为 5.4 ～ 6.5 米 / 秒，年平均有效风功率密度为 200 ～ 300 瓦 / 米^2，西部沿海区域规划装机容量约为 190 万千瓦。肇庆属于内陆区域，冬季受冷空气影响，夏季受太平洋上形成的台风外围的影响，同时高空槽带来的西南暖湿气流和切变线形成的大风也使本地区的风能资源较为丰富，该区域 70 米高年平均风速为 5.5 ～ 6.5 米 / 秒，年平均风有效功率密度为 200 ～ 300 瓦 / 米^2，内陆区域规划装机容量约为 600 万千瓦。深圳、珠海、江门、东莞、中山 5 市由于受风资源条件、土地利用规划、当地政策等限制，未规划布局新建风电场址。

（2）海上风能资源。粤港澳大湾区大陆和岛屿海岸线总长 3201 千米，沿海处于亚热带和南亚热带海洋性季风气候区，冬、夏季季候风特征十分明显。珠三角海域共规划海上风电场址三个，装机容量为 150 万千瓦，主要包括惠州港口海上风电场（1000 兆瓦）、珠海桂山海上风电场（200 兆瓦）、珠海金湾海上风电场（300 兆瓦）。

3.2.1.7 太阳能资源保障

截至 2017 年底，广东光伏发电装机容量为 332 万千瓦。粤港澳太阳能资源在我国属较丰富地区，年辐照时数为 1400 ～ 2200 小时，属于太阳能资源四类地区。其中，珠三角地区全年日照时数为 1400 ～ 2200 小时，每平方米一年接受太阳辐射 4200 ～ 5000 兆焦耳。根据可利用屋顶资源统计，珠三角地区可安装分布式光伏发电系统的建筑物屋顶面积约 6000 万平方米，可建设分布式光伏发电装机容量 600 万千瓦。粤港澳大湾区土地资源利用相对紧缺，仅江门台山地区规划建设农业与光伏互补、渔业与光伏互补等地面光伏电站。

3.2.1.8 其他新能源资源保障

（1）生物质能。广东生物质能源资源种类较多，数量约 7600 万吨标准煤 / 年。农林废弃物主要分布在北部山区，城市垃圾资源丰富，可产沼气的资源（包括畜禽场、酒厂、食品厂等产生的废弃物）也较为丰富。2015 年珠三角地区生活垃圾焚烧总装机容量为 83 万千瓦。其中，珠三角地区重点建设垃圾发电项目，到 2020 年垃圾焚烧发电总装机容量约为 115 万千瓦，日均处理规模 4.3 万吨；肇庆等地利用当地木薯、甘蔗等资源，建设生物燃料乙醇试点项目，珠三角地区推广使用生物燃料乙醇。

（2）地热能。广东浅层地热资源遍布全省 21 个地级市，其中以隆起山地型地热资源分布较为广泛。广东是国家列入地热能开发利用、属于中低温地热发电项目建设的重点省区。其中，粤港澳大湾区内地热资源充沛，温泉众多，主要集中在中山、珠海、惠州地区，佛山三水区被列为整体推进浅层地热能供暖（制冷）项目建设的重点地区，初步评估粤港澳大湾区地热资源量为 1.42×10^{19} 焦耳。

（3）潮汐能。粤港澳大湾区沿海潮差较低，珠江河口附近及沿海各港平均潮差为 1 ～ 2 米，可开发潮汐能资源开发条件一般，可供开发容量低于 60 万千瓦（全省可供开发量 65 万千瓦），但可规划开发波浪能发电。

3.2.2　能源供应结构变化

3.2.2.1　粤港澳大湾区能源供应结构

2017 年粤港澳大湾区能源供应量约为 23 943 万吨标准煤，煤炭供应量约为 6094 万吨标准煤，油品供应量约为 6704 万吨标准煤，天然气供应量约为 2394 万吨标准煤，其他（外购电）约为 8751 万吨标准煤（图 3-4）。一次能源供应结构煤炭、油品、天然气、其他（外购电）占比分别约为 25%、28%、10%、37%（图 3-5），与 2005 年相比，煤炭下降 15%，油品下降 9%，天然气和其他（外购电）分别上升 5% 和 19%。广东一次能源消费结构煤炭、油品、天然气、外购电占比分别为 40%、26%、8%、26%（图 3-6）。粤港澳大湾区能源结构优于广东，但煤炭占比高于世界三大湾区。

图 3-4　粤港澳大湾区不同能源品种供应量（2005 ～ 2017 年）

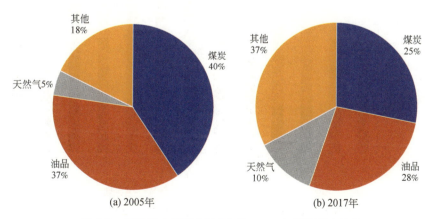

图 3-5　粤港澳大湾区 2005 年和 2017 年能源供应结构

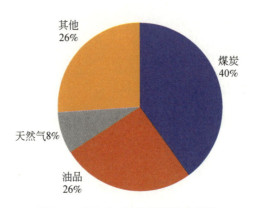

图 3-6　广东 2017 年能源供应结构

数据来源：根据（2015 年和 2017 年）珠三角 9 市统计年鉴数据整理，部分数据根据地市"十三五"
能源发展规划数据推算

　　近些年国家出台的"煤改气""清洁交通""打赢蓝天保卫战""工业、航运可挥发性有机物治理"等措施，促进粤港澳大湾区能源供应结构不断优化，煤炭比例不断下降，外购电上升 15%。粤港澳大湾区一次能源结构中化石能源占比 63%，非化石能源占比 37%，非化石能源占比接近 4 成。

3.2.2.2　珠三角能源供应结构

　　珠三角 9 市 2005 ~ 2017 年能源供应量年均增速为 6%。供应量保持增长态势，煤炭年均增长为 3%、油品年均增长为 3%、天然气年均增长为 21%、其他（外购电）年均增长 12%（图 3-7）。粤港澳大湾区清洁能源及电力占比不断增加。2005 年以来，珠

图 3-7　珠三角分品种能源供应量（2005 ~ 2017 年）

数据来源：根据 2005 ~ 2017 年珠三角 9 市统计年鉴数据整理，部分数据根据地市"十三五"
能源发展规划数据推算

三角能源结构优化明显，煤炭比例从 40% 下降到 27%，油品从 38% 下降到 28%，天然气从 3% 增加到 11%，其他（外购电）从 19% 增加到 34%（图 3-8）。尽管煤炭、油品需求量仍在增长，但在能源结构中的比例下降，清洁能源比例显著提高。珠三角清洁低碳能源转型方向明显，能源转型具有良好的基础。

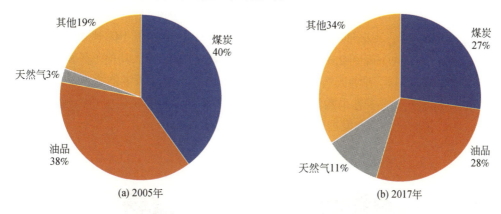

图 3-8　珠三角 2005 年和 2017 年能源供应结构

3.2.2.3　香港能源供应结构

2005 ～ 2017 年香港能源供应量变化如图 3-9 所示。香港 2017 年能源供应总量为 1156 万吨标准煤，供应结构中煤炭占比 40%（全部用来发电）、油品占 25%、天然气占比 20%、外购电力占比 15%。2017 年香港天然气消费量约 34 亿立方米，其中商业、民用消耗天然气 5 亿立方米，主要由中华煤气建设的城市燃气管网供应全区，发电消耗天然气占比 84%。

图 3-9　2005 ～ 2017 年香港能源消费量变化

数据来源：根据 2005 ～ 2017 年《香港能源统计年鉴》统计数据整理

由于香港产业以服务业为主，高能耗生产制造业较少，发展基本平稳，能源供应总量基本保持稳定。随着人口增长，能源消费增长平缓，与珠三角9市快速城市（镇）化、工业化相比，香港已完成相应的基础设施建设，正稳步进入信息化及智能化的新时代，未来随着交通电动化、发电清洁化、电力智慧化的发展，能源结构仍有进一步优化空间。

2005～2017年，香港能源供应结构逐步优化，煤炭从46%下降到40%，并全部用于发电，油品从27%下降到25%，天然气从17%增长到20%，其他（外购电）从10%增加到15%（图3-10）。香港天然气及外购电全部从广东购入，香港能源企业如中华煤气、中华电力、港灯等通过多方采购能源资源，保障了香港的能源供应安全，优化了能源供应成本，为香港的经济社会发展的能源需求提供服务。

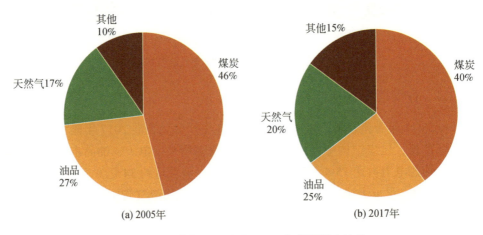

图 3-10　香港 2005 年和 2017 年能源供应结构

3.2.2.4　澳门能源供应结构

2005～2017年澳门能源供应量变化如图3-11所示。澳门2017年能源供应总量为85万吨标准煤，煤炭、油品、天然气、电力比例为0、26%、13%、61%。澳门近些年由于博彩业的发展，商住酒店及办公写字楼的建设带来能源需求的增加，尽管体量很小，但能源供应量年均增加6%。澳门无煤炭消耗，油品2005～2017年年均下降4.3%，外购电年均增长17%，澳门电气化水平提升显著，用电需求显著增加。

澳门能源供应结构中油品比例从89%下降到27%，天然气比例从0增加到12%，外购电力从11%增加到61%。外购电力及天然气比例增加明显（图3-12）。澳门特别行政区政府一直注重节能及环保政策，不断提高清洁能源比例，大力推广电动车及高效燃油车，清洁的能源结构维持了澳门较高的空气质量，未来燃油发电的退役将进一步优化能源供应结构。

图 3-11　澳门能源供应结构演变（2005 ～ 2017 年）

数据来源：根据 2018 年《澳门统计年鉴》数据整理

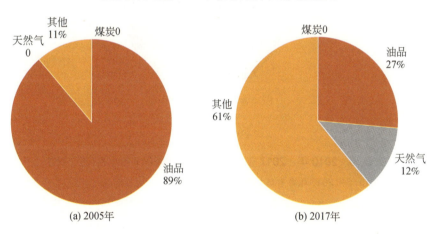

图 3-12　澳门 2005 年和 2017 年能源供应结构

3.2.3　电力供应结构演变

　　粤港澳大湾区电力供应呈现多元化发展趋势，以火电为主，新能源和可再生能源电力发展迅速，电源结构持续优化（图 3-13）。2017 年粤港澳大湾区电力总装机容量 5232 万千瓦，其中煤电 2603 万千瓦，气电 1637 万千瓦，核电 612 万千瓦，可再生能源 380 万千瓦。2017 年粤港澳大湾区最大用电负荷约 8600 万千瓦，装机自给率占 61％。粤港澳大湾区煤电、气电、核电、可再生能源装机结构分别为 50％、31％、12％、7％。2017 年粤港澳大湾区电力消费量约 5000 亿千瓦时，外购电量约占一半。粤港澳大湾区电力供应量煤电、气电、核电、可再生发电、外购电比例为 28％、13％、9％、4％、46％；电力供应量结构中以外购电为主，其次为本地煤电和气电。

55

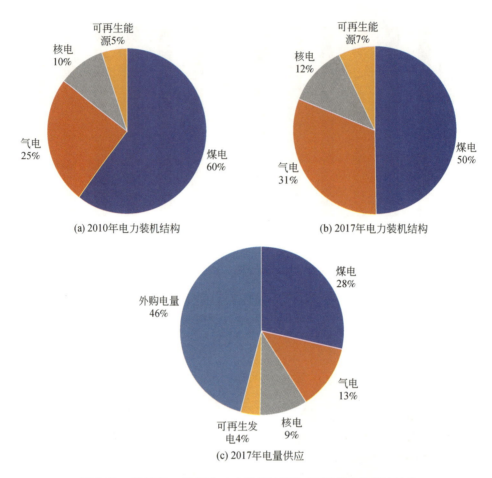

(a) 2010年电力装机结构

(b) 2017年电力装机结构

(c) 2017年电量供应

图 3-13　2010 年、2017 年电力装机结构和 2017 年电量供应结构

数据来源：根据 2010 年和 2017 年粤港澳大湾区 "9+2" 城市统计年鉴数据整理，部分数据通过推算获得

　　粤港澳大湾区除珠海以外，粤港澳大湾区所有城市的电力都需要部分外供，来源为省外西电以及由粤东、粤西、粤北调入。粤港澳大湾区过多依赖外电会带来安全风险，需优化发电布局和加强电力自给能力。另外，粤港澳大湾区内发电装机占总供电负荷为 70%，由于粤港澳大湾区内部分燃煤发电机组供电煤耗较高，很难与粤港澳大湾区外百万千瓦超超临界燃煤高效机组竞争发电小时数。

　　粤港澳大湾区内天然气发电机容量较高，由于天然气发电成本高于气电上网电价，天然气发电无积极性，导致粤港澳大湾区内发电装机能力只发挥总装机容量的 30%。未来电力需求增长不容置疑，但由于天然气价格的不确定性，对天然气发电实际供电量提出挑战。另外，部分城市输电通道仍存在 "卡脖子" 现象，导致外电很难送到城市电力负荷需求点。因此在当前 "打赢蓝天保卫战" 的环保压力下，粤港澳大湾区禁止新上煤电项目，要想保障区内供电安全，需及时出台可维持天然气发电正常运营的电价政策、两部制电价或气电联动机制。另外，在根据本地天然气发电可满足一定负荷比例情况下，分情景合理规划电源点和输送通道的布局及规模，以保障城市的用电稳定供应。

2017 年，粤港澳大湾区光伏发电 130 万千瓦、陆上风电 39 万千瓦、海上风电 17 万千瓦、生物质发电 58 万千瓦、水电及抽水蓄能 622 万千瓦。粤港澳大湾区的海上风电分布于珠海和惠州的近海浅水区。粤港澳大湾区外海上风电项目分布在粤东的汕尾、汕头和揭阳，粤西的阳江和湛江。广东首个海上风电示范项目（装机容量 12 万千瓦）于 2016 年在珠海开工建设。根据《广东省海上风电发展规划（2017—2030）年》，到 2035 年，粤东、粤西海上风电的总装机容量可达 6535 万千瓦，按照年利用小时为 3000 小时估算，每年可提供电量为 1961 亿千瓦时。粤港澳大湾区生物质资源如养殖废弃物、农林废弃物、城市有机废弃物等，折合约 2000 万吨标准煤，开发潜力占 2017 年能源消费总量 8%左右，具有重要价值。风电和生物质资源利用是粤港澳大湾区扩大可再生能源比例、提高能源供应安全的重要途径。

香港发电量结构为煤电 43%、气电 29%、油电 4%、外购电 24%；澳门发电量结构为油电 22%、气电 3%、垃圾发电 1%、外购电 74%。香港和澳门发电装机结构见图 3-14。

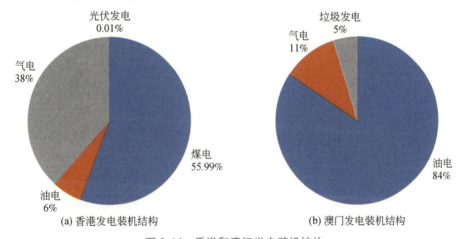

图 3-14　香港和澳门发电装机结构

数据来源：根据多年粤港澳大湾区"9+2"城市统计年鉴数据整理，部分数据通过推算获得

3.3　粤港澳大湾区能源储运网络

3.3.1　电网输送通道

粤港澳大湾区电力负荷约 60%来自西电外购和粤东西北供电。为提高电网消纳西电能力，"十三五"期间，推进滇西北至广东 ±800 千伏特高压直流输电工程及相关配套交流输变电工程建设，提高电网消纳西电能力，西电通道落点深圳、广州、江门，粤港澳大湾区将增加接收西南水电 500 万千瓦，到 2020 年"西电东送"规模达到约 4000 万千瓦。为使粤东、粤西、粤北电力能源可靠输送到粤港澳大湾区负荷中心，已建设一批 500 千伏输变电工程，加强粤东、粤西、粤北电力输送通道建设（从惠州、江门中转），以满

足海门电厂、阳江核电等电力供给粤港澳大湾区。粤港澳大湾区的各城市的供电自给率平均为39%，严重依赖外部供电，为减少粤港澳大湾区遭遇台风等灾变天气导致外送线路断电或换流站故障情况发生概率，在保障各城市供电安全自给率合理配置前提下，应内外统筹兼顾，以安全、经济、节约原则合理规划外送通道与本地电源建设。

3.3.2 煤炭输送通道

粤港澳大湾区距离煤炭基地在2000千米以上，且地处东南沿海，台风、暴雨等自然灾害多发，容易受到铁路运力、港口及航运等环节的限制和制约。目前珠三角用煤主要依靠海运和铁路运输，香港用煤则靠海运和公路运输。粤港澳大湾区有两个煤炭储备基地，其中广州港、珠海煤炭中转储备基地主要进行煤炭储备、中转、加工和贸易，有助于缓和煤炭季节性供需矛盾，对粤港澳大湾区煤炭安全供应保驾护航。

3.3.3 天然气输送管网

粤港澳大湾区天然气基础设施逐步加强，初步形成珠三角地区连接香港、澳门的内外环网及西气东输二线连接香港的输气管网格局。粤港澳大湾区建成天然气主干管网约1500千米。按照《广东省能源发展"十三五"规划（2016—2020年）》和《能源合作谅解备忘录》，粤港澳大湾区将加快推进已列入国家"十三五"规划的液化天然气接收站项目和由内地向香港提供的新天然气气源建设，包括深圳迭福北液化天然气调峰接收站、汕头液化天然气接收站、惠州液化天然气接收站等；加快天然气调峰储备库项目建设，主要包括广州南沙、珠海高栏岛等天然气调峰储备库项目，进一步完善产供储销体系。

3.3.4 油品输储运布局

粤港澳大湾区已建设连接广州、惠州炼化基地、成品油储备基地、主要消费城市的区域性成品油管网，成品油输送管道长度达1900千米，主要由珠三角成品油管道、炼油厂成品油输送管道和粤东成品油管道惠州段组成。其中，建成油气输送主干管道总长度约3600千米，初步形成以珠三角为中心、辐射周边的区域性成品油管网。粤港澳大湾区石油资源主要依靠外区调入和进口，通过输油管道和海运到港供应。粤港澳大湾区沿海港口万吨级以上成品油泊位主要集中在广州、深圳、珠海、惠州和东莞。珠三角现有成品油库（汽油、柴油）库容1000万立方米，至2025年进一步完善成品油管道布局，推进珠三角成品油管道二期工程、揭阳—东莞成品油管道建设。惠州港拥有30万吨级原油码头，年接卸能力3000万吨，年输送能力1300万吨，是珠三角地区原油接卸能力最大的码头，也是珠三角最大的原油运输、中转、储备基地。另外，粤港澳大湾区设有一座国家石油战略储备基地——惠州石油储备基地，库容500万立方米，主要进口中东和非洲安哥拉原油作为油源。

3.3.5　区域供热管道

近年来随着粤港澳大湾区能源结构调整，以天然气为主的清洁能源逐步在能源消费结构中占据主要地位，且天然气热电冷联产系统因具有低污染排放、高可靠、高效率、降低输配成本和易于实现热电冷联产等优点在粤港澳大湾区获得长足发展，相对应的区域供热网络配套建设加快。截至 2018 年，珠三角天然气热电联产项目总装机容量 1400 万千瓦，主要集中在深圳、广州、珠海、东莞、中山、佛山等地。供热用户类型主要为工业用户，大部分供热类型为热电联供，部分电厂为天然气冷热电三联供。"十三五"期间，珠三角地区加强了集中供热能力建设，落实工业园区和产业集聚区集中供热建设规划，规划建设天然气燃气轮机集中供热、已有纯凝（或抽凝）机组供热改造、天然气锅炉供热等区域集中供热项目。今后将继续合理规划天然气热电联产、分布式能源等集中供热设施，积极促进用热企业向园区集聚，到 2025 年建成较为完善的园区集中供热基础设施；协调推进供热管网建设，与集中供热项目同步规划、同步建设，并做好与园区发展规划、土地利用总体规划和市政设施规划等的衔接，处于城市建成区的供热管网纳入城市市政管网规划体系。

3.3.6　粤港澳能源通道

香港、澳门能源需求平稳，在粤港澳大湾区能源消费总量中占比不大。电力供应、天然气供应由深圳、珠海等珠三角城市供应，能源发展的需求在于提高输配设施安全性和扩大清洁电力供应。香港、澳门电力清洁低碳化需加强气电代煤电和油电，强化内地对港澳供电、供气输运保障体系建设。珠三角对港供电：1 路为中华电力通过 4 回 400 千伏线路与广东联网，2 路为大亚湾核电至香港大埔双回路，3 路为深圳站至香港元朗同塔双回路。珠三角对港供气：香港天然气全部由内地 4 路气源供应。珠三角对澳供电：对澳 2 路 6 回 220 千伏线路运行，4 回 110 千伏线路备用。珠三角对澳供气：1 路气源供澳门 2 亿立方天然气。

3.4　粤港澳大湾区能源消费现状和趋势

3.4.1　能源消费总量

粤港澳大湾区能源需求持续增长。粤港澳大湾区经济总量高速发展，已经成为我国开放程度最高、经济活力最强的区域之一。2005 ～ 2015 年，粤港澳大湾区能源消费总量年均增长 6.68%，远高于"十三五"期间广东省能源消费总量年均增长 3.58% 的水平。2017 年粤港澳大湾区能源消费总量达 23 943 万吨标准煤，其中，煤炭占比

25%、油品占比 28%、天然气占比 10%。2010～2017 年粤港澳大湾区能源消费总量年均增长率为 3.9%（图 3-15），其中，珠三角 9 市能源总量年均增长率为 4%，香港能源总量年均增长率为 1.9%（图 3-16），澳门能源总量年均增长率为 6.5%（图 3-17）。粤港澳大湾区能源消费总量年均增长速度快于国家分配给广东的能源消费总量目标年均增长 2.4%的控制增速。

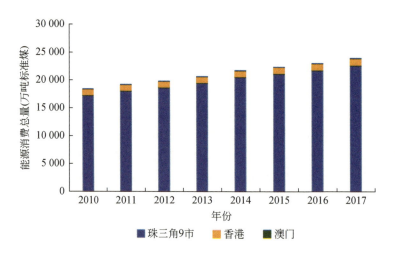

图 3-15　粤港澳大湾区能源消费总量（2011～2017 年）

数据来源：根据多年珠三角"9+2"城市统计年鉴数据整理，部分数据根据地市"十三五"能源发展规划数据推算

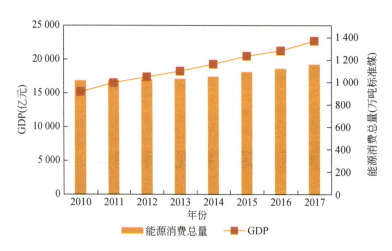

图 3-16　香港能源消费总量（2010～2017 年）

资料来源：根据 2010～2017 年《香港统计年鉴》数据整理

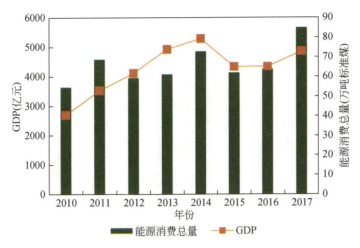

图 3-17　澳门能源消费总量（2010 ～ 2017 年）

数据来源：根据 2010 ～ 2017 年《澳门统计年鉴》数据整理

3.4.2　能源强度

粤港澳大湾区能源强度始终呈现下降趋势（图 3-18）。相比 1999 年，2017 年的单位 GDP 能耗下降 57.5%。粤港澳大湾区能源强度虽然低于广东省能源强度，但为东京湾区的 2.35 倍。主要原因是粤港澳大湾区产业结构中高耗能产业比例仍然较大。另外，如图 3-19 所示，除澳门外，粤港澳大湾区各城市的能源强度都高于世界三大湾区。

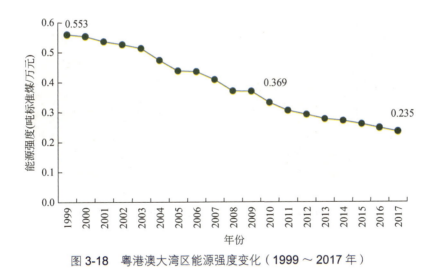

图 3-18　粤港澳大湾区能源强度变化（1999 ～ 2017 年）

3.4.3　终端能源消费结构

粤港澳大湾区终端能源消费以油品、电力、煤炭为主，主要集中在第二产业。从终端能源消费总量来看，2005 ～ 2017 年广东经济处于新的发展阶段，重工业发展迅速，

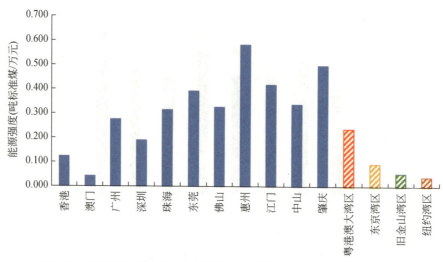

图 3-19　粤港澳大湾区各城市能源强度与世界三大湾区对比（2017 年）

粤港澳大湾区终端能源消费量由 2010 年的 1.09 亿吨标准煤增加到 2017 年的 1.5 亿吨标准煤，年均增长 5.0%。从终端能源消费品种看，2017 年的终端能源消费结构和 2005 年相比，煤炭比例从 13% 下降到 10%，油品从 46% 下降到 38%，电力从 33% 升高到 36%，天然气从 3% 升高 8%（图 3-20）。粤港澳大湾区通过钢铁、水泥等去产能的产业政策，不断淘汰小锅炉、小窑炉，积极推动集中供热的节能政策，终端能源消费结构更加优化，天然气和电力比例逐步增加、煤炭和油品比例逐年减少。

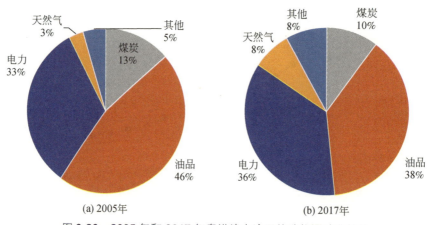

(a) 2005年　　　　　　　　　(b) 2017年

图 3-20　2005 年和 2017 年粤港澳大湾区终端能源消费结构

数据来源：根据多年珠三角"9+2"城市统计年鉴数据整理，部分数据通过推算获得

香港终端能源消费中煤炭终端消费为零，煤炭全部用于发电，减少煤烟型污染。2005 ~ 2017 年，油品从 48% 下降到 45%，主要用于交通客货运输。香港机电署实施了多项交通节能技术措施，形成智能交通管理体系，提高交通节能管理水平。电力从 43% 升高到 46%，天然气基本保持在 9% 水平（图 3-21）。终端消费中香港以公共建筑能耗及交通能耗为主，不断通过强化建筑节能技术和管理应用，来改善建筑节能效率，提高

电气化比例。

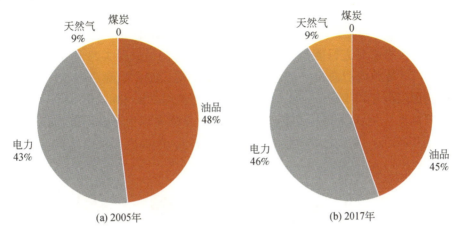

(a) 2005年　　　　　　(b) 2017年

图 3-21　2005 年和 2017 年香港终端能源消费总量结构

数据来源：根据 2005 ～ 2017 年《香港统计年鉴》数据整理

　　澳门终端能源消费主要为油品和电力，电力消费从 2005 年的 46% 提高到 2017 年的 64%，油品从 2005 年的 54% 下降到 2017 年的 33%。油品在终端消耗中比例不断降低，电力比例增加（图 3-22）。近些年珠三角天然气管道与澳门连通，促进了澳门的居民使用天然气替代液化石油气。同时澳门出台建筑节能、交通提效等多方面举措，驱动澳门能源利用效率提高，终端能源消费结构不断优化。

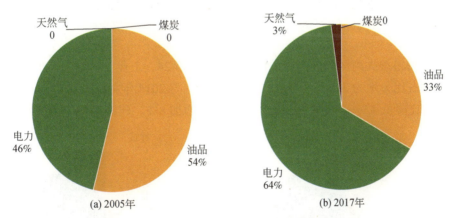

(a) 2005年　　　　　　(b) 2017年

图 3-22　2005 年和 2017 年澳门终端能源消费总量结构

数据来源：根据 2005 ～ 2017 年《澳门统计年鉴》数据整理

3.4.4　分部门能源消费结构

　　从终端分部门能源消费结构来看，第二产业占比占据主导地位，占比超过 60%；其次第三产业占比约 22%；第一产业占比最小，低于 2%；居民生活能源消费占比约 10%。

　　2017 年第一、二、三产业终端能源消费占比分别为 1%、64% 和 22%，居民生活能源消费占比13%。第二产业能源消耗占能源消耗总量的64%，其对粤港澳大湾区GDP的贡献占比为33%。第三产业能源消耗占能源消耗总量的22%，对粤港澳大湾区GDP的贡献占比为66%。可见，终端用户分部门能源消费仍以第二产业能源消费为主要成分，是粤港澳大湾区未来要进行能源转型应重点关注的部门。如图3-23所示，2014～2017年粤港澳大湾区能源消费总量年均增长2%，其中第二产业能源消费年均下降0.4%，第三产业能源消费年均上升4.4%，生活能源消费年均增长6%。近些年通过产业结构调整、能源结构优化、居民生活能源消费升级，总体表现为产业用能在能源消费总量中的占比逐年减低，居民生活能源消费的占比增加，终端能源消费结构正在逐渐向高质量方向发展。

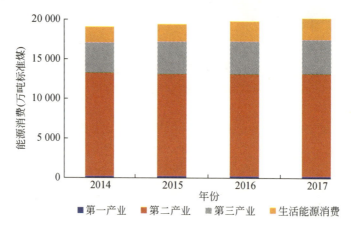

图3-23 粤港澳大湾区终端能源消费结构（2014～2017年）

数据来源：根据多年粤港澳大湾区"9+2"城市统计年鉴数据整理

2017年粤港澳大湾区分部门能源消费结构见图3-24，工业、交通、建筑、电力部门的能源消费占比分别为32%、31%、12%、25%。与2014年相比，2017年的工业部门能源消费占比降低12%、交通部门能源消费占比增加8%、建筑部门能源消费占比增加

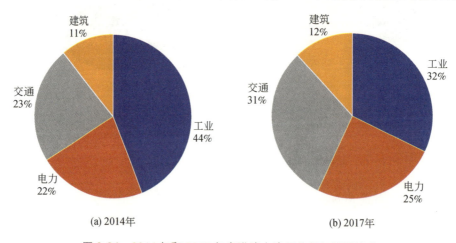

(a) 2014年　　　　　　　　　　　(b) 2017年

图3-24 2014年和2017年粤港澳大湾区分部门能源消费

1%、电力部门能源消费占比增加 3%。2017 年工业、电力和交通部门的能源消费分别为 7799 万吨标准煤、5985 万吨标准煤和 7343 万吨标准煤，建筑部门的能源消费为 2814 万吨标准煤（当量值）。

3.4.5　全社会电力消费和天然气消费

1）电力消费

粤港澳大湾区全社会电力消费量持续增长（图 3-25），增速快于能源消费增长。2017 年粤港澳大湾区电力消费总量 4914 亿千瓦时。2010 ～ 2017 年粤港澳大湾区全社会电力消费量年均增长率为 4.9%，超过全社会能源消费总量年增长率约 20%。其中，珠三角 9 市总电力消费年均增长率为 5.4%（能源消费总量年均增长率为 4%）；香港总电力消费年均增长率为 0.6%（图 3-26，能源消费总量年均增长率为 1.9%）；澳门总电力消费年均增长率为 5%（图 3-27，能源消费总量年均增长率为 6.5%）。粤港澳大湾区全社会电力消费总量增长快于能源消费总量，电气化趋势明显。

图 3-25　粤港澳大湾区电力消费量（2010 ～ 2017 年）

数据来源：根据多年珠三角"9+2"城市统计年鉴数据整理，部分数据通过推算获得

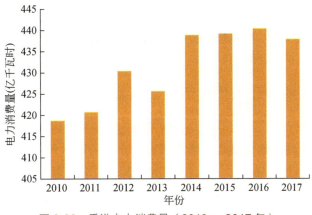

图 3-26　香港电力消费量（2010 ～ 2017 年）

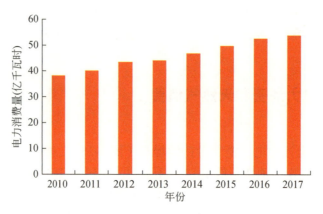

图 3-27　澳门电力消费量（2010～2017 年）

2）天然气消费

2005～2017 年粤港澳大湾区天然气消费年均增长 24%（图 3-28），2017 年粤港澳大湾区天然气消费量为 2394 万吨标准煤，消费量占总供应能力的 44%。目前天然气价格相对较高导致粤港澳大湾区天然气供应能力未充分发挥，影响上游购气量及下游消费量。

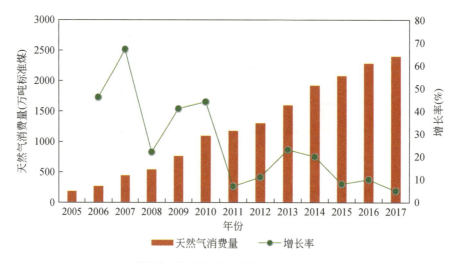

图 3-28　粤港澳大湾区天然气消费量（2005～2017 年）

数据来源：根据多年珠三角"9+2"城市统计年鉴数据整理，部分数据通过推算获得

3.4.6　人均能源消费和人均生活能源消费

粤港澳大湾区 2000～2017 年人均能源消费逐年增加（图 3-29）。2017 年粤港澳大湾区人均能源消费为 3.7 吨标准煤（考虑香港和澳门的航空和水运）（图 3-30），其中人均生活能源消费占比为 14%，接近东京湾区人均生活能源消费占比 15%。东京湾区 2016 年人均能源消费为 4.44 吨标准煤，纽约湾区和旧金山湾区的人均能源消费都在 10 吨标准煤。

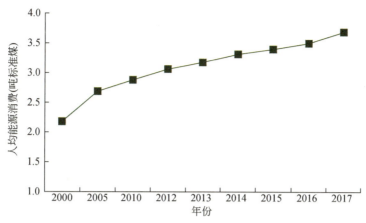

图 3-29　粤港澳大湾区人均能源消费（2000 ～ 2017 年）

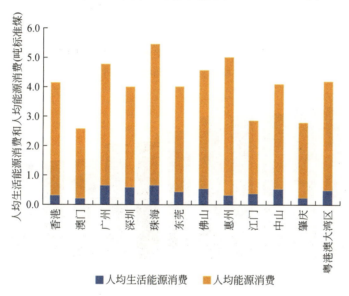

图 3-30　粤港澳大湾区人均能源消费和人均生活能源消费

数据来源：根据多年珠三角"9+2"城市统计年鉴数据整理，部分数据通过推算获得

3.4.7　人均用电量及人均生活用电量

2010 ～ 2017 年粤港澳大湾区人均用电量逐年增长（图 3-31），但增速趋缓，年均增长率为 3.6%，2017 年人均用电量为 7069 千瓦时。2010 年粤港澳大湾区人均用电量相当于 2017 年广东省人均用电量水平。粤港澳大湾区人均用电量低于以工业经济为主的珠海、佛山、惠州等，高于以服务业经济形态为主的深圳、香港、广州。

图 3-32 和图 3-33 为 2017 年粤港澳大湾区人均用电量和人均生活用电量情况。2017 年粤港澳大湾区人均生活用电量约 1329 千瓦时，占人均用电量比例约为 19%。人均用电量中 80% 为人均生产用电量，粤港澳大湾区电力消费结构中仍以制造业、商业消费为

主。对比香港和澳门，珠三角人均生活用电量的占比仍将增加，带动粤港澳大湾区人均生活用电增量趋势增加。

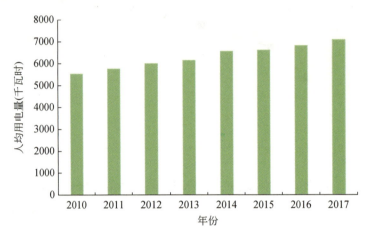

图 3-31　粤港澳大湾区人均用电量（2010 ～ 2017 年）

数据来源：根据多年粤港澳大湾区"9+2"城市统计年鉴数据整理

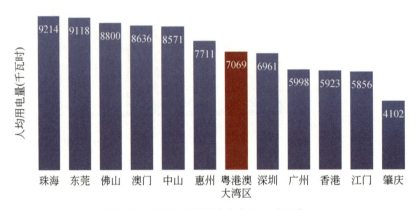

图 3-32　2017 年粤港澳大湾区人均用电量

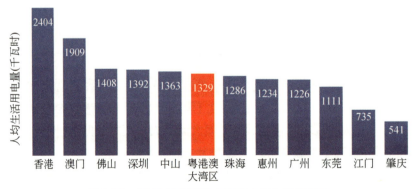

图 3-33　2017 年粤港澳大湾区人均生活用电量

3.5　粤港澳大湾区能源可持续发展存在的问题

3.5.1　能源需求增长保障压力大

粤港澳大湾区 2015 ～ 2017 年能源消费增速为 3.5%（低于 2010 ～ 2017 年增长率 3.9%），低于"十二五"增速 4.0%，尽管增速放缓，但仍高于国家对广东省能源消费总量控制的增速 2.3%。根据《粤港澳大湾区发展规划纲要》，到 2035 年粤港澳大湾区人均 GDP 将达到世界三大湾区水平，也即粤港澳大湾区经济总量将增长 2 ～ 3 倍。巨大的经济总量增长将驱动粤港澳大湾区用能增加。未来能源需求在保障经济发展同时，也需要基础设施的强劲投资与建设。尤其受限于粤港澳大湾区"缺煤少油乏气"的资源禀赋，区内煤炭、1/3 的石油、2/3 的天然气主要依靠省外调入及进口，一次能源自给率低，储备能力较弱。粤港澳大湾区能源消费量 90% 依靠外调，存在供应中断及资源紧张带来的价格飞涨风险。而且粤港澳大湾区位于我国能源供应末端，易受极端气候、运输条件破坏及市场供需紧张、国际地缘政治等多种外部因素影响，存在较大的能源供应安全风险。

3.5.2　电力供应安全存在风险

粤港澳大湾区电力网架密集，尤其珠三角用电负荷集中，新建输电通道由于用地问题紧张导致建设周期长，电力供应超负载运行严重，带来较大的安全隐患。遇到雷暴及台风天气，部分通道线路及变电站故障问题严重，增加电力供应安全风险。粤港澳大湾区本地核电装机占比 10%，可再生能源装机占比 5%，未来核电可进一步提升到 20%；一次能源中，天然气、核燃料、油品目前对外依存度已达 40%、85%、68%，清洁低碳化过程中，能源对外依存度将会对电力安全供应带来挑战。

广州、东莞等城市在环保压力下实施煤电改气电，规划关停 30 万千瓦以下的煤电及热电联产机组，新增发电机组全部由天然气发电或燃气热电联产机组替代。目前由于天然气价格过高，导致燃气热电联产机组在完成供热任务后，无动力继续发电。天然气价格高企下，燃气纯发电机组发电成本与天然气成本价格倒挂，发电即亏本导致无法实现正常发电。如果在台风及灾变条件下，导致外送线路故障情况，本地电力自给率不足将为当地供电安全带来危险。因此，探索在完成合适的环境目标要求下，保留一定的煤电机组，在外送中断时，可立即启动煤电，作为备用电源，确保本地的供电安全。

3.5.3　能源供应结构仍需优化

2017 年粤港澳大湾区的一次能源结构煤炭、石油、天然气、电力比例为 25%、28%、10%、37%。粤港澳大湾区是我国天然气利用、核电发展的先行区，近年来光伏发电、风电发展不断加快，能源清洁低碳化利用取得较大成效。煤炭消费占比低于全国水平，非化石能源和天然气消费占比显著优于全国水平，但化石能源消费占比仍然很高，与世界发达国家能源结构相比存在较大差距，其中，煤炭消费比例仍比美国、日本、德国和世界平均水平高10%～18%，天然气消费比例比美国、日本、德国和世界平均水平低10%～17%。

与美国加利福尼亚州及旧金山湾区相比，粤港澳大湾区煤炭占比较大，供电结构仍以煤炭发电为主，清洁能源供电装机比例有待提高，尤其是光伏、风电等可再生能源装机比例不高。随着粤港澳大湾区环保政策约束、空气质量提升、固定源移动源排放的控制等政策要求，将显著降低化石能源消费，促进电气化水平的提高及清洁能源的替代。

3.5.4　能源效率存在提升空间

粤港澳大湾区单位GDP能耗"十二五"（2015年比2010年）下降19.7%（目标18%），年均下降4.3%。2015～2017年粤港澳大湾区年均下降3.4%（"十三五"单位GDP能耗目标下降17%），尽管目前能源强度在下降，但下降速度慢于"十二五"。粤港澳大湾区城市在节能政策的大力推动下，能源利用效率也已经处于国内领先地位，但与世界三大湾区相比，能源效率还存在一定差距。2017年粤港澳大湾区单位GDP能耗约0.235吨标准煤/万元人民币，约是东京湾区的1.78倍、英国的1.56倍、德国的1.08倍和日本的1.02倍。为解决粤港澳大湾区能源效率不高的问题，需要积极推动先进节能技术应用，推广高效率液体、气体燃料代替固体燃料，提高燃料利用效率。加大力度提高风电、光伏、生物质能等转化效率，减少转换及输送过程损失。目前物联网、传感器、5G等新技术飞速发展，能源技术与信息技术的融合形成的智慧能源系统，将大大提高能源供应侧及需求侧的能源使用效率。

3.5.5　能源体制机制亟须改革

目前能源消费总量控制、能源双控、节能减排指标政策有待进一步完善，有必要制订科学的对标体系，在粤港澳大湾区范围内，对不同城市在量化考核方面有所区分，注重数量考核同时兼顾质量考核，推动现代能源体系建设。在电网、天然气接收站及输送管网等能源基础设施投资建设及使用问题上，有必要进一步深化市场化改革。按照国家电力体制改革要求，在管住中间的同时，放开两头，形成多主体竞争，增量配网相对独立运营的多主体建设及市场化运营格局。依据油气市场改革规则，逐步放开上下游的业务，如上游液化天然气接收站的第三方使用，高压管网独立建设及运行管理，稳步形成"$X+1+X$"的天然气市场建设及运行体系。

3.6 粤港澳大湾区能源转型的重大需求

3.6.1 国家能源革命先行先试的迫切需求

根据 2019 年 10 月国家能源委员会会议精神，能源发展一定要立足我国的基本国情和发展阶段，提高能源安全保障能力和水平。我国是发展中国家，能源以化石能源为主，特别是以煤炭为主。要根据我国以煤为主的能源资源的禀赋，科学规划煤炭的开发布局，加快输煤输电的大通道建设，通过发展多元化能源，逐步提高本地区的能源安全保障水平。会议精神集中体现我国东中西部资源禀赋、经济发展差异及生态环境约束下的能源发展战略。鉴于全球 2017 年能源结构为煤炭、石油、天然气、电力比例分别为 25%、28%、10%、37%，预计 2040 年比例分别为 20%、30%、25%、25%。化石能源占比从 80% 下降到 75%，到 2040 年非化石能源提高到 25% 的水平。粤港澳大湾区的能源转型既要考虑客观现实、环境友好，同时也要经济可承受，这样能源转型的步调才能行稳致远。粤港澳大湾区能源转型不仅体现国家能源发展战略精神，同时也要体现国家能源革命先行先试的号召，更要成为参与全球竞争的重要载体，因此，统筹兼顾的能源转型的安全供应才有保障，能源转型的成本才可承受，能源转型的发展才可持续。

3.6.2 产业升级需要能源体系转型支撑

粤港澳大湾区能源发展既要面对客观现实，又要主动作为，积极应对国际能源市场竞争。粤港澳大湾区的产业体系不断升级，能源发展要适应及匹配产业体系的发展。能源基础设施具有锁定效应，如果规划高比例化石能源结构，将导致高比例化石能源基础设施建设运行过程中的高污染、高排放，治理的高成本及社会效益损失。在全球能源新技术日新月异、新业务、新模式层出不穷的情况下，粤港澳大湾区应积极开创和建设适宜能源系统变革的内外部环境，为国家能源革命探索出一条新路。能源系统的发展不仅要清洁低碳、安全高效，而且要智慧柔韧。未来 20 年是粤港澳大湾区能源改变与创新的窗口期，需科学谋划、前瞻预见能源新技术发展、生态环境底线、基础设施年限的投入及布局。综合研判经济产业的需求规模，打造清洁低碳、安全高效的供运需能源体系，支撑粤港澳大湾区经济社会环境高质量发展，稳步建设宜居宜业宜游的国际一流湾区。

3.6.3 环境污染及气候变化倒逼粤港澳大湾区能源转型

粤港澳大湾区由于工业制造业、交通运输业居多，对粤港澳大湾区空气质量带来较大影响。与世界三大湾区相比，$PM_{2.5}$、氮氧化物、二氧化硫等污染物浓度较高，严重影响粤港澳大湾区空气质量。粤港澳大湾区环境容量日趋饱和，对能源需求总量增长带来刚性约束。

　　粤港澳大湾区制造业丰富,广州以汽车电子、佛山以家用电器、东莞以鞋帽、中山以灯具、珠海以医药、惠州以石化、深圳以信息电子、肇庆以食品、江门以五金制品等为主要特色产业,工业制造业为主的特点需要消耗较多能源,尤其是工业锅炉及窑炉供热用来工艺加工过程。大量产品制造的原料供应及销售链条也催生货运、海运贸易及物流需求进而带来较多的污染物排放,未来将成为粤港澳大湾区的重要污染源。

　　目前粤港澳大湾区的固体废弃物及废渣处理等手段缺乏,无害化填埋存在问题,资源化、循环化程度有待技术上的突破。大气污染治理的脱硫、脱销、除尘等技术成本仍过高,有待通过技术引进及本土化研发降低成本。粤港澳大湾区环境污染治理将促进节能环保产业发展及清洁能源的利用。另外,煤炭、油品等化石能源的大量消耗不仅带来环境污染同时产生大量的碳排放,粤港澳大湾区目前以出口经济为主的特性及国际航空运输将受到来自发达国家碳关税的风险,尤其是中国已加入《巴黎协定》并承诺力争碳排放 2030 年达峰,碳约束将驱动粤港澳大湾区能源转型。因此,全球减缓气候变化影响及国内环保政策约束是粤港澳大湾区能源转型的关键驱动因素。

　　为进一步降低能源供应风险,持续推动能效提升,加大可再生能源利用,降低对煤炭、石油等枯竭能源的依赖,减少对环境的污染及缓解气候变化。粤港澳大湾区应结合本土实际和发展阶段,现阶段积极主动寻求能源系统转型的技术和政策途径,适应内外部经济环境发展,持续打造粤港澳大湾区可持续的清洁低碳、安全高效、智慧柔韧的世界一流湾区能源体系。

第4章　粤港澳大湾区中长期经济社会发展趋势分析

4.1　粤港澳大湾区经济发展现状

4.1.1　经济总量

粤港澳大湾区经济总量大，自 2010 年以来经济总量不断增长，经济增速较高，但增速放缓（图 4-1），2017 年 GDP 总量约为 10.21 万亿元，占国家 GDP 总量的 12.1%。2010～2018 年 GDP 年均增长率 9% 左右，高于全国平均速度约 1.5 个百分点，说明粤港澳大湾区对国家经济增长具有正向拉动作用。在 2008 年全球金融危机后，粤港澳大湾区在国家经济体量中的位置有所下降，其在国家 GDP 中的占比从金融危机前的 19% 下降到 2017 年的 12%（图 4-2），同时，经济发展速度下降较快，GDP 增长率由 2010 年的 13% 下降到 2018 年的 7% 左右。

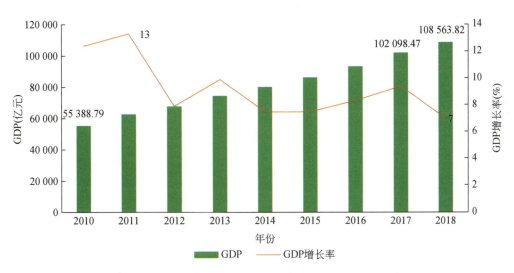

图 4-1　粤港澳大湾区 GDP 总量及其增长率（2010～2018 年）

资料来源：由《广东统计年鉴 2018》、珠三角 9 市统计年鉴、香港统计局网站、澳门统计局网站整理计算得到

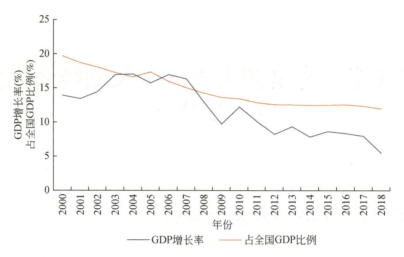

图 4-2　粤港澳大湾区 GDP 增长率及在全国 GDP 中的占比（2000～2018 年）

资料来源：由《广东统计年鉴 2018》、珠三角 9 市历年统计年鉴、2018 年统计公报、香港统计局网站、澳门统计局网站整理计算得到

4.1.2　经济空间分布

粤港澳大湾区经济发展不均衡，2002 年前香港经济总量在粤港澳大湾区各城市中最大，超过了珠三角；随着广东经济腾飞和发展，珠三角逐渐成为推进粤港澳大湾区经济增长的中坚力量（图 4-3）。自 2002 年后，珠三角 9 市成为粤港澳大湾区拉动国家经济增长的主要动力源。从粤港澳大湾区内部看，2018 年，深圳超越香港成为粤港澳大湾区经济增长极。粤港澳大湾区经济增长动力的空间分布日益均衡。到 2018 年，单个城市占粤港澳大湾区 GDP 总量的比例不超过 25%。自 2010 年以来，以中心城市为核心的粤港澳大湾区经济空间结构没有发生较大改变（图 4-4）。

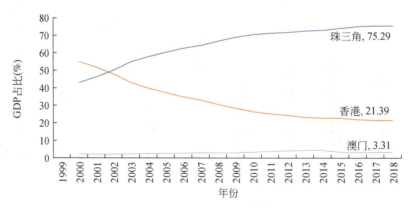

图 4-3　珠三角、香港和澳门对粤港澳大湾区经济贡献的变化（1999～2018 年）

资料来源：由《广东统计年鉴 2018》、香港统计局网站、澳门统计局网站整理计算得到

图 4-4　粤港澳大湾区城市 GDP 结构（2010～2017 年）

资料来源：由《广东统计年鉴 2018》、香港统计局网站、澳门统计局网站整理得到

4.1.3　单位面积 GDP

粤港澳大湾区总面积为 56 090 平方千米，随着经济持续增长，单位面积 GDP 也逐年增加，由图 4-5 可见，粤港澳大湾区单位面积 GDP 从 2010 年的 0.99 万元 / 千米^{2}增长到 2017 年的 1.82 万元 / 千米^2，增幅为 84%。年增长速度放缓，单位面积 GDP 增长率从 2011 年的 13% 下降到 2017 年的 9.64%，表明粤港澳大湾区的土地生产力已经处于递减阶段。

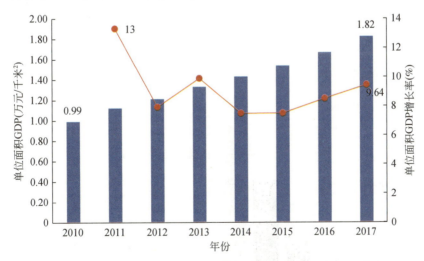

图 4-5　粤港澳大湾区单位面积 GDP 及其增速（2010～2017 年）

资料来源：由《广东统计年鉴 2018》、香港统计局网站、澳门统计局网站整理

4.1.4　各城市 GDP 及其增速

粤港澳大湾区各城市 GDP 均呈增长趋势，珠三角城市发展速度最快。2017 年 GDP 排名前三的城市分别为香港、深圳、广州，由表 4-1 可见，三个城市 GDP 总值占粤港澳

大湾区 GDP 总值比例为 66%。与 2010 年相比，粤港澳大湾区各城市 2017 年 GDP 增长较快的城市，由高到低分别是：深圳、惠州、珠海、广州。

表 4-1　粤港澳大湾区 2010 ～ 2017 年各城市 GDP　　　　　（单位：亿元）

年份	广州	深圳	香港	澳门	佛山	东莞	珠海	中山	江门	肇庆	惠州
2010	10 859	10 002	15 099	1 913	5 685	4 309	1 226	1 878	1 582	1 094	1 742
2011	12 423	11 807	16 056	2 443	6 260	4 815	1 431	2 227	1 846	1 337	2 116
2012	13 551	13 320	16 500	2 785	6 677	5 096	1 537	2 483	1 899	1 478	2 407
2013	15 497	14 978	17 106	3 295	7 117	5 591	1 710	2 693	2 020	1 685	2 739
2014	16 707	16 449	18 080	3 537	7 561	5 968	1 901	2 823	2 083	1 858	3 035
2015	18 314	18 014	19 666	2 970	8 134	6 374	2 066	3 053	2 240	1 984	3 179
2016	19 782	20 080	21 172	3 080	8 758	6 937	2 267	3 249	2 419	2 101	3 453
2017	21 503	22 490	22 898	3 490	9 399	7 582	2 675	3 430	2 690	2 110	3 831

资料来源：由《广东统计年鉴 2018》、香港统计局网站、澳门统计局网站整理

4.1.5　人均 GDP 及其空间分布

粤港澳大湾区的社会财富差距较大，人均 GDP 最高城市（澳门，537 718.44 元）与最低城市（肇庆，51 464 元）之间相差 10 倍多（图 4-6），区域发展不均衡，必须防止粤港澳大湾区落入中等收入陷阱。

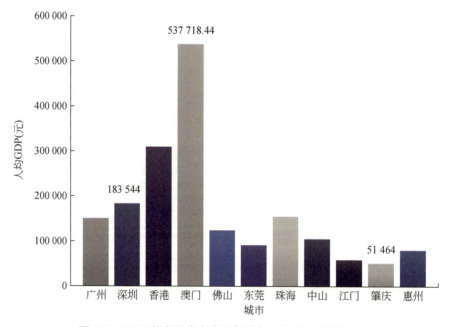

图 4-6　2017 年粤港澳大湾区各城市人均 GDP 比较

资料来源：由《广东统计年鉴 2018》、香港统计局网站、澳门统计局网站整理

4.1.6　产业结构

从粤港澳大湾区各城市 GDP 的三次产业占比来看，普遍呈现出第二产业占比逐年下滑、第三产业占比逐年上升的趋势，且第三产业占绝对主导地位。2017 年中心城市（广州、深圳、香港、澳门，下同）第三产业占比均超过 50%，其中最高为澳门（94.9%），最低为深圳（58.48%）；第二产业占比最高为深圳（41.43%），最低为澳门（5.1%）。第一产业占比均很小，可忽略不计。表 4-2 介绍了四个中心城市在 2010 年、2015 年、2017 年三个重要时间节点年的产业结构。

表 4-2　粤港澳大湾区中心城市重要时间节点年三次产业比例　（单位：%）

年份	广州	深圳	香港	澳门
2010	1.67：37.56：60.77	0.07：47.37：52.56	0.05：6.99：92.96	0：4.9：95.1
2015	1.13：32.07：66.80	0.04：42.62：57.34	0.07：7.28：92.65	0：7.8：92.2
2017	1.03：27.95：71.02	0.09：41.43：58.48	0.08：7.50：92.42	0：5.1：94.9

资料来源：由《广东统计年鉴 2018》、香港统计局网站、澳门统计局网站整理

由表 4-3 可见，粤港澳大湾区节点城市（佛山、东莞、珠海、中山）与中心城市类似，呈现出第二产业占比逐年下滑、第三产业占比逐年上升的趋势，但与中心城市不同的是，在节点城市中，第二产业仍然占各城市 GDP 的主导地位。2017 年佛山第二产业占比最高，为 57.72%。节点城市随着第三产业占比逐年增加，与第二产业占比的差距逐渐变小。东莞和珠海的第三产业占比在 2017 年略高于第二产业占比。第一产业占比较为稳定。

表 4-3　粤港澳大湾区节点城市（佛山、东莞、珠海、中山）重要时间节点年三次产业比例

（单位：%）

年份	佛山	东莞	珠海	中山
2010	1.81：62.91：35.28	0.37：51.49：48.14	2.65：55.19：42.16	2.60：58.65：38.75
2015	1.56：61.18：37.26	0.31：47.19：52.50	2.34：50.23：47.43	1.95：55.06：42.99
2017	1.42：57.72：40.86	0.30：48.32：51.38	1.82：48.12：50.06	1.62：50.29：48.09

资料来源：由《佛山统计年鉴 2018》《东莞统计年鉴 2018》《珠海统计年鉴 2018》《中山统计年鉴 2018》整理

由表 4-4 可见，粤港澳大湾区节点城市（江门、肇庆、惠州）中，第一产业在经济结构中占有一定比例，特别是肇庆，第一产业增加值占 2017 年肇庆 GDP 的 15.48%。作为广东的商品粮基地和农副产品加工基地，第一产业将在肇庆长期存在。江门和惠州的

第二产业是支柱产业,第二产业增加值均为各年度该城市 GDP 最大的一块,特别是惠州,2017 年占比为 52.66%。

表 4-4 粤港澳大湾区节点城市(江门、肇庆、惠州)重要时间节点年三次产业比例

(单位:%)

年份	江门	肇庆	惠州
2010	7.44 : 55.79 : 36.77	17.47 : 42.25 : 40.28	5.79 : 58.96 : 35.25
2015	7.79 : 48.42 : 43.79	14.54 : 50.55 : 34.91	4.60 : 55.62 : 39.78
2017	6.96 : 49.25 : 43.79	15.48 : 36.57 : 47.95	4.35 : 52.66 : 42.99

资料来源:由《江门统计年鉴2018》《肇庆统计年鉴2018》《惠州统计年鉴2018》整理

4.1.7 对外贸易情况

粤港澳大湾区是典型的外向型经济体。2017 年粤港澳大湾区进出口总额超过 2.03 万亿美元,占全国当年进出口总额的 41.2%,其中,香港和深圳是粤港澳大湾区进出口规模最大的城市,香港占 52%,深圳占 20.4%。2017 年粤港澳大湾区出口依存度为 61.45%,其中,珠三角的出口依存度为 47.38%,均高于中国出口依存度(20.02%),说明粤港澳大湾区是我国重要的对外贸易窗口。由图 4-7 可见,自 2010 年以来,粤港澳大湾区出口依存度呈下降趋势,从 2010 年的 81.7% 下降到 2017 年的 61.45%,说明粤港澳大湾区经济发展对外贸的依赖程度有所降低。不同城市的外贸活动差异较大,由图 4-8 可见,香港、深圳、广州、东莞的对外贸易总额较高,说明这四个城市经济对外关联度较紧密。

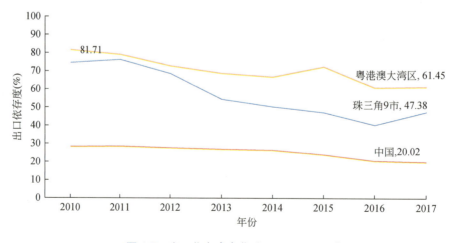

图 4-7 出口依存度变化(2010 ~ 2017 年)

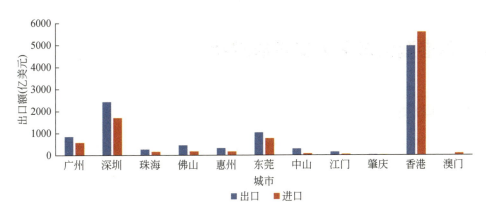

图 4-8　粤港澳大湾区城市外贸情况（2017 年）

注：香港数据按照 2017 年平均汇率（每百美元兑 779.4 港元）；澳门数据按照 2017 年平均汇率（每百美元兑 802.6 澳门元）

资料来源：澳门统计局网站 https://www.dsec.gov.mo/BayArea/Data.aspx

4.1.8　需求结构

从需求结构看，最终消费已经成为拉动经济增长的主要驱动力。2017 年粤港澳大湾区资本形成总额达到 3.6 万亿元，占 GDP 比例为 35%；最终消费占比 52%，净出口占比 13% 左右。与 2010 年相比，资本在粤港澳大湾区经济增长中的作用较为稳定，一直保持在 35% 左右；内需驱动强劲，从 2010 年的 45% 上升到 52%；同时，由于国际贸易环境变化，净出口对粤港澳大湾区经济增长的驱动力显著减弱，从 2010 年的 21% 下降到 13%，累计下降了 8 个百分点左右。图 4-9 显示了 2010 年和 2017 年粤港澳大湾区经济需求结构的变化。

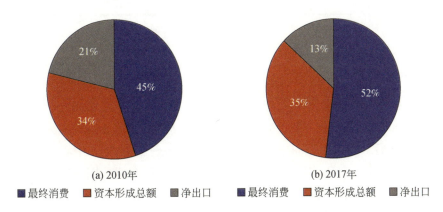

(a) 2010年　　　　　　　　　　(b) 2017年

■ 最终消费　■ 资本形成总额　■ 净出口　　　■ 最终消费　■ 资本形成总额　■ 净出口

图 4-9　2010 年与 2017 年粤港澳大湾区经济需求结构比较

资料来源：由《广东统计年鉴 2018》、香港统计局网站、澳门统计局网站整理

4.2 粤港澳大湾区人口发展现状

4.2.1 人口总量与增速

粤港澳大湾区 2017 年常住人口 6957 万人，其中外来人口 2686 万人，表 4-5 列出了 2010～2017 年粤港澳大湾区各城市常住人口总量的变化情况。分析发现，2010～2017 年，外来人口在粤港澳大湾区人口总量中占比均为 40% 左右，外来人口的波动对粤港澳大湾区人口增速变化影响较大。近年外来人口迁入率下降，粤港澳大湾区人口增速从 2010 年 4.3% 下降到 2017 年的 2.3%，其中，中心城市人口增速从 4.5% 下降到 3.3%，节点城市人口增速从 4% 下降到 1.3%。

表 4-5　粤港澳大湾区各城市 2010～2017 年常住人口　　　（单位：万人）

年份	广州	深圳	香港	澳门	佛山	东莞	珠海	中山	江门	肇庆	惠州
2010	1271	1037	702	54	720	822	156	312	445	392	460
2011	1275	1047	707	55	723	825	157	314	447	395	463
2012	1284	1055	715	56	726	829	158	316	448	398	467
2013	1293	1063	718	58	730	832	159	317	450	402	470
2014	1308	1078	723	59	735	834	161	319	451	404	473
2015	1350	1138	729	60	743	825	163	321	452	406	476
2016	1404	1191	734	61	746	826	168	323	454	408	478
2017	1450	1253	739	62	766	834	177	326	456	412	478

资料来源：由《广东统计年鉴 2018》、香港统计局网站、澳门统计局网站整理

4.2.2 人口空间分布

从人口分布看，粤港澳大湾区人口主要集中在中心城市（图 4-10）。四个中心城市的人口规模在 2017 年超过七个节点城市，集聚了粤港澳大湾区 50.4% 的人口；从人口增速看，2006 年之后，人口快速向中心城市聚集，2006～2017 年，中心城市人口年均增速 2.73%，节点城市人口年均增速仅为 1.69%。香港人口增速长期保持较低水平（年均增速为 0.56%），人口总量趋于饱和稳定。

粤港澳大湾区人口密度较低，2017 年为 1240 人 / 千米 ^{2}（图 4-11），仅为东京湾区的 50% 左右。其中，中心城市人口密度为 3414 人 / 千米 ^{2}，是粤港澳大湾区人口主要聚集地。

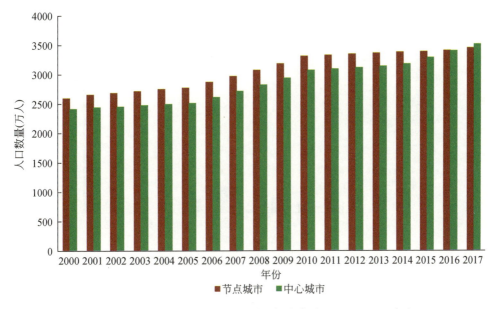

图 4-10　粤港澳大湾区常住人口总量与分布（2000 ～ 2017 年）

资料来源：由《广东统计年鉴 2018》、香港统计局网站、澳门统计局网站整理

图 4-11　区域人口密度（2017 年）

资料来源：由《广东统计年鉴 2018》、香港统计局网站、澳门统计局网站整理。东京湾区的人口与面积数据来自日本统计局官网（http://www.stat.go.jp）

图 4-12 显示了粤港澳大湾区各城市在 2017 年的人口密度。从城市看，澳门人口密度最高，为 21 100 人／千米^2，其次是香港和深圳，分别为 6703 人／千米^2、6272 人／千米^2。粤港澳大湾区其他城市的人口密度均低于 4000 人／千米^2。

4.2.3　城镇化率

粤港澳大湾区各城市城镇化率逐年增长，2010 ～ 2017 年，香港、澳门、深圳的城镇化率均约为 100%，广州、佛山、东莞、珠海、中山城镇化率均在 83% ～ 95%，江门、肇庆、惠州均在 70% 以下，肇庆最低，2017 年城镇化率为 46.78%（表 4-6）。

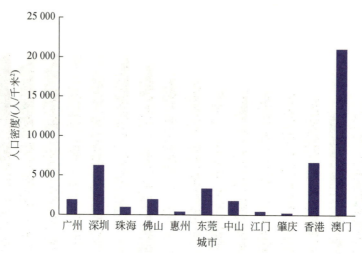

图 4-12　粤港澳大湾区各城市人口密度（2017 年）

资料来源：由《广东统计年鉴 2018》、香港统计局网站、澳门统计局网站整理

这是由于肇庆有三个县（广宁县、封开县、德宁县）是省级重点生态功能区、一个县（怀集县）是国家级农产品主产区。在主体功能定位的发展战略下，肇庆的城镇化率增长幅度受限。

表 4-6　粤港澳大湾区各城市 2010 ～ 2017 年城镇化率　　　　（单位：%）

年份	广州	深圳	香港	澳门	佛山	东莞	珠海	中山	江门	肇庆	惠州
2010	83.78	100	100	100	94.09	88.46	87.65	87.82	62.30	42.39	61.84
2011	84.40	100	100	100	94.48	88.56	87.73	87.87	62.75	42.50	62.87
2012	85.02	100	100	100	94.87	88.67	87.82	87.92	63.20	42.62	63.90
2013	85.27	100	100	100	94.88	88.75	87.85	88.00	64.10	43.82	66.00
2014	85.43	100	100	100	94.89	88.81	87.87	88.07	64.20	44.01	67.00
2015	85.53	100	100	100	94.94	88.82	88.07	88.12	64.84	45.16	68.15
2016	86.06	100	100	100	94.95	89.14	88.80	88.20	65.06	46.08	69.05
2017	86.14	100	100	100	94.96	89.86	89.37	88.28	65.81	46.78	69.55

资料来源：由《广东统计年鉴 2018》、香港统计局网站、澳门统计局网站整理

4.3　粤港澳大湾区经济社会发展特征

4.3.1　粤港澳大湾区经济格局正朝着合理化方向演进

　　从现状数据看，中心城市与节点城市之间经济发展水平差异较大，2017 年四个中心城市 GDP 占粤港澳大湾区经济总量的 68%，珠三角 9 市中 58% 的 GDP 由深圳和广州创造，珠海、肇庆和江门的 GDP 总量仅占 9 市总量的 9.8%。由图 4-13 和图 4-14 可见，与 2000 年相比，珠三角和港澳之间的财富差距显著缩小，广州、深圳、佛山、东莞增长较快，为区域均衡发展做出了显著贡献。

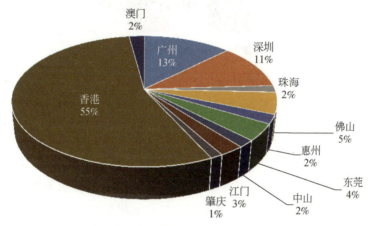

图 4-13　粤港澳大湾区各城市 GDP 空间分布（2000 年）

资料来源：由澳门统计局网站整理得到

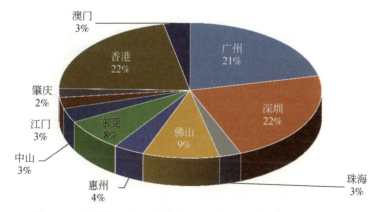

图 4-14　粤港澳大湾区各城市 GDP 空间分布比较（2017 年）

资料来源：由《广东统计年鉴 2018》、香港统计局网站、澳门统计局网站数据整理得到

4.3.2　产业结构优化，传统制造业逐渐退出，新兴产业兴起

2017 年粤港澳大湾区三次产业结构为 1.2 ∶ 32.8 ∶ 66，优于同期全国和广东的产业结构。从时间维度看，近十年来粤港澳大湾区的产业结构呈现胶着状态，三次产业比例基本稳定。但是第二产业对粤港澳大湾区经济增长的贡献率有下滑趋势，由图 4-15 可见，2017 年比 2010 年约下降了 15 个百分点。

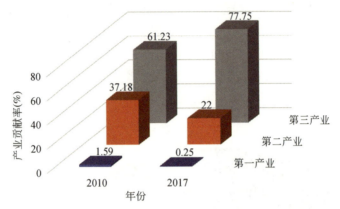

图 4-15　粤港澳大湾区三大产业对湾区经济增长的贡献率变化

资料来源：由粤港澳大湾区 2017～2018 年各城市统计年鉴、2017～2018 年中国统计年鉴的数据计算得到

同时，粤港澳大湾区第二产业在国家产业中的位置弱化，由图 4-16 可见，2010～2017 年粤港澳大湾区第三产业对全国第三产业增长的贡献率有所提升，从 13.35% 上升到 15.6%，但是第二产业对全国第二产业增长的贡献显著下滑，从 7.74% 下降到 5.08%。

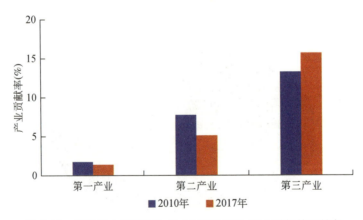

图 4-16　粤港澳大湾区三次产业对国家三次产业增长的贡献率

资料来源：由粤港澳大湾区 2017～2018 年各城市统计年鉴、2017～2018 年中国统计年鉴的数据计算得到

以创新为驱动，新兴产业和先进制造业已经开始在深圳、广州兴起，正逐步向节点

城市（佛山、东莞、珠海、中山）延伸。在以智能制造为主攻方向的中国制造 2025 发展战略下，航空航天、节能环保、机器人、海洋、智能装备产业在 2015 年左右迅速增长，以年均 19％ 的增速迅猛发展（图 4-17）。2017 年，深圳新兴产业增加值占 GDP 比例达 41％（图 4-18）；广州先进制造业占工业增加值比例达 48％，现代服务业占第三产业的比例达 66％ 左右。

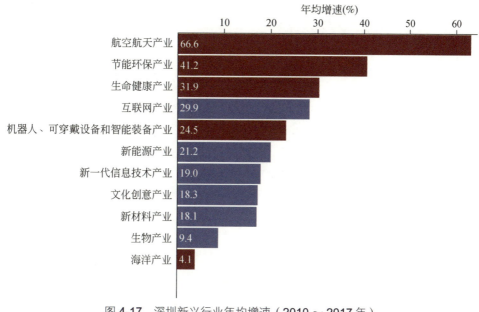

图 4-17　深圳新兴行业年均增速（2010 ～ 2017 年）

资料来源：由历年《深圳统计年鉴》中相关数据计算得到

图 4-18　深圳新兴产业的发展趋势（2010 ～ 2017 年）

资料来源：由历年《深圳统计年鉴》中相关数据计算得到

4.3.3　对外贸易增速放缓，亟须转变外贸模式

　　粤港澳大湾区是典型的外向型经济，国际贸易规模大，经济对外依存度高，但是近

年来粤港澳大湾区的出口增速出现震荡下滑趋势（图4-19），净出口对粤港澳大湾区经济增长的拉动作用日益减弱（图4-20），经济发展主要依靠投资和消费驱动，要发挥粤港澳大湾区港口经济的优势，需要转变国际贸易模式。

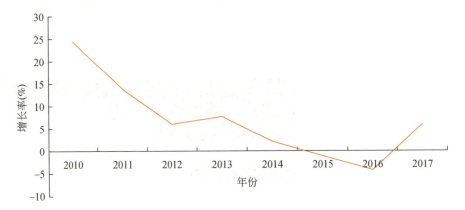

图 4-19　粤港澳大湾区出口贸易额增速变化（2010～2017 年）

资料来源：由粤港澳大湾区 11 个城市 2018 年统计年鉴整理得到

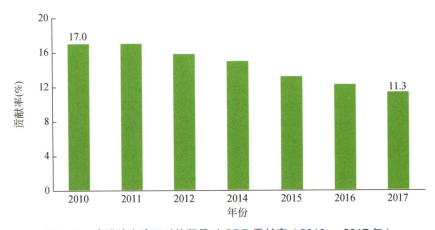

图 4-20　粤港澳大湾区对外贸易对 GDP 贡献率（2010～2017 年）

资料来源：由《广东统计年鉴 2018》、香港统计局网站、澳门统计局网站、《中国统计年鉴 2018》整理计算得到

4.3.4　节点城市的内需有待提振

从需求侧看，粤港澳大湾区经济增长主要来自消费和投资需求，2017 年最终消费对经济增量的贡献已经超过 50%。但分城市看，肇庆、惠州、江门、珠海、佛山等城市的消费需求有待增强，目前这些城市的经济增长仍然是投资驱动型。未来随着节点城市的城镇化率和国民收入提高，消费升级带来的需求增加及人口集聚效应，消费将逐渐替代资本成为促进经济增长的需求动力。图 4-21 勾勒出粤港澳大湾区 11 个城市在 2017 年的三大需求驱动差异情况。

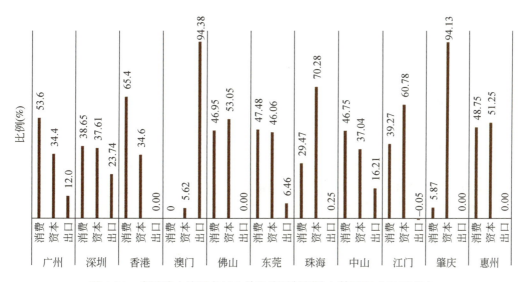

图 4-21　粤港澳大湾区各城市的经济增长驱动力差异图（2017 年）

资料来源：由《广东统计年鉴 2018》、香港统计局网站、澳门统计局网站、《中国统计年鉴 2018》整理计算得到

4.3.5　城镇化率稳步提升，但增长空间不大

由图 4-22 可见，粤港澳大湾区城镇化率 2010 ～ 2017 年保持平稳、缓慢上升趋势，从 2010 年的 85%，上升为 2017 年的 87%。中心城市城镇化率保持在 94% 左右，非中心城市城镇化率平均值为 69%。

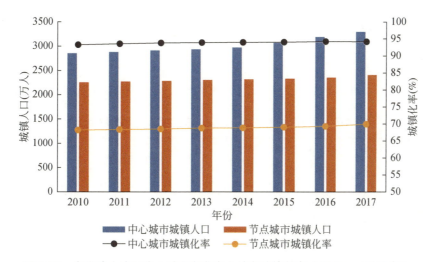

图 4-22　粤港澳大湾区中心城市和非中心城市城镇化率（2010 ～ 2017 年）

资料来源：由《广东统计年鉴 2018》、香港统计局网站、澳门统计局网站、《中国统计年鉴 2018》整理计算得到

4.3.6 粤港澳大湾区处于人口红利下降、人才红利上升阶段

经粤港澳大湾区历史人口流动数据分析，由图 4-23 可见，自改革开放到 2006 年，外来人口主要向珠海、惠州等地聚集，以从事加工制造业为主，节点城市人口增长率高于中心城市；随着互联网、文创产业等为代表的第一代新兴产业在中心城市崛起，2006年后人口大规模快速向中心城市集聚，并带动东莞、中山等地的人口增长；由于缺乏核心技术支撑，粤港澳大湾区制造业仍处于全球价值链低端，且受 2008 年全球金融危机影响及国家能源审计工作实施导致的节点城市高耗能产业外迁，2010～2012 年，大量劳动力逃离珠三角。2014 年左右，以机器人、节能环保为代表的先进制造业率先在深圳兴起，带动人口重新向中心城市集聚，特别是高技术人才的集聚，将为粤港澳大湾区经济发展带来人才红利。

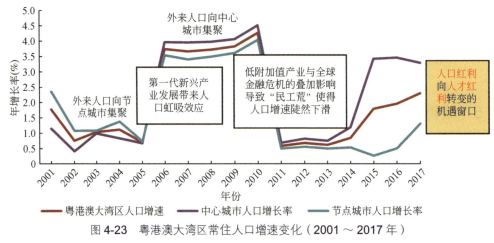

图 4-23 粤港澳大湾区常住人口增速变化（2001～2017 年）

资料来源：由珠三角 9 市的统计年鉴、香港统计局网站、澳门统计局网站整理计算得到

综上所述，粤港澳大湾区经济社会发展现状及特征主要指标数据如表 4-7 所示。

表 4-7 粤港澳大湾区经济社会发展现状总览（2017 年）

指标		粤港澳大湾区					
		总量	珠三角	香港	澳门	高值	低值
经济指标	GDP（万亿元）	10.21	7.57	2.29	0.35	香港：2.29	肇庆：0.21
	占全国 GDP 比例（%）	12.1					
	占粤港澳大湾区 GDP 比例（%）	100	74.14	22.43	3.43	22.43	2.06
	第三产业比例（%）	66	56.7	89.5	94.1	澳门：94.1	佛山：40.85
	人均 GDP（万元）	14.68	12.31	30.96	53.77	澳门：53.77	肇庆：5.15

续表

指标		粤港澳大湾区					
		总量	珠三角	香港	澳门	高值	低值
经济指标	单位面积产出（万元／千米²）	1.82	1.37	20.81	116.67	澳门：116.67	肇庆：0.14
	人口（万人）	6 957	6 151	741	65	广州：1449	澳门：65
社会指标	土地面积（平方千米）	56 090	54 953	1 106	31	肇庆：14891	澳门：30.5
	土地占全国比例（%）	0.6					
	人口密度（人／千米²）	1 240	1 119	6 703	21 100	澳门：21 100	肇庆：276
	城镇化率（%）	85.35	83.09	100	100	香港、澳门、深圳：100	肇庆：47.76

资料来源：由珠三角 9 市的统计年鉴、香港统计局网站、澳门统计局网站整理计算得到

4.4　粤港澳大湾区未来经济发展趋势研判

　　基于粤港澳大湾区经济社会发展现状的数据分析，结合《粤港澳大湾区发展规划纲要》《广东省推进粤港澳大湾区建设三年行动计划（2018-2020 年）》《中共广东省委　广东省人民政府关于贯彻落实〈粤港澳大湾区发展规划纲要〉的实施意见》《澳门特别行政区五年发展规划（2016-2020 年）》《香港 2030+：跨越 2030 年的规划远景与策略》《澳门产业中长期发展规划》以及珠三角 9 市"十三五发展规划"等政府规划文件和课题组实地调研获得的资料等，对粤港澳大湾区未来驱动经济增长的动力切换、产业结构变化、城市产业布局、人口流动与聚集、产业创新潜力展望等影响经济发展质量、规模、速度的关键要素进行趋势判断，为本书情景设置提供依据。

4.4.1　产业结构

　　粤港澳大湾区经济将趋于实体化发展。

　　在第四次工业革命的大背景下，粤港澳大湾区经济发展路径与世界三大湾区有所不同，粤港澳大湾区未来产业结构将以高端制造业与现代服务业为基础，通过传统制造业升级和梯度转移，以创新为驱动力，大力发展先进装备制造、智能制造和现代服务业，通过产业交互协同的方式共同推进经济一体化发展。

　　"加快发展先进制造业，以制造业立省"的供给侧改革理念将使粤港澳大湾区未来经济发展趋于实体化，在以智能制造为主攻方向的中国制造 2025 发展背景下，第二产业在 GDP 中的比例将在 5～8 年内逐渐上升，在创新驱动、资本投入和消费升级的拉动下，

传统制造业快速向高端制造业和智能产业升级，将形成一批具有国际竞争力的先进制造业基地，如电子信息、汽车、智能家电、机器人、绿色石化五个世界级先进制造业产业集群，工业增加值大幅上升。

以机器人技术、芯片技术、基因技术、新能源、节能环保为代表的新兴产业不断兴起，在粤港澳大湾区城市群之间交错集聚，协同演进。在第四次工业革命的大背景下，新的技术和产业多点爆发，粤港澳大湾区作为未来具有全球影响力的国际科技创新中心，一批新兴产业首先在具有技术基础和人才储备的城市兴起，逐渐传递到其他城市，形成多个产业集聚带（图4-24）。

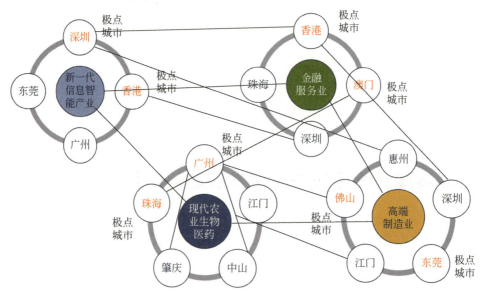

图 4-24　未来大湾区新兴产业和先进制造业发展与区域协同

注：由课题组根据城市调研及《落实〈粤港澳大湾区发展规划纲要〉的实施意见》中有关现代产业体系设计思路绘制。"极点城市"是指未来作为产业增长极的城市。例如，新一代信息智能产业发展中，深圳和香港是增长极；香港和澳门是金融服务业发展的极点城市；广州和珠海是现代农业生物医药产业发展的极点城市；高端制造业发展中，佛山和东莞是极点城市

4.4.2　产业动能

以创新为驱动，中心城市、节点城市产业分工日益鲜明。

自 2009 年，以新一代信息技术产业、互联网产业、新材料、生物产业等为代表的新兴产业开始在深圳蓬勃发展，产业增加值的年增长率保持在 20% 以上，随着产业规模扩大，2014 年左右增速放缓到 13% 左右，同时节能环保产业、机器人、可穿戴设备和智能装备产业在 2015 年左右异军突起，以 12%～30% 的增速迅猛发展。深圳通过不断启动产业创新点推动经济高质量发展，保持高速稳定增长，经济增速位居粤港澳大湾区第一（年均增速 11% 以上）。从深圳经验看，新旧产业的快速更替和发展是造就经济奇迹的关键。要将粤港澳大湾区建成国际一流城市群，需要各城市找准产业发展定位，通过

承接、共建、产业集群等方式紧密合作，实现经济协同发展。

环保装备制造业有望成为粤港澳大湾区新兴产业的重要力量。

在生态文明建设、绿色发展和低碳发展的治国方针下，低碳节能环保型产业将成长为新兴产业中的一支重要力量，对吸纳就业人口、创造绿色产值、撬动投资需求、促进粤港澳大湾区经济与环境协同发展将发挥重要作用。低碳节能环保技术研发和装备制造是一个新的增长点。目前粤港澳大湾区的环保产业还没有自己的装备业和技术库，未来有制造较大发展空间。

4.4.3　协同发展

粤港澳大湾区内城市所处经济发展阶段不同，为产业错位发展提供了契机。

从城市发展阶段来看，中心城市与节点城市所处发展阶段不同，是未来粤港澳大湾区产业协同发展的机遇，也是实现区域经济一体化的突破口。传统产业梯度转移、新兴产业共建，将是缩小粤港澳大湾区城市群的经济差距、推动节点城市经济快速发展的着力点。在产业协同发展的大趋势下，除江门、肇庆、惠州第一产业仍将在 GDP 中占据一定比例[1]，其他城市的产业结构逐渐向第二、三产业并重方向发展，但各城市在产业体系中的分工和地位有所不同，产业分工由市场选择自动形成。

4.4.4　需求动力

从经济增长动力源来看，内需和外贸是拉动粤港澳大湾区经济增长的主动力。

粤港澳大湾区建设初期，为推进基础设施"硬联通"，交通、信息、能源、水利基础设施方面需要大量投资，短期内资本向中心城市集聚，随着中心城市的基础设施建设完成，节点城市开始大规模基础设施建设，资本随之转移。粤港澳大湾区作为沿海城市和国家对外贸易的窗口，净出口对经济的增长也将发挥一定作用。长期看，消费将逐渐成为粤港澳大湾区城市主要经济增长动力源，其中，中心城市短期投资驱动加强，长期以消费驱动和出口驱动为主。

粤港澳大湾区未来资本需求将来自基础设施建设、高端装备制造业产能、新兴产业、创新投入这四块投资，房地产投资和传统制造业扩建将不再成为拉动经济增长的主动力。出口原来主要是为欧美国家消费提供劳动密集型和资源型产品，未来出口主要服务于"一带一路"国家，向亚太和其他新兴市场地区输入工程、服务、商品、资本和货币，服务于粤港澳大湾区成为国际金融枢纽的金融目标。消费将从过去的房产、汽车、家庭消耗品购买转向教育、健康、知识产品等，2020 ～ 2030 年中心城市的居民边际消费倾向高于节点城市，2030 年左右，节点城市的边际消费倾向达到中心城市 2025 年水平。

---

[1]根据《广东省主体功能区发展规划》，江门、肇庆和惠州市内均分布有大小不一的国家农产品主产区和生态功能区。

4.4.5 人口红利向人才红利转变

粤港澳大湾区外来人口迁入率持续提高，高技术人才带来的人口红利为粤港澳大湾区经济发展提供支撑。

人口总量势能、结构红利和素质资本的叠加优势将成为推进粤港澳大湾区经济持续增长的社会因素。

在产业政策和人才政策的双重作用下，粤港澳大湾区的外来人口迁移率水平将高于广东，常住人口规模增加；从人口结构看，高技术、高学历人才将成为粤港澳大湾区新增外来人口的主流；从人口集聚地看，2020～2030年是中心城市（深圳、广州）和节点城市（珠海、东莞、佛山）的人口集聚期，2030年左右迁移率陆续出现拐点。2025年以后，其他节点城市的人口加快增长，迁移模式改变，2030年后人口迁移率高于中心城市。

4.5 粤港澳大湾区中长期经济社会发展情景研究

4.5.1 粤港澳大湾区未来发展趋势情景设置

本书将设置两种经济社会发展情景，比较分析"9+2"城市群在分散发展情景与粤港澳大湾区经济一体化协同发展情景下，经济总量、常住人口、三业产业增加值在规模上的区别，以及相应的经济驱动力差异、经济发展所需的投资、消费和净出口规模，通过量化的方式展现出粤港澳大湾区协同发展的政治经济意义。

4.5.1.1 基准情景设置

粤港澳大湾区各城市常住人口发展趋势延续现有的生育率和迁移率水平，经济发展按照各城市现有的经济增长趋势和规划路径发展。

4.5.1.2 转型情景设置

1）人口增长情景

生育率和迁移率水平有所提高，到2035年粤港澳大湾区常住人口总量较基准情景有一定增长；人口迁移趋势转变，从建设初期主要流向中心城市（广州、深圳）转变为后期向节点城市迁移。

2）经济发展情景

在"创新、协调、绿色、共享"的发展政策引导下，粤港澳大湾区经济提质增效，产业基础能力和产业链水平得到极大提升，形成绿色低碳发展模式，生态环境持续改善，体现在：①政策互联互通，城市间生产要素流通顺畅。②传统产业朝着智能化、绿色化方向发展，产业升级顺利完成，劳动生产率显著提高。③新技术和新产业多点爆发，在城市间形成多个产值超过万亿元的产业集聚带，高端装备制造和现代服务业成为湾区经济的支柱产业。④形成了绿色低碳发展模式，为粤港澳湾区高质量发展腾出巨大的环境容量空间。⑤形成了以消费为重心，投资和净出口为辅力的多轮驱动模式。⑥城市间人均 GDP 差距缩小，区域发展逐渐协调。

4.5.2 研究思路与工具

4.5.2.1 研究思路

粤港澳大湾区未来经济发展研究总体思路如图 4-25 所示。

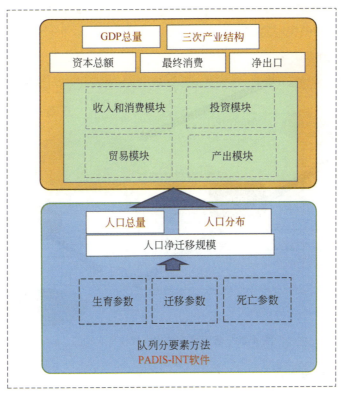

图 4-25 粤港澳大湾区经济和人口模型架构图

4.5.2.2 研究工具

1）人口预测方法

采用队列分要素方法（cohort-component method）进行人口预测。队列分要素方法是国际上成熟的人口预测方法，通过对起始人口的生育、死亡、迁移三种典型的人口事件进行概率推算，得到下一预测年份的人口存量，以此类推，可以得到预测期各年份的人口状况。

本书以 2015 年为起始年份，预测期为 20 年（即至 2035 年），对各年份的人口数量进行预测，其中包括常住人口、户籍人口和非户籍常住人口三种类型人口的预测结果。非户籍常住人口用常住人口减去户籍人口得到。

本书使用 PADIS-INT 软件作为人口预测工具。PADIS-INT 在经典队列分要素方法的基础上采用概率算法推算人口事件的发生，是人口预测和分析的有效工具。

2）经济预测方法

将人口预测结果作为外生变量输入宏观经济结构方程模型（图 4-26）。搭建由"收入和消费模块""投资模块""贸易模块""产出模块"与人口预测研究模型组成的宏观经济结构方程模型，运用历史数据进行模拟测算，将模拟运算结果与实际经济数据进行比对，检验模型的信度和效度；以 2017 年为基准年，利用 1989 ～ 2017 年数据，运用计量经济学软件，预测 2018 ～ 2035 年粤港澳大湾区在两种发展情景下的经济规模、产业结构、投资规模和国民财富水平。

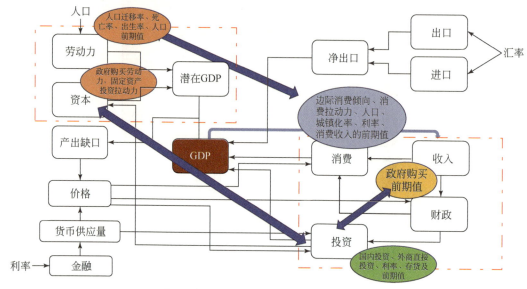

图 4-26　宏观经济结构方程模型架构图

4.5.3　情景主要参数

人口、经济数据指标具体见表 4-8。数据区间为 1989 ～ 2017 年。

表 4-8　基础数据指标表

类别	指标	指标的意义
经济总量	GDP（亿元）	衡量地区社会财富总水平和经济发展速度
	GDP 年增长率（%）	

类别	指标		指标的意义
产业结构	第一产业增加值（亿元）		判断国民经济处于什么阶段：工业化初期（意味中长期工业仍然是支柱产业）？工业中后期（高端制造业为主）？或者第三产业为主？
	第一产业年增长率（%）		
	第二产业增加值（亿元）		
	第二产业年增长率（%）		
	第三产业增加值（亿元）		
	第三产业年增长率（%）		
人均财富水平	人均 GDP（万元）		消费拉动力的基础
	城镇居民年人均可支配收入（万元）		
人口参数	生育参数	总和生育率	生育水平
		年龄别生育率占总和生育率的比例	生育模式
		出生性别比	
	死亡参数	出生预期寿命	死亡水平
		寇尔德曼模型生命表西区模式	死亡模式
	迁移参数	各年份迁移人数	迁移规模
		各年龄迁移人口占总迁移人口的比例（%）	迁移模式
社会投资	固定投资总额（亿元）		投资规模
	投资年增长率（%）		
	第二产业固定投资（亿元）		判断产业发展方向
	第三产业固定投资（亿元）		
	房地产投资（亿元）		
国际贸易	进口商品总额（亿美元）		判断国际贸易环境变化对地区 GDP 的影响程度
	出口商品总额（亿美元）		
消费水平	城镇常住居民人均消费支出（万元）		通过横向地区比较，可以判断出该地区居民的消费倾向高低，消费倾向高的地区，当人均年收入提高时，消费对经济的拉动作用更加强劲
产业对经济增长的贡献率	第一产业对 GDP 的贡献率（%）		用来判断如果产业结构变动可能对 GDP 增量的影响
	第二产业对 GDP 的贡献率（%）		
	第三产业对 GDP 的贡献率（%）		

类别	指标	指标的意义
产业对经济的拉动作用	第一产业对 GDP 的拉动力（百分点）	判断哪一个产业对 GDP 增长速度的作用最强劲
	第二产业对 GDP 的拉动力（百分点）	
	第三产业对 GDP 的拉动力（百分点）	
三大需求对经济的贡献率	消费对 GDP 的贡献率（%）	判断哪一个要素对 GDP 增长速度的作用最强劲
	投资对 GDP 增长的贡献率（%）	
	出口贸易对 GDP 增长的贡献率（%）	
三大需求对经济的拉动力	消费对 GDP 的拉动力（百分点）	判断哪一个要素对 GDP 增长速度的作用最强劲
	投资对 GDP 的拉动力（百分点）	
	出口贸易对 GDP 的拉动力（百分点）	

根据以上指标数据设置情景参数。

1）人口参数设置

2020～2030年是中心城市和重要节点城市的人口集聚期，人口主要流向中心城市（深圳、广州）和节点城市（珠海、东莞、佛山），迁移率高于节点城市（中山、肇庆、惠州、江门），2030年以后迁移率陆续出现拐点。2025年以后，其他节点城市的人口加快增长，迁移模式改变，2030年后人口迁移率高于中心城市。

2）经济参数设置

资本将在2020年左右开始大量注入各城市的先进装备制造、新兴产业和基础设施，配以低利率降低企业融资成本，在城市群之间随着产业更替转变投资流向。到2025年左右，中心城市经济速度开始提升，2030年进入经济快速增长期，部分具有制造业基础或技术力量雄厚的中心城市的第二产业增加值在GDP中的占比开始上升，当中心城市经济进入快速发展期时，中心城市中的知识密集型新兴产业开始向重要节点城市溢出。节点城市（佛山、东莞、珠海、中山）在中心城市的引领带动下，可能在2030年左右形成与中心城市创新产业相关联的新兴产业，同时，低碳、环保等领域的新兴产业也在中心城市和节点城市广泛兴起，相互促进，这个时期，节点城市（佛山、东莞、珠海、中山）的经济增长速度和结构开始提升。节点城市（江门、肇庆、惠州）第一产业仍将在经济中占有一席之地，为中心城市和节点城市（佛山、东莞、珠海、中山）提供优质农产品和绿色生态产品及服务，与低碳和绿色制造相关的产业将逐渐从中心城市向这些城市聚拢，与此同时，资本和消费对经济增长的驱动作用开始增强，到2030～2035年节点城市（江门、肇庆、惠州）的经济开始步入快车道。

4.5.4　关键年份的人口规模预测结果

4.5.4.1　基准情景

在基准情景下，到 2035 年粤港澳大湾区人口总量为 8987 万人，人口密度 1649 人 /
千米 ^{2}。2017 ~ 2035 年年均人口增速为 1.4%，相对 2017 年增加了 2030 万人。到 2035 年，
四个中心城市人口总量为 4928 万人，占粤港澳大湾区人口总量的 54.8%，与 2017 年相比，
增加了约四个百分点，年均增速 1.91%。到 2035 年，七个节点城市人口总量 4060 万人，
占粤港澳大湾区人口总量的 45.2%，年均增速 0.91%，说明在基准情景下，人口主要向
中心城市集聚。

4.5.4.2　转型情景

在转型情景下，到 2035 年粤港澳大湾区人口总量为 1.0167 亿人，人口密度 1813 人 /
千米 ^{2}。2017 ~ 2035 年年均人口增速 2.14%，相对 2017 年增加了 3200 万人，比基准情
景下人口增加了 1134 万人。2035 年，四个中心城市人口总量为 5343 万人，占粤港澳大
湾区人口总量的 52.5%，与 2017 年相比，增加 2.1 个百分点，年均增速 2.37%；到 2035
年，其他七个城市人口总量为 4824 万人，占粤港澳大湾区人口总量的 47.4%，年均增速
1.88%，中心城市与其他城市的人口增速差距缩小。

图 4-27 展示出两种发展情景下粤港澳大湾区人口总量到 2035 年的预测值。

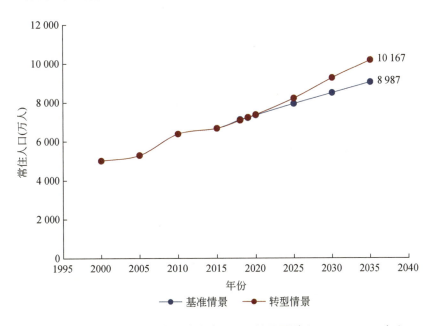

图 4-27　两种发展情景下粤港澳大湾区人口总量预测（2000 ~ 2035 年）

4.5.4.3　人口密度及城镇化率预测结果

从人口增长空间分布看，外来人口主要向中心城市集聚。由图 4-28 可见，在基准情景下中心城市出现人口虹吸效应，节点城市中肇庆、惠州、江门的人口会发生净流出。在转型情景下，由于经济一体化程度提高，人口随产业向节点城市转移，到 2025 年左右，节点城市人口迁入率开始上升，中心城市新增人口压力下降。

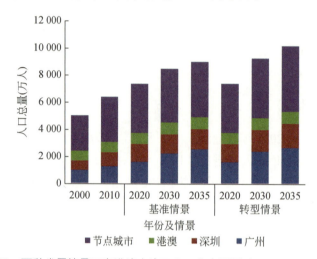

图 4-28　两种发展情景下粤港澳大湾区人口分布预测（2000～2035 年）

资料来源：香港的人口预测总量来自香港政府统计处公布的《香港人口推算 2017-2066》；澳门人口预测总量来自
　　　　澳门特别行政区政府统计暨普查局公布的《澳门人口预测 2016-2036》

转型情景下，2017～2035 年，四个中心城市共计新增人口 1833 万人，其中，香港和澳门受土地资源限制，人口增幅不大，新增人口主要集中在广州、深圳。2018～2030 年，中心城市年均人口增速约为 2.6%，2030 年后下降到 1.7%。

2017～2035 年，七个节点城市在 18 年期间共计新增人口 1376 万人，人口总量从 2017 年的 3447 万人，增加到 2035 年的 4823 万人，在粤港澳大湾区建设初期节点城市的常住人口增速低于中心城市，2030～2035 年，人口增速达到 1.98%，比中心城市人口增速高 0.28 个百分点。

转型情景下，粤港澳大湾区 2035 年城镇化率为 91.2%，较 2017 年城镇化率提升 4 个百分点。中心城市 2035 年城镇化率为 95.1%，较 2017 年提升 1 个百分点；节点城市城镇化率为 86.8%，较 2017 年提升近 17 个百分点（图 4-29）。

4.5.5　关键年份的经济总量与速度预测结果

4.5.5.1　基准情景

在基准情景下，到 2035 年粤港澳大湾区经济总量规模达到 28 万亿元，比 2017 年的

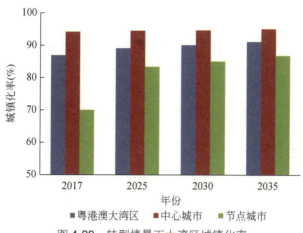

图 4-29　转型情景下大湾区城镇化率

10.21 万亿元增加了近 18 万亿元。到 2035 年，中心城市 GDP 占粤港澳大湾区 GDP 总量的比例为66%。2017～2035年年均经济增速为5.8%，其中，中心城市 GDP 年均增速4.7%，节点城市 GDP 年均增速 6.3%。

4.5.5.2　转型情景

在转型情景下，到 2035 年粤港澳大湾区经济总量规模达到 36 万亿元，比 2017 年增加了 3 倍多（图 4-30）。到 2035 年，中心城市 GDP 占粤港澳大湾区 GDP 总量的比例为67%。2017～2035 年年均经济增速为 7.3%（图 4-31），其中，中心城市 GDP 年均增速 6.3%，节点城市 GDP 年均增速 8.1%。2017～2035 年粤港澳大湾区 GDP 年均增速为 7.3%，受益最大的是香港、澳门和肇庆，其次是惠州、江门、深圳、中山、珠海、东莞、广州和佛山。

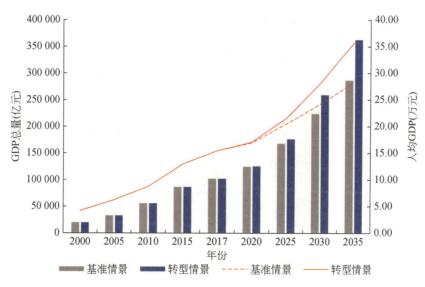

图 4-30　到 2035 年两种发展情景下粤港澳大湾区的经济总量预测（2000～2035 年）

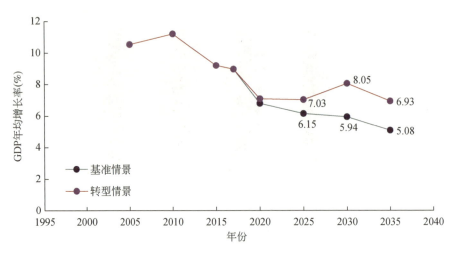

图 4-31　两种发展情景下粤港澳大湾区 GDP 年均增速变化（2005 ～ 2035 年）

4.5.6　两种发展情景下粤港澳大湾区产业结构比较

从产业结构看，到 2035 年，基准情景下粤港澳大湾区三次产业结构比例为
1.1 ∶ 28.9 ∶ 70，与 2017 年相比，第一产业下降了 0.1 个百分点，第二产业下降了 3.9
个百分点，第三产业上升了 4 个百分点。

转型情景下，2035 年三次产业结构比例为 1.1 ∶ 31.6 ∶ 67.3，与 2017 年的产业结
构类似，但增加值翻了 3 倍多。具有高附加值的新兴产业和高端装备制造业在粤港澳大
湾区城市群内广泛关联，2035 年，第二产业增加值比例较基准情景上升了 2.7 个百分点，
但是较 2017 年下降 1.2 个百分点。图 4-32 展示了两种发展情景下粤港澳大湾区在不同时
间节点的产业结构变化。

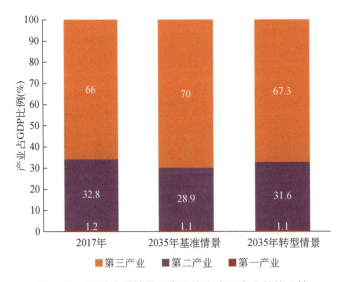

图 4-32　两种发展情景下粤港澳大湾区产业结构比较

由图 4-33 可见，基准情景下，到 2035 年，中心城市三次产业比例为 0.4 ∶ 22.3 ∶ 77.3，节点城市三次产业比例为 0.9 ∶ 42.3 ∶ 56.8，节点城市（江门、肇庆、惠州）三次产业比例为 6.5 ∶ 40.5 ∶ 53.0。

转型情景下，到 2035 年，中心城市三次产业比例为 0.2 ∶ 21.7 ∶ 78.1，节点城市三次产业比例为 1.0 ∶ 50.7 ∶ 48.3，节点城市（江门、肇庆、惠州）三次产业比例为 7.0 ∶ 52.8 ∶ 40.2。

图 4-33　两种发展情景下粤港澳大湾区中心城市与节点城市的产业结构预测

4.5.7　两种发展情景下粤港澳大湾区产业贡献与拉力分析

4.5.7.1　基准情景

从三次产业对 GDP 增长的拉动看，在基准情景下，2017 ～ 2035 年第三产业对粤港澳大湾区经济增长的平均贡献率达到 72.16%，第二、三产业对经济增长的平均拉动力分别为 1.57 个百分点、4.25 个百分点，且第二产业对经济增长的拉动作用随着时间的推移逐渐减弱，数据显示，2020 ～ 2035 年，第二产业对经济增长的拉动力仅为 0.79 个百分点，说明基准情景下，粤港澳大湾区 11 个城市的经济发展会出现较为严峻的产业空心化（图 4-34）。

4.5.7.2　转型情景

转型情景下，2017 ～ 2035 年第二、三产业对粤港澳大湾区经济增长的平均贡献率分别为 31.2% 和 67.7%，对经济增长的拉动力分别为 2.27 个百分点、4.94 个百分点。制造业对粤港澳大湾区经济增长的支撑作用更显著（图 4-34）。

图 4-34 2017～2035 年三次产业对 GDP 增长的平均贡献率

4.5.8 两种发展情景下粤港澳大湾区经济需求拉动分析

由图 4-35 可见，从需求侧看，两种发展情景下最终消费对经济增长的贡献和拉动作用都占据主导地位，尤其在转型情景下，到 2035 年，最终消费在 GDP 中的占比接近 60%，投资规模下降到 27.7%，净出口保持在 10% 左右。但是到 2035 年节点城市中靠近粤港澳大湾区外围的肇庆、惠州、江门三个地区的经济对投资的依赖仍然比较强。

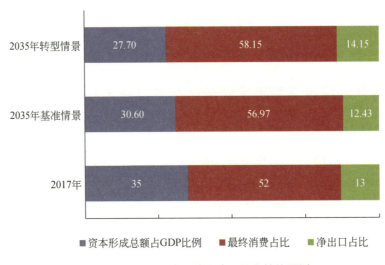

图 4-35 2035 年粤港澳大湾区需求结构预测

4.5.9 两种发展情景下的区域发展均衡性分析

基准情景下，到 2035 年，粤港澳大湾区人均 GDP 为 32 万元。其中，中心城市人均 GDP 比 2017 年增长了 1.6 倍，节点城市人均 GDP 是 2017 年的 1.9 倍。

转型情景下，到 2035 年，粤港澳大湾区人均 GDP 为 35 万元，超过东京湾区 2016 年水平。其中，中心城市人均 GDP 为 45 万元，是 2017 年的 2.03 倍，节点城市人均

GDP 为 2017 年的 2.46 倍, 居民收入的增长速度快于中心城市。说明, 在转型情景下, 区域发展更加均衡 (图 4-36)。

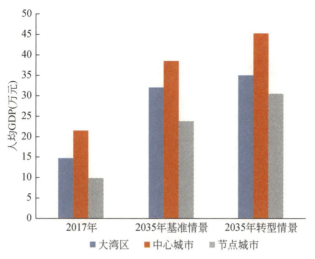

图 4-36　两种发展情景下粤港澳大湾区人均 GDP 变化预测

4.5.10　两种发展情景下的单位土地生产力比较

基准情景下, 到 2035 年, 粤港澳大湾区单位面积 GDP 为 5.1 万元 / 千米^2, 较 2017 年增加 3.3 万元 / 千米^2。由于中心城市新增用地潜力不大, 在现有土地面积上挖掘增值潜力, 到 2035 年, 在智能制造和现代服务快速发展的支撑下, 中心城市单位面积 GDP 预测可达 18 万元 / 千米^2 左右; 节点城市土地可开发潜力大, 单位面积 GDP 增速较慢, 保守估计, 到 2035 年节点城市单位面积 GDP 较 2017 年增加 1.4 万元 / 千米^2 左右。

转型情景下, 粤港澳大湾区城市发展更加均衡, 基础设施和产业之间的互联互通极大地激发了城市活力, 到 2035 年, 粤港澳大湾区单位面积 GDP 预期可达 6 万元 / 千米^2, 主要来自中心城市 GDP 增长支持, 节点城市单位面积 GDP 也较基准情景增加了 0.8 万元 / 千米^2。

4.6　情景预测结果的合理性分析

通过以上研究得到在本书预设参数情景下的粤港澳大湾区 2017 ~ 2035 年关键年份的经济发展和人口增长预测结果。为验证预测结果的合理性, 采用 "事前检验" 和 "事后检验" 两种方法进行分析。"事前检验" 是指在预测前, 研究者运用模型对历史数据进行模拟预测, 通过预测值与实际值之间的拟合程度进行模型的可靠性验证, 如果拟合程度高, 则说明模型及参数设置具有较好的可靠性, 可以用来进行未来趋势预测; "事后检验"是指将预测结果与其他相关或相似预测研究进行比较,通过关键参数、预测方法、预测结果等方面的比较,判断合理性。本书在进行人口增长情景和经济发展情景研究时,在模型中已经嵌入了"事前检验"过程,此处不再赘述。下面从国内和国际两个维度对粤港澳大湾区在两种发展情景下的人口、经济预测结果进行合理性分析。

4.6.1 两种发展情景下粤港澳大湾区在全国经济体量中占比

由于资料来源的欠缺,对中国未来中长期 GDP 的预测,本书主要参考了摩根大通[①]、汇丰银行[②]对中国 2030 年 GDP 的预测值,分别为 29 万亿美元、26 万亿美元,折合人民币分别为 192 万亿元、172 万亿元。基准情景下,粤港澳大湾区 2030 年 GDP 占全国 GDP 比例均值约为 12.27%;转型情景下,粤港澳大湾区 2030 年 GDP 占全国 GDP 比例均值约为 14.23%。对比粤港澳大湾区 2030 年预测值如表 4-9 所示。

表 4-9 粤港澳大湾区 GDP 与全国 GDP 比较

年份	粤港澳大湾区 GDP (万亿元)	中国(摩根大通预测)		中国(汇丰银行预测)	
		GDP (万亿元)	粤港澳大湾区占比 (%)	GDP (万亿元)	粤港澳大湾区占比 (%)
2017	10.21	84.38	12.10	84.38	12.10
基准情景-2030	22.36	192.77	11.60	172.82	12.94
转型情景-2030	25.93	192.77	13.45	172.82	15.00

注:人民币兑美元汇率按照 1 美元 =6.6471 元人民币计算

4.6.2 转型情景下粤港澳大湾区与东京湾区的对比

到 2035 年,转型情景下粤港澳大湾区 GDP 是日本东京湾区的 3 倍多(表 4-10),在人口总量几乎为东京湾区 2.7 倍的情况下,粤港澳大湾区的人均 GDP 达到并略超过 2017 年东京湾区人均 GDP 水平。若东京湾区经济增速基本保持现有水平,到 2035 年,粤港澳大湾区各项经济指标与东京湾区的差距有望进一步缩小。

---

①资料来源: https://baijiahao.baidu.com/s?id=1638091203611544939&wfr=spider&for=pc
②资料来源: http://m.sohu.com/a/315248503_591132

表 4-10　转型情景下粤港澳大湾区与日本东京湾区的主要经济指标比较

指标		东京湾区（2017 年）	粤港澳大湾区（2035 年）			
			总量	珠三角	香港	澳门
经济指标	GDP（万亿元）	11.86	36.25	29.53	5.97	0.75
	占全国 GDP 比例（%）	36.7	14.23（均值）			
	第三产业比例（%）	82.2	67	62	88	96
	人均 GDP（万元）	32.65	35.7	31.8	73.5	94.8
社会指标	常住人口（万人）	3 800	10 167	9 276	812	79
	土地面积（平方千米）	13 562	56 090	54 953	1 106	31
	土地占全国比例（%）	3.5	0.6			
	人口密度（人 / 千米²）	2 802	1 813	1 688	7 342	25 484

4.7　粤港澳大湾区经济社会发展对能源的需求

能源需求的变化受经济增长、人口规模扩大和工业化发展的驱动。国内外很多学者认为能源需求与经济增长和人口规模呈正向关系，即能源需求会随着经济的增长、人口数量的增加而增加，基于此观点，粤港澳大湾区经济社会的发展也将形成巨量的能源消费需求。

4.7.1　经济规模大，能源需求高

从经济发展规模看，粤港澳大湾区 2017 年 GDP 总量为 10.21 万亿元，能源消费总量为 2.4 亿吨标准煤，单位 GDP 能耗约为 0.235 吨标准煤 / 万元。转型情景下，粤港澳大湾区 2035 年 GDP 总量达 36 万亿元，约是 2017 年经济规模的 3.6 倍，即便能源强度下降 50%，未来粤港澳大湾区的能源需求总量也会有较大增长。

4.7.2　制造业占比大，油、气需求长期存在

从经济结构看，粤港澳大湾区 2017 年三次产业结构为 1.18 ∶ 32.75 ∶ 66.07，转型情景下，粤港澳大湾区 2035 年三次产业结构比例为 1.13 ∶ 31.57 ∶ 67.30，三次产业结构较为稳定。转型情景下工业仍将为粤港澳大湾区经济增长提供约 1/3 的增加值，工业生产是能源消费大户，第二产业对油、气的需求将长期存在。

4.7.3 城镇人口增长较快，生活能源需求提高

从人口规模来看，粤港澳大湾区 2017 年常住人口约为 0.7 亿人，常住人口人均能源消费量为 3.7 吨标准煤。转型情景下，粤港澳大湾区 2035 年常住人口为 1 亿人，即使维持 2017 年人均能源消费量不变，粤港澳大湾区 2035 年能源消费将达 3.7 亿吨标准煤。随着粤港澳大湾区城镇化的继续推进、人们收入的增加，以及智能、信息、电子产业大发展，人均能源消费量有可能高于 2017 年水平。

4.7.4 现代农业长期存在，农村能源转型需要重视

从区域用能需求看，粤港澳大湾区目前仍有 900 多万农村人口，粤港澳大湾区内的生态发展区和重要农产品主产区对农村人口、农业发展的需求将长期存在，农村用能问题不容忽视，必须发展现代农业，实现农村用能结构和方式的转型。

4.7.5 环境质量和能源供应安全的需求

从环境需求看，粤港澳大湾区目前 $PM_{2.5}$ 年均 33 微克 / 米 ^{3}，纽约湾区为 7 微克 / 米 ^{3}，旧金山湾区为 9 微克 / 米 ^{3}，东京湾区为 18 微克 / 米 ^{3}，粤港澳大湾区空气质量与世界三大湾区差距较大。世界卫生组织（WHO）认为，$PM_{2.5}$ 年均浓度低于 20 微克 / 米 ^{3} 为安全指标。为实现建设生态优美的国际一流湾区的发展目标，未来粤港澳大湾区在经济体量巨量增长的同时，必须坚持能源绿色低碳发展。从能源安全看，能源安全是保持经济发展的重要保障，如果能源供给增长速度滞后于需求增速，整个宏观经济的增长必将受到重大影响。目前粤港澳大湾区能源供需矛盾突出，能源结构不理想，能源管理问题、能源利用率低等仍然存在，应积极制定能源安全发展战略，在资源约束下，提高各行各业的能源安全意识，使经济可持续发展与能源安全问题相协调。

第5章　粤港澳大湾区能源转型情景分析

本章采用情景分析的方法开展粤港澳大湾区能源转型情景研究，为粤港澳大湾区未来能源发展实现"清洁、低碳、安全、高效"目标，提出可行的能源转型路径。研究思路如图 5-1 所示，以粤港澳大湾区"9+2"城市群为研究对象，通过文献调研和实地调研掌握城市级的能源基础数据；结合粤港澳大湾区各产业的能源消费特征，将各城市的能源供需数据归纳为电力、工业、交通和建筑四个领域，构成粤港澳大湾区能源供需体系；在此基础上，在既定的社会经济发展目标下，根据各城市四个领域能源发展的特点及规划战略，分别设置三种能源发展情景，即基准情景、能源转型情景和深度转型情景；通过分析不同发展情景下，粤港澳大湾区各领域各城市未来的能源消费需求和结构，提出粤港澳大湾区未来能源转型的方向和路径。

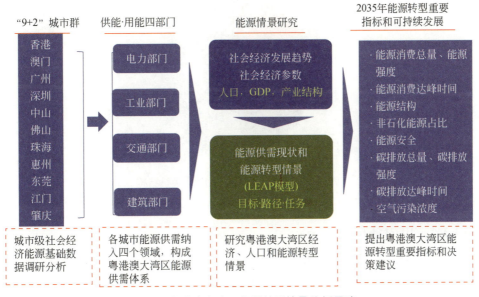

图 5-1　粤港澳大湾区能源转型情景分析思路

5.1　粤港澳大湾区电力部门能源转型情景研究

电力是现代社会不可或缺的生产和生活物质基础，是应用最广泛的二次能源，电力由化石燃料、核能、可再生能源等能源资源转化得到。随着社会经济的发展和电气化水平的提高,电力在终端能源结构中的比例不断提高。面向未来,可再生能源电力和核电是替代化石能源发电、推动全球能源转型的重要途径,因此,电力部门能源转型在粤港澳大湾区能源转型中处于核心地位。

5.1.1 粤港澳大湾区电力部门发展现状

5.1.1.1 电力装机结构

2017 年,粤港澳大湾区的总装机容量为 6143 万千瓦,如图 5-2 所示,以煤电装机为主(占比 52%),气电装机占比 30%,核电装机占 10%,油电、水电和光伏发电的装机占比各 2%,其他可再生能源发电装机的占比约 2%。珠三角地区的发电装机构成基本决定了粤港澳大湾区的发电结构,油电装机主要来自香港和澳门地区。香港地区的总装机容量中煤电装机占比高达 60%,气电装机约占三分之一,占比 8% 的油电装机作为备用机组。澳门地区的电力基本靠内地供应,本地装机容量只有 44 万千瓦,主要是作为保障电源的油电和气电,另外还有 7% 的垃圾发电装机。

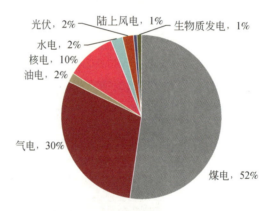

图 5-2 粤港澳大湾区 2017 年装机结构

数据来源:各城市能源发展规划

5.1.1.2 电力分布

粤港澳大湾区城市群中,发电装机容量最高的是深圳,占粤港澳大湾区发电装机总量的 20%,接近一半是核电装机;其次是香港,然后是东莞、广州和江门。

粤港澳大湾区城市群中,气电装机容量高于煤电装机容量的城市有深圳、珠海和中山;煤电装机容量高于气电装机容量的城市依次为江门、佛山、广州和东莞;肇庆总体装机最少且没有气电。受资源禀赋和可用地资源的限制,粤港澳大湾区的可再生能源发电装机总体偏低,以水电和光伏发电为主,主要分布在肇庆、惠州、江门和广州。

5.1.1.3　电力供应及负荷

粤港澳大湾区 2017 年的电力需求为 4914 亿千瓦时，外购电占比为 48%。各城市的外购电比例差异较大，佛山、澳门和东莞超过 70%；广州和肇庆也接近 70%；香港、深圳和江门为 20% 左右；珠海反而是外输近 20% 的电量供应澳门。

2017 年煤电的年利用小时数约为 4500 小时，气电的年利用小时数为 3180 小时，油电基本属于备用机组，核电的年利用小时在 7500 小时以上，其他可再生能源发电的年利用小时为 1200～3000 小时。粤港澳大湾区的供电量结构具体如图 5-3 所示。

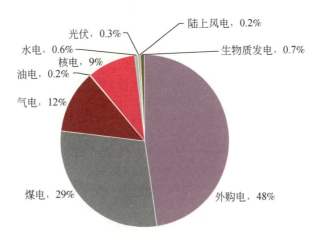

图 5-3　粤港澳大湾区 2017 年供电量结构

数据来源：各城市能源发展规划和统计年鉴

5.1.1.4　电力发展面临的挑战

1）电力结构仍以煤电为主

电力结构中的煤电占比超过 50%，是硫化物和微细颗粒物的主要排放源，影响粤港澳大湾区的环境质量。同时，在我国控制温室气体排放、降低单位 GDP 碳排放的约束性目标下，高碳燃料大量消费的现状势必要加以改变。

2）电力消费总量近一半来自外购

粤港澳大湾区近一半的电力消费需要由大湾区外供应，其中四分之三来自"西电东送"，长距离输电的安全性以及未来西电供应量的不确定性，是粤港澳大湾区电力供应的安全风险所在。另外，粤港澳大湾区没有本地煤炭资源，也几乎没有天然气资源，所有化石能源都靠外部供应，目前广东的天然气接收站和主干气源管道建设虽然走在全国前列，但管网覆盖面还不完备，天然气价格机制尚未理顺，如何提高电力供应的安全性，今后需要在外购电比例和外购电来源方面做出合理的分析和权衡。

3）发电效率与国内平均水平仍存在差距

粤港澳大湾区是改革开放最早的区域，经济快速发展，发电基础设施建设较早。因此，2017 年在役煤电机组中，服役 20 年以上机组接近一半，35 万千瓦以下机组超过一半。目前粤港澳大湾区火电机组（主要包括煤电和气电）的平均发电标准煤耗约为 309 克标准煤 / 千瓦时，与全国平均水平 291 克标准煤 / 千瓦时还存在差距。

5.1.2 粤港澳大湾区电力部门能源转型的目标和基本思路

5.1.2.1 粤港澳大湾区电力部门能源转型的目标

以清洁、低碳、安全、高效为目标，构建可持续的粤港澳大湾区电力供应体系。

1）清洁

大力推广洁净燃烧技术、污染物控制和治理技术，提高清洁能源比例，严格控制发电行业的大气污染物排放，保护生态环境，提高社会效益。

2）低碳

加快提高非化石能源发电的装机比例和发电量，减少电力行业温室气体排放量，加强气候变化应对能力。

3）安全

构建能源品种多元化的发电体系，从电力自给率、发电装机空间布局、源网储荷智能匹配、柔性电网等多角度，提高电力系统安全保障能力。

4）高效

进一步提高发电系统的能源利用效率和经济效益，降低全社会用电的能源消费总量和成本。

5.1.2.2 粤港澳大湾区电力部门能源转型的方向

在"十四五"和中长期，粤港澳大湾区电力部门应加快煤电机组淘汰，提升火电机组发电效率，大幅降低污染物排放；增加气电和核电比例，提升清洁能源比率；加大光伏、海上风电和生物质能的开发力度，提升可再生能源占比；适度提高外购电比例，保障粤港澳大湾区的用电需求。

5.1.3 粤港澳大湾区电力部门能源转型情景的研究方法

根据粤港澳大湾区人口和经济的分析和预测，参考发达国家的电力发展历程，自上而下分析研判粤港澳大湾区未来的电力需求。然后，调研粤港澳大湾区的产业结构和特点，分析电力需求的主要行业领域。结合各城市能源发展及规划战略，根据主要耗电行业的未来发展规划和特点，自下而上预测电力未来的需求（详见本章工业、交通和建筑能源转型部分）。综合两种方法的中长期电力需求分析，确定粤港澳大湾区不同时间节点的电力需求总量。

针对粤港澳大湾区未来的电力和电量结构，在掌握粤港澳大湾区现有煤电、气电、核电、水电、风电、光伏和生物质发电等各类型电源的装机容量和发电量基础上，结合相关政策文件、各地资源禀赋和燃料供应能力等主观和客观条件，分析各类电源今后可能被淘汰机组和新上机组，研究预测未来各类型电源可能达到的装机容量和发电效率等、以及未来的外购电供应情况；根据粤港澳大湾区的电力需求量、电力部门的发展目标和方向，分析粤港澳大湾区电力部门的基准情景、能源转型情景和深度转型情景。

5.1.4　电力部门未来能源转型情景设置

　　根据粤港澳大湾区整体的能源转型目标和力度，对电力行业分别设置基准情景、能源转型情景和深度转型情景，分别与工业、建筑和交通这三个主要电力消费端的电力需求情景对应。基准情景下，粤港澳大湾区电力供应按各城市现有能源和电力规划发展，在能源转型情景和深度转型情景下，粤港澳大湾区电力供应会瞄准清洁、低碳、安全、高效的转型目标，施加有效的转型举措，并逐渐加大力度。

5.1.4.1　逐步淘汰煤电

　　粤港澳大湾区 2017 年煤电装机容量为 3214 万千瓦，占总装机容量的 52%。现有机组中，老旧机组多，近一半机组运行满 20 年以上，特别是香港的 600 多万千瓦机组，其运行时间近 40 年；大型先进机组少，100 万千瓦机组占比只有约 10%，超临界以上机组占比不到 20%。因此，煤电机组的整体发电效率较低，平均供电标准煤耗约 332 克标准煤 / 千瓦时，低于国内先进水平。根据《常规燃煤发电机组单位产品能源消耗限额》（GB 21258—2017）、《热电联产单位产品能源消耗限额》（GB 35574—2017）和《热电联产（燃气）单位产品能源消耗限额》（DB11/T 1456—2017 ），主要火电机组的单位产品能源消耗限额等级汇集见表 5-1。

　　由表 5-1 可知，未来粤港澳大湾区如果能按照机组规模和服役时间逐渐加大煤电机组淘汰力度，煤电机组的平均发电效率将得到很大提升。

表 5-1　国家火电机组单位产品能源消耗限额等级

供能类型	压力参数	容量级别（兆瓦）	供电煤耗（克标准煤 / 千瓦时）		
			1 级	2 级	3 级
燃煤发电	超超临界	1000	273	279	285
		600	276	283	293
	超临界	600	288		300
		300	290		308
	亚临界	600	303	295	314
		300	310		323
	超高压	200/125	—		352

供能类型	压力参数	容量级别（兆瓦）	供电煤耗（克标准煤/千瓦时）		
			1级	2级	3级
燃煤热电联产	超临界及以上				299
	亚临界		270	280	307
	超高压				316
燃气热电联产	B级		243	243	247
	E级		221.6	221.6	225
	F级		206.85	206.85	210

广东省人民政府印发的《广东省打赢蓝天保卫战实施方案（2018—2020年）》明确指出：珠三角地区禁止新建、扩建燃煤燃油火电机组或者企业燃煤燃油自备电站。香港特别行政区政府发布的《香港气候行动蓝图2030+》中也承诺：香港将继续逐步减少燃煤发电，并使用更多天然气及增加非化石燃料来源。因此，三个情景的煤电设置中将不再新增燃煤发电机组，并依次加大现役煤电机组的淘汰力度。

5.1.4.2　稳步发展气电

2017年粤港澳大湾区的气电装机容量为1831万千瓦。目前各城市都在积极发展气电，根据粤港澳大湾区各城市的未来规划预期和调研访谈，粤港澳大湾区未来10年可能新增的气电装机容量超过3000万千瓦，这主要是因为新增煤电受限，各城市为了发展经济，都希望大力新建气电。但应该注意到以下问题：粤港澳大湾区的土地资源稀缺，用地空间珍贵；现有天然气发电机组负荷低，只发挥了一半的发电能力；天然气价格较高，未来的价格走势不稳定。因此，气电的发展不能过于激进，应充分发挥现有气电的潜力，优先布局煤电机组的淘汰空间，充分释放现有机组的发电能力，合理利用外购电，平抑粤港澳大湾区的整体发电成本，稳步推进气电的发展。在气电的情景设置中，基准情景、能源转型情景到深度转型情景的新增气电装机容量是从激进到趋于平缓。

粤港澳大湾区天然气发电效率将提升。2017年粤港澳大湾区气电的平均供电能耗约为248克标准煤/千瓦时，对照先进气电机组的发电水平（表5-1），还有较大的提升空间。《香港气候行动蓝图2030+》提出：现有的燃煤及燃气机组的热效率分别平均约为37%及45%，而最新的燃气机组的热效率则可达约60%。因此，香港拟建的新燃气机组将更具效益。因此，随着现有机组的负荷提升，新建机组的效率更高，未来天然气发电单耗将下降。

到2035年，气电装机容量将增加约1.5倍，这为天然气的保障提出了挑战。2017年，粤港澳大湾区已建有7个天然气供应点，供应能力达400亿立方米，但目前天然气消费量只有 177 亿立方米，其中发电用气约 100 亿立方米。天然气价格相对较高导致粤港澳大湾区天然气供应能力未充分发挥，影响上游购气量及下游消费量，总消费量不到总供应能力的一半，天然气供应还有充裕的空间。根据现有规划，广东还将新建 10 个天然气接收站或储气站，预计 2035 年，粤港澳大湾区总的供气能力可达 1100 亿立方米，是现有天然气消费量的 6 倍多。据此，情景设置中气电机组的天然气接受能力可以得到保障。

5.1.4.3 彻底淘汰油电

粤港澳大湾区的油电主要来自香港和澳门，主要是作为备用电源使用。随着气电机组增加，油电机组将彻底淘汰，可保留少量空置的煤电机组为备用电源。

5.1.4.4 安全高效发展核电

粤港澳大湾区的核电分布在深圳、惠州和江门。2017 年运行中的核电机组容量为 612 万千瓦，包括的核电机组如下：1994 年运行的深圳大亚湾核电站，拥有两台装机容量为 98.4 万千瓦的压水堆核电机组；深圳岭澳核电站 2003 年运行的一期两台 99 万千瓦机组，以及 2010 年和 2011 年投入运行的二期两台 108.6 万千瓦机组。

2017 年后，粤港澳大湾区还规划了一批新增核电装机，深圳岭澳核电厂三期规划了两台 125 万千瓦机组，预计于 2030 年运行；惠州太平岭核电站规划了三期共 6 台 125 万千瓦机组，一期已开始建设，到 2025 年可投产运行，另外二期预计可在 2030 年和 2035 年前陆续投产运行；江门台山核电站规划的一期两台机组已分别于 2018 年和 2019 年投产运行，后面二期 4 台机组尚在规划中。因此，在基准情景下，核电装机总容量为 1962 万千瓦。在能源转型情景和深度转型情景中，粤港澳大湾区为了实现 100% 清洁电力供应，将进一步推进核电建设，按江门台山核电站二期机组在 2035 年前能够投入运行设置，核电机组总容量超过 2500 万千瓦。

5.1.4.5 大力发展光伏

粤港澳大湾区属于太阳能资源四类地区，全年日照时数为 1400 ～ 2200 小时，每平方米一年接受太阳辐射 4200 ～ 5000 兆焦耳，相当于 140 ～ 170 千克标准煤。粤港澳大湾区的开发密度大、土地资源宝贵，不适应大规模发展地面光伏电站，但屋顶分布式光伏还有很大的潜力。根据《广东省太阳能光伏发电发展规划（2014—2020 年）》，在 2013 年时，珠三角地区可安装分布式光伏发电系统的建筑物屋顶面积约 6000 万平方米，可建设分布式光伏发电装机容量约 600 万千瓦。同时，珠三角每年新增建筑的屋顶面积超过 2100 万平方米，若其中的 10% 可安装光伏发电系统，每年新增建筑屋顶面积可建设光伏发电装机容量为 20 万千瓦以上。因此，粤港澳大湾区可建设分布式光伏发电装机容量至少为 680 万千瓦，但 2017 年粤港澳大湾区的实际光伏装机容量仅为 137 万千瓦，仅占可建设的 20%，还有很大的提升空间。

各城市都在积极筹建光伏发电，但总体力度较小。除了广州有大幅度的新上光伏项目外，其他城市布局的量都较低。根据各城市规划和调研，"9+2"城市光伏发电的规划容量仅为可建设装机容量的 50%。因此，基准情景仍按照目前规划的增长速率发展；能源转型情景设置为每年增长 20 万千瓦屋顶分布式光伏，到 2035 年为 1040 万千瓦；深度转型情景设置为每年增长 22.5 万千瓦屋顶分布式光伏，在 2035 年达到 1150 万千瓦。

5.1.4.6 积极发展生物质发电

粤港澳大湾区城市化率高，农林废弃物较少，且土地利用有限，因此在粤港澳大湾区不适合发展以农林废弃物为主的生物质发电厂。但另一方面，粤港澳大湾区的人口持续增长，生活垃圾的产生量逐年增加，这已成为粤港澳大湾区持续健康发展必须解决的问题。结合《广东省城乡生活垃圾处理"十三五"规划》和城市调研数据，2017 年粤港澳大湾区城市生活垃圾产生量近 8 万吨 / 日，通过焚烧处理量约为 2.88 万吨 / 日，占比约 36%，垃圾焚烧发电的装机容量为 72 万千瓦。

目前粤港澳大湾区的城市生活垃圾人均产生量约为 1.16 千克 /（人·日），按照年均增长率为 2% 进行估算，到 2035 年，城市生活垃圾人均产生量可达 1.62 千克 /（人·日）。到 2035 年，粤港澳大湾区的人口约为 1 亿，生活垃圾量可达 16.5 万吨 / 日。根据现有规划，垃圾焚烧发电的装机容量可达 165 万千瓦，垃圾焚烧处理能力约为 6.6 万吨 / 日，占需要处理垃圾量的 40%，与 2017 年的焚烧处理比例基本相当。能源转型情景和深度转型情景下，垃圾焚烧处理比例分别设置为 60% 和 65%，则发电装机容量分别为 250 万千瓦和 270 万千瓦。

5.1.4.7 因地制宜发展风电

广东风能资源（平均风速、平均风功率密度）较大的地方主要分布在沿海地区和粤东、粤西、粤北海拔较高的山区。2017 年，广东陆上风电装机容量约为 250 万千瓦，珠三角地区为 44 万千瓦，主要位于珠海、江门和肇庆。根据《广东省环境保护规划纲要（2006—2020 年）》（以下简称环保纲要），广东海拔超过 300 米的山区基本都被列入了生态严格控制区，严格控制区内禁止所有与环境保护和生态建设无关的开发活动，今后大规模发展陆上风电的条件不具备。根据《广东省陆上风电发展规划（2016—2030 年）》，珠三角城市中进入风电场划分区域的城市只有划入东部沿海区的惠州、划入内陆区域的肇庆、划入西部沿海区域的广州和佛山，广州和佛山因其沿海区域极其有限，因此未来的粤港澳大湾区陆上风电项目主要来自惠州和肇庆，新增的陆上风电装机容量约 100 万千瓦，年均利用小时数为 1900 小时。

广东海上风电具有资源丰富、发电利用小时数较高、技术先进的特点，是广东可再生能源中具有规模化发展潜力的领域。粤港澳大湾区的海上风电有限，但也在积极开发中，珠海由 2016 年开工建设了广东首个海上风电项目——珠海桂山海上风电场示范项目，装机容量为 12 万千瓦；计划于 2020 年完成桂山二期，装机容量为 20 万千瓦；装机容量为 30 万千瓦的金湾海上风电场也预计于 2022 年建成。另外，惠州规划的装机容量为 100 万千瓦的港口海上风电场预计于 2023 年建成。由此可知，到 2025 年后，粤港澳大湾区海上风电布局已完成，建成总装机容量为 162 万千瓦。

受资源禀赋影响，粤港澳大湾区内水电、陆上风电和海上风电可以开发的装机容量有限，很难再深入开发，其未来设置在三个情景中一致。

5.1.4.8　提高外购绿电量

1）省外购电（"西电东送"）

粤港澳大湾区经济发达，电力需求高，本地电源难以满足供应，在 2017 年约 2300 亿千瓦时外购电中，近四分之三的外购电来自云南、贵州等地区的"西电东送"（简称西电），西电中目前约 1400 亿千瓦时为水电。未来粤港澳大湾区的电力需求总量保持增长趋势，西电购入量也将增长，这也有利于帮扶贫困地区的发展。同时，为了保障粤港澳大湾区电力供应的清洁性，未来将提高水电调入量。

2）粤港澳大湾区外的省内购电

2017 年粤港澳大湾区外购电中，约 26% 来自粤港澳大湾区外的广东（简称省内外购电）的煤电与核电。省内外购电的电源区域与珠三角区域在同一省级管辖范围内且与粤港澳大湾区的地理位置也是紧密相连的，易于调度且输电损耗低，有利于粤港澳大湾区供电的安全和高效，应充分利用粤东、粤西、粤北的发电能力，也实际支持广东经济均衡发展。

（1）粤东、粤西地区核电。

除粤港澳大湾区外，广东的阳江和汕尾也有运行或规划的核电站。阳江核电站由 6 台装机容量为 108 万千瓦的机组组成，到 2019 年已全部投产发电。汕尾的陆丰核电站规划容量为 6 台 125 万千瓦机组，在 2014 年有两台机组开始动工，预计到 2035 年可以实现全部机组投产运行。因此，到 2035 年，粤港澳大湾区外的广东核电容量可达 1398 万千瓦，每年发电 1000 多亿千瓦时，可为粤港澳大湾区提供稳定的电源，提高其安全性和清洁性。

（2）粤东、粤西地区海上风电。

广东拥有 4114 千米海岸线和 41.93 万平方千米辽阔海域，港湾众多，岛屿星罗棋布。特别是在粤东、粤西沿海区域，可开发大量的海上风电项目，这是广东可再生能源中最具规模化发展潜力的领域。广东省政府将大力发展海上风电作为推进能源发展和能源结构调整的重要抓手。

根据《广东省海上风电发展规划（2017—2030 年）（修编）》，在汕尾、汕头和揭阳等粤东地区，近海浅水区域的装机容量为 415 万千瓦，近海深水区域的装机容量为 5000 万千瓦；在阳江和湛江等粤西地区，近海浅水区域的装机容量为 420 万千瓦，近海深水区域的装机容量为 700 万千瓦。到 2035 年，粤东、粤西海上风电的总装机容量可达

6500 万千瓦，估计每年发电约 2000 亿千瓦时，这可成为粤港澳大湾区绿电供应的重要基地。

（3）粤东、粤西地区沿海煤电。

在粤东、粤西沿海，包括潮州、汕头、揭阳、汕尾和阳江等地区，因原料运输及运行成本较低等有利因素，已建成一系列超临界或超超临界大型煤电机组。2017 年，粤东、粤西 60 万千瓦以上大型燃煤机组容量约为 1700 万千瓦；还有大型燃煤机组如陆丰甲湖湾电厂在兴建，预计 2025 年后，粤东、粤西大型燃煤机组容量约为 2000 万千瓦，每年可提供电量超过 800 亿千瓦时。根据这些地区的经济发展水平和发展定位，具备向粤港澳大湾区供电的能力，这将有利于提高粤港澳大湾区的用电负荷安全。

5.1.5 电力部门未来能源转型情景分析

5.1.5.1 电力需求总体趋势

1）"自上而下"的电力需求量预测

电力的消费量是衡量一国经济发展水平的重要标志。发达国家的发展历史（图 5-4）表明，在人均 GDP 达到 3 万美元前（2010 年不变价），随着经济的发展，人均电力消

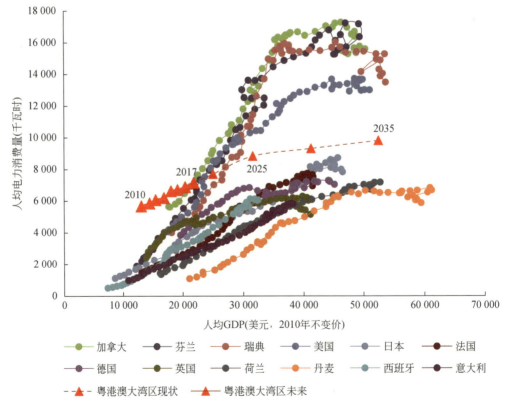

图 5-4 主要发达国家人均 GDP 和人均电力消费量的关系

数据来源：国际能源机构 - 世界发展指标统计（截至 2019 年 7 月）

费量呈持续增长的态势，并呈明显的线性关系；人均 GDP 达到 3 万美元以后，人均电力消费量开始趋近饱和，并逐渐形成两类电力消费模式：第一类为高耗电模式，以加拿大、芬兰、瑞典和美国等为代表，人均电力消费量为 1.2 万～ 1.8 万千瓦时；第二类为节电型模式，以日本、法国、德国、英国、荷兰和丹麦等国家为代表，人均电力消费量集中分布于 6000 ～ 8000 千瓦时。

2010 ～ 2017 年，粤港澳大湾区的人均 GDP 从 1.3 万美元增加到 2.2 万美元；人均电力消费量从 5600 千瓦时增加到 7100 千瓦时。2017 ～ 2035 年，粤港澳大湾区经济和人口总量将保持持续增长。经济总量和增速均处于全国领先水平；经济发展趋于实体化，高端制造业对经济增长贡献率大幅提升，农业保持稳定发展；人口持续增长，向产业重镇集聚；城镇化率相对 2017 年有小幅提升。根据本书社会经济课题组研究，到 2035 年，预计粤港澳大湾区人口总量达到 1 亿，粤港澳大湾区经济总量规模达到 36 万亿元，其中，人均 GDP 在 2025 年左右达到 3 万美元。对比发达国家的历史趋势和粤港澳大湾区近 8 年的发展趋势，可认为在 2025 年之前人均电力消费量将持续增长，达到人均 9000 千瓦时左右之后，人均电力消费量的增速将减缓，但单位电力消费的附加值将增加，人均 GDP 保持增加。

基于人口基数大，能源资源有限，粤港澳大湾区不可能走美国和加拿大等国的高耗电模式，这也与全球的低碳发展趋势相违背，因此，借鉴德国等节电型模式发达国家的历史趋势，估计粤港澳大湾区在 2025 年后的人均电力消费量平均增速为 1%，则到 2035 年湾区电力需求总量约为 1 万亿千瓦时。

2）"自下而上"的电力需求

粤港澳大湾区的电力需求主要来自工业、建筑和交通等领域。根据本书工业、交通和建筑部门的能源转型情景研究，2017 ～ 2035 年，粤港澳大湾区的电气化水平将逐步提高。在工业领域中，传统产业将采用电锅炉方式部分取代分散型燃煤锅炉，新兴产业工业机器人、数控机床、3D 打印等先进生产技术工艺将被应用；建筑领域中，随着粤港澳大湾区人口持续增加，所需建筑面积将逐年增加，智能家居将普及推广，人们追求更高的生活质量和品质；交通领域中，对运输的需求进一步增长，电动汽车将广泛应用。以上发展趋势将促进全社会电气化水平的持续上升。同时，粤港澳大湾区的人口和经济规模也将持续增长，这必然导致粤港澳大湾区的用电需求逐步增大。因此三个情景的总体电力需求都是上升的。

基准情景的电力需求为现有政策和趋势的延续，依据目前粤港澳大湾区的经济发展趋势，相对"十二五"的年均增长率（4.5%），"十三五"的年均增长率将显著增加，达到 7.7%，"十四五"阶段回落到"十二五"的历史水平，2025 年后，增速逐渐放缓，预计到 2035 年，粤港澳大湾区的电力需求超过 1 万亿千瓦时。

能源转型情景下，工业领域将加快淘汰传统高耗能落后产能，促进转型升级，推进新兴产业的发展，提高整个行业的效率和附加值；交通领域通过技术进步和管理水平提升，提高交通工具的能源效率；建筑领域将大力推广建筑节能技术，可再生能源建筑一体化建筑(零能耗建筑)在新增建筑占比和单位面积能耗在基准情景的基础上进一步下降。因此，能源转型情景的总体电力需求趋势与基准情景类似，但每个阶段的年均增长率要低于基准情景，预计到 2025 年，粤港澳大湾区的电力需求为 7800 亿千瓦时；到 2035 年，粤港澳大湾区的电力需求达到 9900 亿千瓦时，与"自上而下"的电力预测结果基本一致。

深度转型情景下，由于工业、交通和建筑领域将采用更为有力的结构调整、节能和能源替代举措，因此，电力需求总量的年均增长率变化更为缓和，预计到 2035 年，粤港澳大湾区的电力需求为 9300 亿千瓦时。

5.1.5.2 电力装机结构

粤港澳大湾区内自身的发电机组，是大湾区供电的基础，是其用电安全性的基本保障。发电装机机构的优化，是粤港澳大湾区电力能源转型的根本。三个情景下粤港澳大湾区电力装机结构如图 5-5 所示。

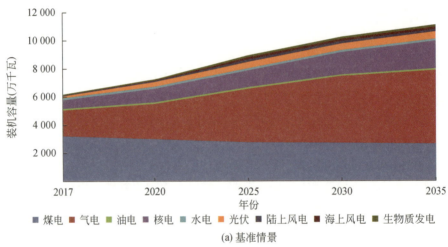

(a) 基准情景

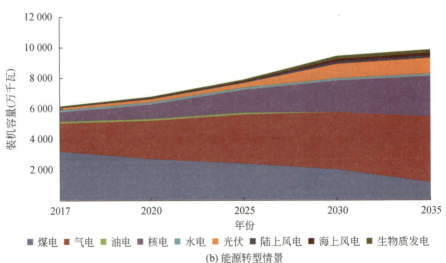

(b) 能源转型情景

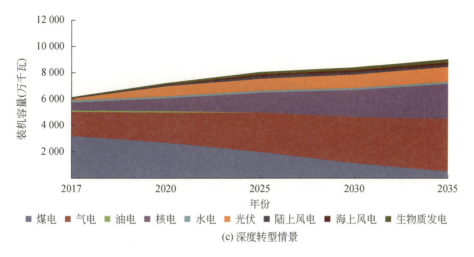

(c) 深度转型情景

图 5-5　粤港澳大湾区电力部门装机容量的情景模拟（2017 ~ 2035 年）

基准情景下，至 2035 年，粤港澳大湾区总装机容量为 11 000 万千瓦。煤电机组的装机容量下降幅度不大，但其占比从 52% 逐步降为 24%；气电的装机容量和占比都大幅度增长，成为占比最高的发电类型；核电装机容量稳步增加，到 2035 年约占 18%，接近煤电装机容量；可再生能源装机容量有所增加，但增幅有限。

能源转型情景下，粤港澳大湾区到 2035 年的总装机容量为 9800 万千瓦。煤电装机容量下降到 1150 万千瓦，占比下降到 12%；气电装机容量占比 44%，成为粤港澳大湾区主力机组；核电装机容量显著提高，占比 27%，成为粤港澳大湾区内基础负荷的支撑机组；光伏发电在可再生能源发电机组中增长最快，装机容量占比 11%，与煤电机组相当。

深度转型情景下，粤港澳大湾区的用电需求进一步收窄，在 2035 年的总装机容量约为 9000 万千瓦。煤电机组装机容量大幅度减少到 520 万千瓦，占比不足 6%；其他发电机组类型装机容量基本与能源转型情景一致。

5.1.5.3　供电量结构

粤港澳大湾区供电量结构，反映了电力机组的运行情景和外部电力的调入配合。湾区内火电机组的运行，主要受化石燃料供应和环境约束的影响；可再生能源的运行，受制于本地的自然条件禀赋；核电相对来说，可以保持稳定的高利用小时数的输出。粤港澳大湾区供电量的一大特点是近一半的电量来自大湾区外，这部分电量称为外购电。三个情景的供电量模拟结果如图 5-6 所示。

电源的装机容量结构基本决定了供电量结构，三个情景中各发电类型的供电量变化趋势总体与装机结构的变化趋势类似。除生物质发电以外，可再生能源的年利用小时数总体要低于核电和化石燃料发电，所以可再生能源供电的占比较低，在基准情景和能源转型情景中占比也只有 3.4% 和 4%。在深度转型情景中，到 2035 年，保留的超临界以

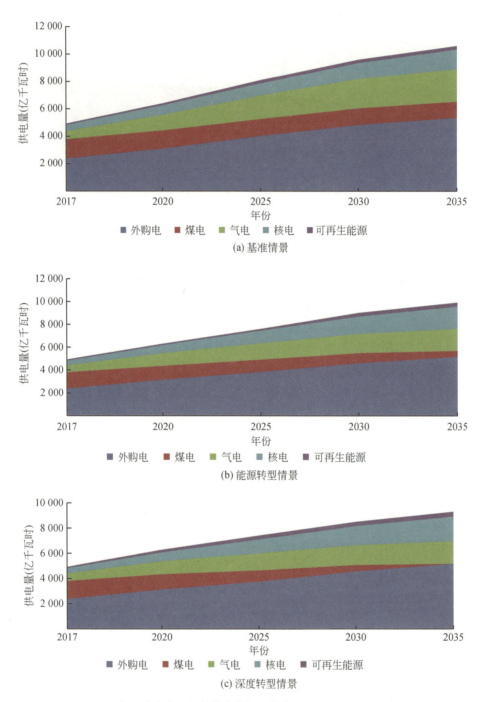

图 5-6 粤港澳大湾区中长期电力部门供电量（2017～2035 年）

上煤电机组作为备用机组，正常情况下不发电，可实现粤港澳大湾区零煤电。

　　因用电需求的增速要快于电源机组的建设速度，三个情景中外购电比例都是逐年缓慢上升。到 2035 年，基准情景、能源转型情景和深度转型情景的外购电占比分别为 50%、52% 和 55%。

5.1.5.4　外购电结构

粤港澳大湾区经济高速发展、人口密度大、工业发达、电力需求高，同时受可用地的制约和可再生能源资源的限制，粤港澳大湾区的电力有近一半需要大湾区外供应。2017 年，粤港澳大湾区的外购电约 2300 亿千瓦时，占总电力需求的 48%；外购电中，约四分之一为省内外购电（主要为煤电与核电），四分之三来自云南、贵州等地区的"西电东送"。2017 年省内外购电中 90% 是煤电，清洁能源占比还不到 10%，但未来规划在粤东、粤西沿海新建 6000 万千瓦海上风电和新增 1000 万千瓦以上核电，有提高外购电清洁能源占比的潜力。

三个情景中外购电的配置遵循如下三个原则：①为了帮扶西部贫困地区发展，保持西电购入数量逐年提高；②为了保障粤港澳大湾区用电安全性，保持省内外购电占比逐年提高；③为了保持粤港澳大湾区用电清洁性，清洁电力占比逐年提高。在能源转型情景下，到 2035 年，粤港澳大湾区的西电购入数量相比 2017 年增加了约 80%，其中绿电占比从 61% 上升到 83%。省内外购电占比从 26% 增加到 39%，绿电占比增加到 74%。

因工业能效的提高，从基准情景、能源转型情景到深度转型情景的电力需求依次下降，从而三种情景的外购电总量依次下降。但相对 2017 年的西电购入量，外购电总量不断加大。与基准情景相比，能源转型情景减少省内外购煤电的量，增加省内外购电中的核电和海上风电占比，从而提高外购电的清洁低碳性；深度转型情景下，在能源转型情景的基础上进一步减少省内外购煤电量。三个情景下，到 2035 年的省内外购电占比都保持在40% 左右。

5.1.5.5　粤港澳大湾区电力部门能源转型潜力分析

对粤港澳大湾区化石能源电力按照能源类型折标准煤，非化石能源电力按照 1.229 吨标准煤/万千瓦时进行折算，在扣除电力消费端的能耗量后，可得到粤港澳大湾区电力自身的综合能源消费量（图 5-7）和单位供电标准煤耗（图 5-8）。基准年（2017年）粤港澳大湾区的电力能源消费量为 5760 万吨标准煤，单位供电煤耗为 2.4 吨标准煤/万千瓦时。到 2030 年，因经济发展和人口增长等因素，电力总体需求保持上升，因此，基准情景的电力综合能源消费保持持续上升，到 2035 年达到 7357 万吨标准煤，因煤电装机容量有所减少，供电标准煤耗到 2030 年下降到 1.92 吨标准煤/万千瓦时，相对2017 年下降了 20%。

在能源转型情景中，虽然电力需求保持上升，但因电力结构向清洁和高效方向转变，电力综合能源消费量持续下降，到 2030 年降为 4766 万吨标准煤，相对基准年下降了 17%。能源转型情景下的供电标准煤耗也显著下降，到 2030 年下降为 1.71 吨标准煤/万千瓦时，相对 2017 年下降了 29%，比同期的基准情景下降了 11%。

深度转型情景下，电力综合能源消费量和供电标准煤耗的下降幅度在能源转型情景的基础上进一步强化。到 2030 年，电力综合能源消费量和供电标准煤耗分别降为 3318 万吨标准煤和 1.59 吨标准煤 / 万千瓦时，相对 2017 年分别下降了 42% 和 34%。

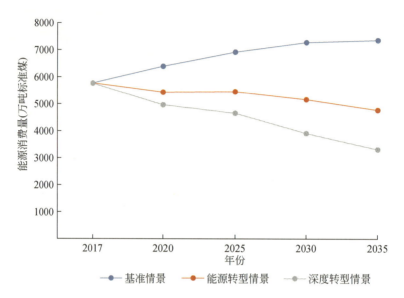

图 5-7　粤港澳大湾区电力的综合能源消费量（2017 ～ 2035 年）

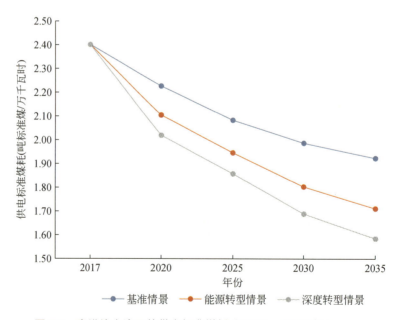

图 5-8　粤港澳大湾区的供电标准煤耗（2017 ～ 2035 年）

5.1.5.6　主要结论

（1）对照世界发达国家历史趋势，依据粤港澳大湾区社会经济与人口发展趋势，结合区内工业、建筑和交通等领域的电力需求，通过情景分析得出，在能源转型情景下，到 2035 年粤港澳大湾区全社会电力需求量会达到 9900 亿千瓦时，人均用电量为 9800 千瓦时。

（2）粤港澳大湾区的电力供应结构在能源转型情景下发生明显的变化，到 2035 年主要由外购电、核电和气电满足，煤电大幅度下降，可再生能源占比仍然偏低。粤港澳大湾区外购电比例适当增加，其中西电的购入数量和外购电清洁能源占比有大幅度提升。

（3）粤港澳大湾区的电力装机结构中，气电、核电装机快速增长。粤港澳大湾区不再新增燃煤机组，超过服役期的煤电机组逐步关停，剩余煤电机组从提供基荷电力向提供调峰和储备电源等辅助服务转变。燃气发电替代燃煤发电成为粤港澳大湾区的主导电源，其气源保障供应成为发电能源安全的关键，根据粤港澳大湾区中长期规划的天然气接受能力，2035 年粤港澳大湾区用于发电的天然气需求量约占可供应量的 30%，气源可以得到保证。

（4）在粤港澳大湾区中长期可再生能源发展中，潜力最大的为光伏发电，到 2035 年光伏装机容量可超过 1000 万千瓦，占比约 11%。可再生能源装机中水电资源基本完成开发，陆上风电、海上风电和生物质发电受生态环境等自然条件限制，增量有限，到 2035 年，粤港澳大湾区可再生能源的装机容量比例可接近 20%。

（5）在广东省粤东、粤西沿海地区的大型煤电、海上风电和核电，可作为粤港澳大湾区的省内外购电，保障粤港澳大湾区供电稳定和结构清洁化。能源转型情景下，省内外购电占比从 26% 增加到 39%，提高了粤港澳大湾区的供电安全性。

（6）粤港澳大湾区的供电能耗显著下降，能源转型情景下，从 2017 年的 2.4 吨标准煤 / 万千瓦时下降到 2035 年的 1.71 吨标准煤 / 万千瓦时，主要得益于供电结构的清洁能源占比和化石能源效率的提高。能源转型情景下，粤港澳大湾区内机组火电的发电效率在 2035 年提升到国内同类机组最先进水平。

5.1.6　电力部门能源转型重要路径

粤港澳大湾区的电力部门能源转型是以清洁、低碳、安全、高效为发展目标，从粤港澳大湾区内装机结构、发电量比例、省内外购电、"西电东送"外购电等方面，全方位推进粤港澳大湾区电力供应的转型变革。

5.1.6.1　能源转型情景

1）第一阶段（2017 ～ 2025 年）

淘汰落后煤电，在 2017 年基础上淘汰 810 万千瓦机组。增加气电、核电、可再生能源发电装机容量，煤电、气电、核电、可再生能源发电的装机容量比例分别为 29%、38%、18%、14%。外购电比例从 48% 增加到 50%；提高省内外购电的比例，省内外购电占比从 26% 提高到 28%，增强大湾区供电安全。增加清洁外购电力，外购电清洁能源占比上升到 77%。粤港澳大湾区内火电机组效率向国内先进水平靠拢，清洁电源占比提高，湾区平均供电煤耗为 193 克标准煤 / 千瓦时。

2）第二阶段（2026 ～ 2030 年）

继续淘汰落后煤电，新增淘汰煤电 400 万千瓦。煤电、气电、核电、可再生能源发电的装机容量比例分别为 21%、40%、22%、17%。外购电比例增加到 51%，其中省内外购电的占比提高到 34%，外购电中清洁能源占比上升到 80%。粤港澳大湾区内火电机组效率进一步国家先进水平靠拢，粤港澳大湾区平均供电煤耗为 180 克标准煤 / 千瓦时。

3）第三阶段（2031 ～ 2035 年）

持续淘汰落后煤电，新增淘汰煤电 850 万千瓦，煤电、气电、核电、可再生能源发电的装机容量比例分别为 12%、44%、27%、17%。外购电占比增加到 52%，外购西电总量增加到 3120 亿千瓦时，省内外购电占比提高到 39%。粤港澳大湾区内火电机组效率基本达到国家先进水平，粤港澳大湾区平均供电煤耗为 171 克标准煤 / 千瓦时。粤港澳大湾区内总供电清洁能源占比 89%，若把超超临界外购煤电机组视为清洁化能源，粤港澳大湾区的电力供应可以基本实现 100% 清洁能源。

5.1.6.2　深度转型情景

1）第一阶段（2017 ～ 2025 年）

加速煤电淘汰，在 2017 年基础上淘汰 1212 万千瓦机组。稳步提高气电与核电装机容量，大力提高光伏和生物质发电装机容量，煤电、气电、核电、可再生能源发电的装机容量比例分别为 25%、37%、19%、19%。外购电比例从 48% 增加到 50%，其中清洁能源占比上升到 81%。粤港澳大湾区内火电机组效率向国家先进水平靠拢，清洁电源占比提高，湾区平均供电煤耗为 186 克标准煤 / 千瓦时。

2）第二阶段（2026 ～ 2030 年）

继续加速煤电淘汰，新增淘汰煤电 850 万千瓦。煤电、气电、核电、可再生能源发电的装机容量比例分别为 14%、42%、25%、20%。外购电比例增加到 53%。粤港澳大湾区内火电机组效率基本达到国家先进水平，粤港澳大湾区平均供电煤耗为 169 克标准煤 / 千瓦时。

3）第三阶段（2031 ～ 2035 年）

只保留超超临界煤电机组，且作为备用机组，实现大湾区内无煤电。煤电、气电、核电、可再生能源发电的装机容量比例分别为 6%、44%、29%、21%。外购电比例增加到 55%，其中西电输入数量增加到 3259 亿千瓦时，省内外购电占比提高到 37%。粤港澳大湾区内火电机组效率达到国家先进水平，粤港澳大湾区总供电煤耗为 159 克标准煤 / 千瓦时。粤港澳大湾区内总供电 100% 为清洁能源。

5.1.7　电力部门能源转型的政策建议

粤港澳大湾区电力部门的能源转型立足于推动电力部门实现清洁、低碳、安全和高效的发展目标。

1）清洁电力

打造高效清洁的燃煤发电资源，推动燃煤发电从提供基荷电力向提供调峰和辅助服务转变。提高天然气发电装机容量和利用小时数，推进天然气发电成为粤港澳大湾区的主力电源。因粤港澳大湾区内土地供应的限制，新建燃气电厂可因地制宜发展园区分布式能源冷热电三联供项目。目前，天然气发电上网电价与发电成本倒挂，应出台相应的气电联动或两部制电价的燃气发电及燃气热电联产的补贴政策；开放天然气接收站设施，鼓励上游竞争，降低海外购气成本。

2）低碳电力

安全高效开发核电资源，使核电成为提供电力基础负荷的重要力量，也是粤港澳大湾区主要的零碳电力。大力开发太阳能发电，推动太阳能发电成为中长期可再生能源发展的主力军。粤港澳大湾区现有大量闲置的屋顶空间，在未来也将继续增加，可开发大量的分布式光伏，应充分调动全产业链和利益相关方的积极性，从技术、资金和运营模式等方面利用好光伏发电资源。因地制宜规范推广生物质发电，尤其是垃圾发电和废弃物发电。对外购电设置清洁化门槛，只新增西电中水电的输入，减少大湾区外省内煤电的输入，增加粤港澳大湾区外海上风电和核电的输入，为粤港澳大湾区提供更高比例的绿电。

3）电力安全

增加天然气接受站，优化天然气管网，保证天然气供应。

在保持经济增长的基础上，控制外购电比例的上涨。

鼓励粤东、粤西大型煤电、海上风电和核电的建设，为粤港澳大湾区的电力供应提供保障。

建设抽水蓄能、开发氢能等新兴储能。可降低用电负荷，减少新建机组，保障供电安全。

4）高效发电

保持火电节能减碳措施的推进力度，推动火电机组提高发电效率，对标国际先进水平。研发先进光伏发电系统，提高光伏转化效率。

5.2　粤港澳大湾区工业领域能源转型情景研究

工业是国民经济的主导，是我国的立国之本。粤港澳大湾区地处我国沿海开放前沿，工业高速发展，但由于发展方式和能源利用方式的相对粗放，粤港澳大湾区工业领域能源消费目前仍呈高消耗、高排放等特点，2012～2017 年，工业领域增加值约增长40%，能源消费量约增长 28%，约占粤港澳大湾区能源消费总量的 33%。《粤港澳大湾区发展规划纲要》明确指出，要创新绿色低碳发展模式，着力培育发展新产业、新业态、新模式，工业领域作为能源消耗大户，能源转型一马当先。

5.2.1 粤港澳大湾区工业领域现状

5.2.1.1 粤港澳大湾区工业产业发展现状

粤港澳大湾区的产业结构以先进制造业和现代服务业为主,港澳地区现代服务业占主导,珠三角9市产业体系比较完备,以制造业为主的第二产业基础雄厚,有"世界工厂"的称号,且正在向新兴制造业提速升级,传统制造业转型升级方向发展,为粤港澳大湾区未来经济可持续发展和能源转型奠定了良好基础。

粤港澳大湾区是中国重要的工业基地、世界级的综合性工业制造中心,多年的发展已形成了门类齐全、轻工业较为发达、重工业有一定基础、综合配套能力、科研技术能力和产品开发能力较强的外向型现代工业体系。我国40个工业部门大类中,粤港澳大湾区就拥有35个。2017年粤港澳大湾区GDP总量超过10万亿元,占全国GDP总量的12.1%,其中工业部门贡献了超过3.2万亿元GDP。

为了便于更好地梳理分析粤港澳大湾区工业部门产业现状,本书根据行业特点及粤港澳大湾区内目前行业特点,将统计年鉴中粤港澳大湾区35个工业部门分类合并为12个大行业类别,如表5-2所示。纺织业、造纸印刷业、石油化工业、建材行业、钢铁有色行业及其他工业统称为传统产业,生物医药业、金属制品及设备制造业、交通运输设备制造业、电气机械及器材制造业、信息技术产业因为是今后新技术、新业态、新增长点密集的行业,故统称为新兴产业。这里所有工业部门分析均不包括电力、热力供应业。

表 5-2　工业部门分类说明

序号	统计年鉴工业部门分类	编号	本模型工业部门分类
1	采矿业		
2	农副食品制造业		
3	食品制造业	11	其他工业
4	酒、饮料和精制茶制造业		
5	烟草制造业		
6	纺织业		
7	纺织服装、服饰业	1	纺织业
8	皮革、毛皮、羽毛(绒)及其制品业		
9	木材加工及木、竹、藤、棕、草制品业	11	其他工业
10	家具制造业		

序号	统计年鉴工业部门分类	编号	本模型工业部门分类
11	造纸及纸制品业	2	造纸印刷业
12	印刷业和记录媒介的复制		
13	文教、工美、体育和娱乐用品制造业		
14	石油加工、炼焦及核燃料加工业	3	石油化工业
15	化学原料及化学制品		
16	医药制造业	6	生物医药业
17	化学纤维	3	石油化工业
18	橡胶和塑料制品业		
19	非金属加工制品业	4	建材行业
20	黑色金属冶炼及压延加工业	5	钢铁有色行业
21	有色金属冶炼加工业		
22	金属制品业	7	金属制品及设备制造业
23	通用设备制造业		
24	专用设备制造业		
25	汽车制造业	8	交通运输设备制造业
26	铁路、船舶、航空航天和其他运输设备制造业		
27	电气机械及器材制造业	9	电气机械及器材制造业
28	通信设备、计算机及其他电子设备制造业	10	信息技术产业
29	仪器仪表制造业		
30	其他制造业	11	其他工业
31	金属制品、机械和设备修理业		
32	废弃资源综合利用业		
33	电力、热力的生产和供应业	12	电力、热力生产供应业
34	燃气生产和供应业		
35	水的生产和供应业		

1）粤港澳大湾区各城市产业发展阶段差异性大

粤港澳大湾区城市群工业部门发展阶段差异性大，整体发展依据工业增加值规模呈现四个层级：①深圳已由传统工业向先进制造业转变，2018年工业部门工业增加值达到9000亿元左右。②广州、佛山、东莞先进制造业发展快速，2018年工业增加值在4000亿～5000亿元。③惠州、中山、珠海、江门、肇庆仍处在工业经济阶段，工业增加值是GDP贡献的主力，2018年工业增加值在2000亿元以下。④香港、澳门的经济以第三产业为主，工业较少，2017年香港工业部门制造业增加值为269亿港币，澳门为21.6亿澳门元。

2012～1017年粤港澳大湾区珠三角9市工业增加值持续增加（图5-9）。2017年工业增加值总量较2012年增长40%，年均增长率为5.5%，其中深圳（7.3%）、东莞（18.5%）、江门（12.9%）、珠海（12%）、惠州（10.1%）的年均增速高于平均增速。2012～2017年粤港澳大湾区珠三角9市工业增加值绝对增长量达到5753亿元，其中主要增长量来自深圳和东莞。

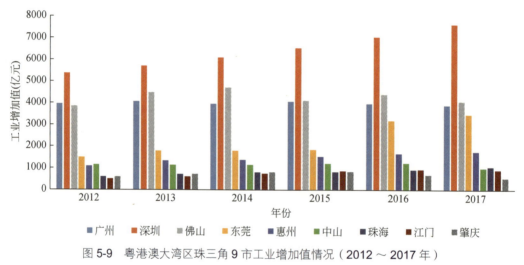

图5-9　粤港澳大湾区珠三角9市工业增加值情况（2012～2017年）

数据来源：根据珠三角9市2013～2018年统计年鉴数据计算得到

从行业分类来看，新兴产业发展快速，工业增加值占比持续增长（图5-10），2012～2017年工业增加值年均增长率达到9%，其中信息技术产业、金属制品、通用、专用设备制造业、生物医药业增长速率均超过9%。产业结构向新兴产业发展，新兴产业工业增加值占比由2012年的60%增加到2017年的66%。传统产业工业增加值2012～2017年年均增长率基本保持在3.4%左右的水平。

2）粤港澳大湾区各城市产业结构发展不平衡

从各城市工业发展来看，各城市支柱产业各有不同，广州、深圳等中心城市以信息技术等高技术、高附加值产业为支柱产业，江门、肇庆等节点城市工业产业仍以高能耗低附加值的传统产业为主，产业结构过于传统，高耗能低附加值产业转型升级速度慢。

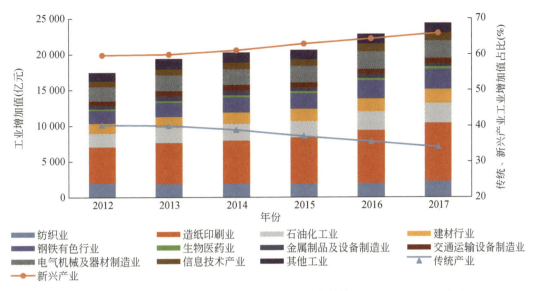

图 5-10　粤港澳大湾区珠三角 9 市分行业工业增加值情况（2012 ～ 2017 年）

数据来源：根据珠三角 9 市 2013 ～ 2018 年统计年鉴数据计算得到

广州：汽车制造业、电子产品制造业和石油化工制造业三大支柱产业工业增加值占广州全市工业增加值总量的 58.7%。以医药制造业、航空航天器制造业、电子及通信设备制造业、医疗设备及仪器仪表制造业为代表的高技术制造业发展快速，电子信息制造业、医药制造业投资规模持续扩大，富士康显示器全生态产业园、广汽新能源汽车产业园、通用电气生物科技园、奥芯芯片等重大产业项目已动工建设。同时，辅助优势产业的相关工业服务业固定投资也在增长。

深圳：新兴产业发展优势明显，新兴产业工业增加值占工业增加值总量的 80% 以上，工业以先进制造业为主，先进制造业占工业比例超过 70%。信息技术产业、设备制造业、生物医药业工业增加值占工业增加值总量的 75% 以上，制药、医疗器械、生物技术、新材料等新兴行业发展迅猛，已实现由传统产业向先进制造业的转变。

东莞：东莞作为著名的世界工厂，制造业产业体系齐全，科技成果转化基础扎实。工业产业在保持电器、造纸、纺织、服装、化工等传统优势产业稳定发展外，电子信息产业、电气机械及设备制造业都是东莞优势产业，发展迅猛，2017 年信息技术产业工业增加值较 2012 年增长了近 150%。

佛山：以制造业为主导，家用电器、建材、金属制品、纺织服装、食品饮料、家具等优势传统产业为支柱产业。在传统优势产业产能过剩的情况下，新兴产业逐渐发展，高技术制造业、先进制造业保持快速增长势头，高端电子信息、半导体照明（LED）、节能环保、新能源汽车、医药等战略性新兴产业迅速发展。

惠州：第二产业增加值占 GDP 比例达 55%，处于主导地位，其中重工业增加值占工业增加值比例超过 78%，电子信息产业和石化产业是最为突出的两大支柱性产业。作为重要的石化基地，石化产业持续增长；水泥等传统产业仍是重要产业。

中山：支柱性产业以金属制品业、食品饮料业、家用电力器具制造业、家具制造业、建筑材料业、纺织服装业等传统优势产业为主，传统产业工业增加值约占工业增加值总量的44%。医药制造业、电子及通信设备制造业、计算机及办公设备制造业、医疗设备及仪器仪表制造业等高技术支柱性产业快速发展，但产业规模还属于培育阶段。

珠海：电子信息产业为支柱性产业之一，工业增加值占比超过20%。医药业快速发展，2012～2017年工业增加值年均增速达到8%，成为新的支柱性产业，形成以药品制造业为主体，医疗器械为支撑，保健品和化妆品为特色的生物医药产业体系。新兴产业工业增加值占比达到67%，但产业规模仍然较小。

江门、肇庆：江门、肇庆第一产业增加值占GDP的比例分别为7.2%、14.8%，第二产业增加值占GDP的比例分别为48.1%、46.9%，工业产业基础相对薄弱，产业发展以传统产业为主，其经济支柱仍来自水泥、陶瓷、纺织、造纸等高耗能低附加值产业；新兴产业工业增加值占比较低，分别为44%、38%。江门在交通运输设备制造业有较好的发展，形成了一定规模的轨道交通、重型卡车、商用车产业集群。

3）粤港澳大湾区各城市产业发展规划呈同质化发展

从粤港澳大湾区珠三角9市的目前产业发展规划来看（规划期基本为"十三五"、"十四五"期间内），各地市规划重点发展的工业部门都在生物医药、先进制造业、信息产业、新能源、新材料等高附加值产业（表5-3），产业规划结构趋同，定位模糊，削弱了地市间相互合作、功能互补的基础条件和可能性，制约了粤港澳大湾区整体水平和发展潜力。

表5-3　粤港澳大湾区各城市规划的重点发展工业部门

城市	规划重点发展的工业部门
广州	信息技术产业、高端装备制造业、生物医药业、新材料产业、新能源产业
深圳	生物医药业、新能源产业、新材料产业
佛山	交通装备制造业、新能源产业、生物医药业、高端装备制造业、新材料产业
东莞	高端装备制造业、生物医药业、新能源汽车制造业、节能环保装备制造业、新材料产业
惠州	生物医药业
中山	高端装备制造业、生物医药业
珠海	交通装备制造业
江门	交通装备制造业、新能源产业、高端装备制造业
肇庆	先进装备制造产业、电子信息、生物医药业
香港、澳门	试点再工业化，工业4.1

5.2.1.2　传统高耗能产业在能源消费中呈现基数大、比例高等特点

1）传统高耗能产业在能源消费中呈现基数大、比例高等特点

传统高耗能产业长期以来是能源消费的最主要部门。2012～2017 年粤港澳大湾区工业部门能源消费总量年均增长率为 2.4%，其中，传统产业能源消费量年均增长率为 2.3%，略低于能源消费总量增长速率，新兴产业能源消费量年均增长率为 2.7%，粤港澳大湾区工业部门能源消费总量变化趋势主要由传统产业能源消费量变化趋势决定。

2017 年传统行业工业增加值占工业部门增加值总量的 34% 左右，但其能源消费量占工业部门能源消费总量的 80% 左右，其中纺织业、造纸印刷业、石化业、建材业能源消费占比分别为 9%、19%、24%、17%，其工业增加值贡献仅分别为 5%、5%、10%、3%。2017 年新兴行业工业增加值占工业部门增加值总量的 66% 左右，其能源消费占比仅 20% 左右（图 5-11）。

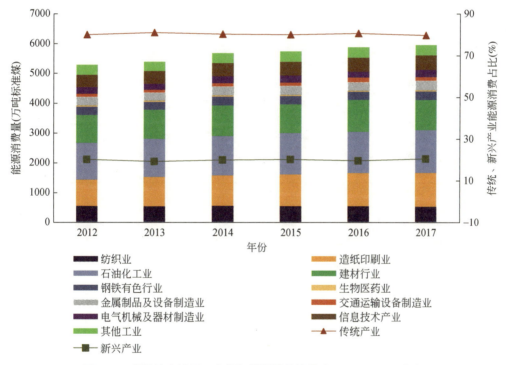

图 5-11　粤港澳大湾区工业部门能源消费情况（2012～2017 年）

数据来源：根据珠三角 9 市 2013～2018 年统计年鉴数据计算得到

图 5-12 为 2012～2017 年粤港澳大湾区工业部门单位工业增加值能耗情况。2012～2017 年粤港澳大湾区工业部门单位工业增加值能耗年均下降率为 4.2%。新兴产业单位工业增加值能耗实现 5.8% 的年均下降率，单位工业增加值能耗不到 0.1 吨标准煤 / 万元。传统产业单位工业增加值能耗年均下降率仅为 1%，单位工业增加值能耗近 0.6 吨标准煤 / 万元。

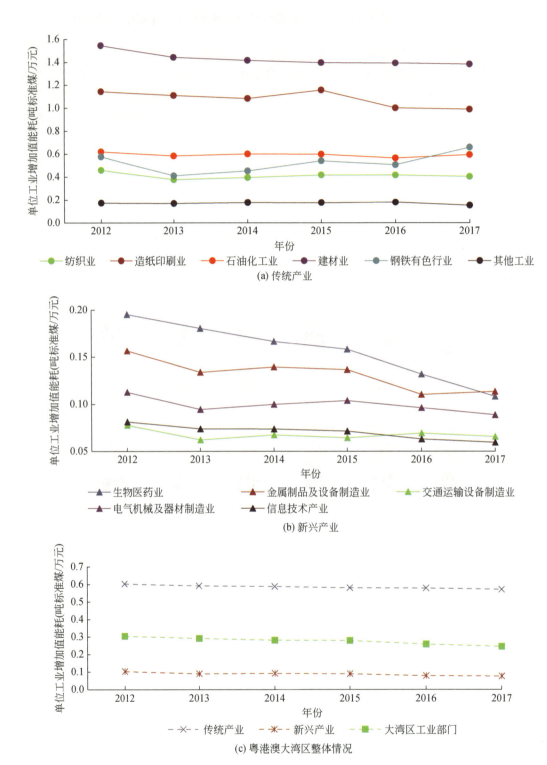

(a) 传统产业

(b) 新兴产业

(c) 粤港澳大湾区整体情况

图 5-12 粤港澳大湾区工业部门单位工业增加值能耗情况（2012～2017 年）

数据来源：根据珠三角 9 市 2013～2018 年统计年鉴数据计算得到

随着能源消费总量控制力度的增加，纺织、建材、造纸等传统产业单位工业增加值能耗均有 2% 左右的年均下降率，但其单位工业增加值能耗仍然在高位，建材业、造纸印刷业单位工业增加值分别约为 1.4 吨标准煤 / 万元、1.0 吨标准煤 / 万元，是工业部门能源转型的重点。

虽然新兴产业单位工业增加值能耗很低，但下降幅度明显大于传统产业，例如，生物医药业单位工业增加值能耗下降幅度达到 11.1%。由此可以看出，粤港澳大湾区工业部门的能源转型，加速高耗能低附加值的传统产业的转型升级，加快高附加值低耗能的新兴产业的培育壮大是发展重点。

2）传统高耗能产业能源消费结构中煤炭、油品等高碳能源比例大

2017 年粤港澳大湾区工业部门能源消费结构中煤、油、气、电的比例由 2012 年的 36：13：8：43 调整为 31：13：8：48，煤炭消费比例有所下降，但煤炭、油品消费占比仍达到 44%。传统产业煤炭、油品消费占能源消费量的 52%，而新兴产业能源消费以电力为主，占比达到 72%（图 5-13）。

2017 年，粤港澳大湾区工业用煤占煤炭消费总量的 32%，其中，96% 的消费量来自纺织业、造纸印刷业、石油化工业、建材行业等传统产业。传统产业"减煤化""电气化"是粤港澳大湾区工业部门煤炭控制的重点。油品消费主要集中在石油化工业，占比达到 53%。

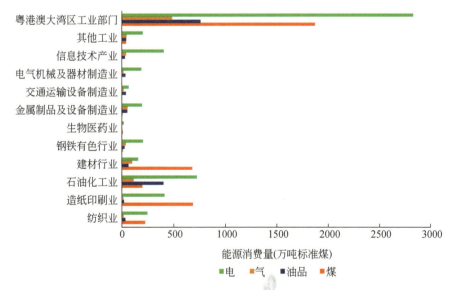

图 5-13　2017 年粤港澳大湾区工业部门分行业能源消费结构

数据来源：根据珠三角 9 市 2018 年统计年鉴数据计算得到

从各行业分品种能源消费结构看，纺织业、造纸印刷业、建材行业等传统产业的煤炭消费量占本行业能源消费总量的 40% 以上，特别是建材行业，煤炭消费占比达到 68%（图 5-14）。

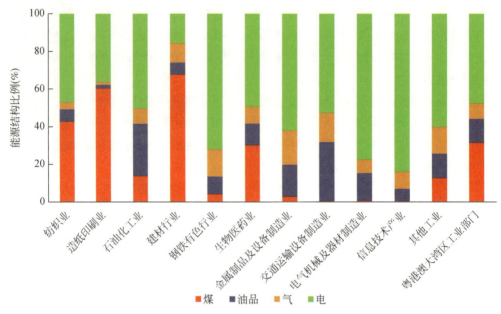

图 5-14　2017 年粤港澳大湾区工业部门分行业能源消费结构

数据来源：根据珠三角 9 市 2018 年统计年鉴数据计算得到

　　未来在清洁能源竞争力提高、工业产业升级的背景下，能源结构向清洁化、低碳化发展成为必然，减少工业用煤对控制煤炭消费总量尤为重要，"去煤化"和"电气化"将是工业部门能源转型的重点。

　　3）能源利用效率改进明显，但能效水平与先进水平相比还需提升

　　粤港澳大湾区传统产业地区特色显著，在能源消费总量和碳排放强度双重控制下，重点用能企业都在加快应用工业节能新技术、新工艺，传统产业能源效率普遍大幅改进，部分企业产品能效已经达到国际先进水平。但与先进水平相比，建材、造纸、纺织印染等行业能效水平尚未达先进值（国家标准中的先进值、地方标准中的先进值、广东省内领跑值、广东省能效对标先进值、国际先进值中的最先进值），还有能源效率提升空间可挖。

　　以水泥、陶瓷、玻璃为主的建材行业主要集中在佛山、肇庆等地市，现有单位产品能耗平均水平距先进值尚有 10%～15% 的下降空间 [水泥行业对标广东省内先进值；陶瓷行业对标国家标准《建筑卫生陶瓷单位产品能源消耗限额》（GB 21252—2013）先进值；平板玻璃对标国际先进值，日用玻璃制品对标地方标准《日用玻璃单位产品能源消耗限额》（DB 13/T 2131—2014）先进值]。纺织行业主要集中在佛山、广州、江门、中山等地，现有单位产品能耗平均水平较广东省内领跑值尚有 15% 左右的下降空间。造纸行业以东莞产区最为突出，达到粤港澳大湾区造纸行业产能的 75% 左右，现有单位产品能耗水平下降空间为 15%～20% [对标国家标准《制浆造纸单位产品能源消耗限额》（GB 31825—2015）中的先进值]。钢铁行业能耗主要集中在长流程，粤港澳大湾区内长流程

产能较小，仅珠海有一家长流程企业，未来可能退出粤港澳大湾区工业；短流程单位产品能耗水平与先进值尚有一定差距，其下降空间为 15%～20%（对标广东省钢铁能效对标先进值）。石油化工产业集中在惠州、广州两地，原油加工、乙烯生产的单位产品能耗水平已达到先进值，无明显节能空间。

以信息技术、装备制造、生物医药等为代表的新兴产业是工业增加值的贡献大户，这些新兴产业的快速发展在大幅提升工业增加值的同时使得能源消费总量也逐年增加，但由于技术进步，单位工业增加值能耗持续下降。各地市"十三五"产业发展规划、地市发展规划、产业发展行动方案等规划性文件均以新兴产业单位工业增加值较基准年下降 15%～20% 为发展目标，能源利用效率还有提升空间。

5.2.1.3　粤港澳大湾区工业领域能源发展面临的挑战

1）能源消费需求基数大，比例高，增长快

粤港澳大湾区工业领域的能源消费量大，增长迅速。2017 年，工业领域能源消费量约占粤港澳大湾区能源消费总量的 33%，较 2012 年能源消费量增长 13%。随着粤港澳大湾区发展战略的进一步实施，未来粤港澳大湾区经济将持续快速增长，工业领域能源消费需求也将继续增加，若以现有能源消费水平发展，到 2035 年能源消费量较 2017 年将增长 30% 左右。

2）传统产业转型升级速度慢，产业结构调整可能出现相对滞后

传统产业工业增加值占工业部门增加值总量的 34% 左右，但能源消费量占工业部门能源消费总量的 80% 左右，高耗能低附加值的传统产业的转型升级是工业能源转型的重点。粤港澳大湾区各地市制造业技术水平差异大，大部分地市仍处于工业经济阶段，高能耗低附加值的传统产业基数大、比例高，能效水平与先进水平还有一定差距，转型压力大、进度慢。

3）城市间的产业发展差距大，缺乏整体协同性

深圳、广州等城市无论是在经济总量还是产业发展水平，都已进入国际一流城市行列，而肇庆、江门等地经济社会发展程度较低，工业产业基础相对薄弱，产业发展仍以传统产业为主。珠江东、西两岸在经济实力、产业发展阶段、常住人口数量等方面差距较大。各地市的产业规划都以推进先进制造业、信息产业、新能源、新材料等高附加值新兴产业为主，产业结构规划趋同，存在同质化竞争和资源错配，削弱了地市间相互合作、功能互补的基础条件和可能性，难以形成城市群效应。

4）工业的高速发展与资源、能源和环境问题

粤港澳大湾区工业领域发展飞速，大量化石能源消费引起的排放影响粤港澳大湾区生态环境质量的提升，尽管近年来工业领域污染物特别是二氧化碳排放增速有所回落，但短期内仍是二氧化碳和污染物排放中的主要部门，对粤港澳大湾区具全球影响力的世界级城市群规划定位而言，粤港澳大湾区将面临更强的环境约束。

5.2.2 工业领域能源转型的目标和基本思路

5.2.2.1 粤港澳大湾区工业领域能源转型的目标

根据《粤港澳大湾区发展规划纲要》和《中共广东省委 广东省人民政府关于贯彻落实〈粤港澳大湾区发展规划纲要〉的实施意见》，未来粤港澳大湾区将着力培育发展新产业、新业态、新模式，支持传统产业改造升级，加快发展先进制造业和现代服务业，培育壮大战略性新兴产业，促进产业优势互补、紧密协作、联运发展，构建具有国际竞争力的现代产业体系。与此同时，还需要优化能源供应结构，建设清洁、低碳、安全、高效的能源供应体系，为粤港澳大湾区的经济社会发展提供安全保障。

鉴于此，本书将"清洁、低碳、安全、高效"作为粤港澳大湾区工业领域能源转型的目标，综合考虑产业结构、能源结构、能源效率等方面，采用情景分析的方法，探索粤港澳大湾区工业能源转型的路径，以期在粤港澳大湾区形成能源消费清洁、能源利用高效、产业结构绿色、产区优势互补的现代产业体系。

5.2.2.2 粤港澳大湾区工业领域能源转型的方向

1）优化产业结构，构建协作互补的产业格局

建材、造纸印刷、纺织等传统产业是粤港澳大湾区内传统优势产业，能源消费基数大，比例高。2017年建材、造纸印刷、纺织、石油化工这几个行业单位工业增加值能耗为0.73吨标准煤/万元，能源消费量占工业能源消费总量的69%，而其工业增加值只占工业增加值总量的23%左右。因此，传统产业的转型升级是工业领域能源转型的重点。新兴产业附加值高，能耗低，加速新一代信息技术、生物技术、高端装备制造等新兴产业培育壮大是产业结构优化的重点。粤港澳大湾区内各地市的基础条件和产业基础不同，要实现粤港澳大湾区产业结构优化，需加强湾区内各地市间的相互合作，形成产业链条互补、协同发展的生产格局。

2）促进能源结构清洁化，构建低碳的用能体系

结合粤港澳大湾区各城市的能源产业布局，未来工业领域的能源结构清洁化将集中在煤炭减量替代和煤炭清洁化利用等方面。在建材、纺织、造纸等重点行业实施终端"去煤化""煤炭集中化利用"，实现煤炭减量和清洁利用。另外，用能结构清洁化的重要手段就是促进终端用能"电气化"，提高电能在各行业的消费比例，以电代煤、以电代油，并提高绿电比例。

3）提升能源利用效率，构建高效的用能方式

能源利用效率是影响工业领域能源消费需求的重要因素，单位产品能耗、单位工业增加值能耗是考核能源利用效率的重要指标。未来粤港澳大湾区应开发、推广和运用先进、成熟、适用的各种节能低碳环保技术对现有产业进行能效提升，以最先进的技术和能效水平为准绳对新建产能进行约束，将智能制造、融合设计、系统集成等先进技术带入工

业生产全过程，形成数字化、网络化、智能化和服务化的用能方式，以提升工业领域能源利用效率。

5.2.3　工业领域能源转型情景研究方法

5.2.3.1　粤港澳大湾区工业领域能源消费统计方法

粤港澳大湾区工业领域能源转型情景研究基准年为 2017 年，基准年及历史年数据参考各地市 2010 ~ 2017 年的能源消费、工业发展情况、工业增加值，然后进行汇总合并。基准年及历史年数据来自《中国能源统计年鉴 2018》、2011 ~ 2018 年《广东统计年鉴》、2011 ~ 2018 年《广州统计年鉴》、2011 ~ 2018 年《深圳统计年鉴》、2011 ~ 2018 年《佛山统计年鉴》、2011 ~ 2018 年《东莞统计年鉴》、2011 ~ 2018 年《惠州统计年鉴》、2011 ~ 2018 年《中山统计年鉴》、2011 ~ 2018 年《珠海统计年鉴》、2011 ~ 2018 年《江门统计年鉴》、2011 ~ 2018 年《肇庆统计年鉴》。由于香港、澳门的工业领域除电力部门外能源消费量极小（占粤港澳大湾区比例小于 1%），故本书中不考虑香港、澳门的工业部门能源转型。

5.2.3.2　粤港澳大湾区工业领域能源转型情景分析方法

在掌握粤港澳大湾区工业部门能源消费现状的基础上，选择 LEAP 模型，设置不同的发展情景，测算其未来的能源消费需求水平。通过对比分析不同发展情景的测算结果，讨论粤港澳大湾区工业部门未来的能源消费总量、单位产品能耗以及单位工业增加值能耗、能源消费结构变化趋势，探讨能源转型的目标和实施的重点措施及路径。

工业部门模型框架如图 5-15 所示。工业部门能源消费预测分为传统产业和新兴产业，其中传统产业包括钢铁有色行业、建材行业、造纸印刷业、纺织业、石油化工业和其他工业，新兴产业包括生物医药业、金属制品及设备制造业、交通运输设备制造业、电气机械及器材制造业以及信息技术产业。未来能源消费量预测均基于活动水平及能源消费效率，其中传统产业活动水平采用该行业代表性产品产量，新兴产业采用该行业的工业增加值，而能效水平传统产业采用当年实际单位产品能耗，新兴产业采用单位工业增加值能耗。

5.2.4　工业领域能源转型情景设置

5.2.4.1　情景描述

采用情景分析的方法，探讨粤港澳大湾区工业部门未来能源转型的目标和路径。在既定的经济社会发展目标下，设计了三种能源消费情景，即基准情景、能源转型情景、深度转型情景。通过分析不同发展情景下，粤港澳大湾区工业部门未来的能源需求和能源结构，进而梳理出粤港澳大湾区工业部门可行的能源转型路径。

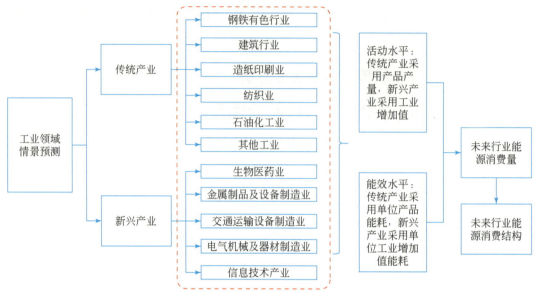

图 5-15　工业部门模型框架示意图

1）基准情景

广东省在"十一五""十二五"期间大力推进了节能减排计划，以及针对 2020 年、2025 年发展，广东省及珠三角 9 市分别制定①国民经济及社会发展规划，如《广东省国民经济和社会发展第十三个五年规划纲要》《广州市国民经济和社会发展第十三个五年规划纲要（2016—2020 年）》《深圳市国民经济和社会发展第十三个五年规划纲要》等；②能源发展规划，如《广州市能源发展第十三个五年规划（2016—2020 年）》《深圳市能源发展"十三五"规划》等；③2025 制造发展规划，如《广东省智能制造发展规划（2015—2025 年）》《广州制造 2025 战略规划》《中山市智能制造 2025 规划（2016—2025 年）》《惠州市智能制造发展规划（2016—2025 年）》等；④战略性新兴产业发展规划，如《广东省战略性新兴产业发展"十三五"规划》《广州市战略性新兴产业第十三个五年发展规划（2016—2020 年）》《深圳市战略性新兴产业"十三五"发展规划》等；⑤针对部分工业产业的专项规划等。基准情景是在延续目前广东省政策，原则上不在珠三角新建高耗能传统产业，发展战略性新兴产业，推动工业部门单位产品能耗到 2035 年下降至国内先进水平、单位工业增加值能耗每五年下降 18%；根据珠三角煤炭控制减量方案削减工业部门煤炭消费，逐步发展到 2035 年的情景。

2）能源转型情景

能源转型情景是在基准情景的基础上，加快淘汰粤港澳大湾区传统产业落后产能，推动传统高耗能产业向粤东、粤西、粤北转移。大力推进新兴产业发展，实现粤港澳大湾区工业行业传统产业向新兴产业转移，实现广东制造 2025 年工业行业节能减排和智能化的目标。推动工业部门单位产品能耗到 2035 年下降至国际先进水平、单位工业增加值能耗每五年下降 19%，根据珠三角煤炭控制减量方案更快削减工业部门煤炭消费，大力推进粤港澳大湾区工业行业"煤改气""电气化"政策,推进粤港澳大湾区工业行业能源结构清洁化。

3)深度转型情景

深度转型情景是在转型情景基础上,进一步淘汰粤港澳大湾区传统产业落后产能,加快培育和发展以重大技术突破、重大发展需求为基础的战略性新兴产业,培育成为粤港澳大湾区经济的先导产业和支柱产业。工业部门单位产品能耗、单位工业增加值能耗继续优化,到 2025 年达到国际先进值、国内先进值或行业标杆值,到 2035 年继续小幅下降能耗水平。推进粤港澳大湾区工业行业中心城市无煤化,节点城市加快推进"煤改气""电气化"政策,到 2035 年大湾区工业行业能源结构达到清洁低碳的水平。

5.2.4.2　情景参数设置

本书根据广东对于各个行业及能源品种的消费分别设置三个情景参数。

1)纺织业

广东纺织行业主要集中在佛山、广州、中山、江门。在基准情景中,纺织行业的产量不再增长,达到 262 700 吨纱及 427 200 万米布。在能源转型情景中,到 2035 年,广州、深圳纱、布淘汰落后产能 60%,东莞、惠州、中山、珠海、江门淘汰落后产能 40%,佛山作为珠三角纺织业较集中且发达的地区,产量保持和 2017 年一致。在深度转型情景中,到 2035 年,广州、深圳纱、布淘汰落后产能 70%,东莞、惠州、中山、珠海、江门淘汰落后产能 50%,佛山产量保持和 2017 年一致。

2017 年纺织行业中纱单位产品能耗为 565.2 千克标准煤 / 吨,布单位产品能耗为 4648.9 千克标准煤 / 万米。在基准情景中,纺织行业单位产品能耗到 2035 年全省单位产品能耗水平达到 2017 年广东省领跑值标准,纱单位产品综合能耗 471.3 千克标准煤 / 吨,布单位产品综合能耗达到 3806 千克标准煤 / 万米。在能源转型情景中,2030 年达到领跑值标准,深化转型情景中,2025 年达到领跑值标准,并在 2035 年继续降低。

2)造纸印刷业

广东造纸行业主要集中在东莞。在基准情景中,造纸行业的产量不再增长,到 2035 年达到 2090 万吨纸。在能源转型情景中,到 2035 年广州、深圳纸和纸制品淘汰落后产能 60%,佛山、惠州、中山、珠海、江门、肇庆淘汰落后产能 40%,东莞作为珠三角造纸业较集中且发达的地区,产量保持和 2017 年一致。在深度转型情景中,到 2035 年,广州、深圳纱、布淘汰落后产能 70%,佛山、惠州、中山、珠海、江门、肇庆淘汰落后产能 50%,东莞产量保持和 2017 年一致。

粤港澳大湾区造纸行业平均单位产品能耗达到 290 千克标准煤 / 吨。造纸单位产品能耗参照国家标准《制浆造纸单位产品能源消耗限额》(GB 31825—2015),2035 年造纸行业单位产品能耗达到国标先进值 210.0 千克标准煤 / 吨。能源转型情景在 2030 年达到 210.0 千克标准煤 / 吨能耗限额,到 2035 年达到 190.0 千克标准煤 / 吨,深度转型情景到 2035 年达到 180.0 千克标准煤 / 吨。

3）石油化工业

粤港澳大湾区石油化工业主要集中在广州（中国石化广州分公司）及惠州（中海石油炼化有限责任公司惠州炼油分公司、中海壳牌石油化工有限公司），其余地市多以小型化工企业为主。惠州作为中国七大石化产业园区之一，产业规模及能源利用水平居于全国前列，根据《惠州市石化产业发展规划》，预计到 2035 年达到炼油能力 3200 万吨 / 年，乙烯炼制能力达到 610 万吨 / 年。广州市石油化工产业维持现状。

4）建材行业

（1）水泥行业。广东水泥行业主要集中在惠州、肇庆。在基准情景中，水泥行业的产量不再增长，全流程水泥产量达到 5270 万吨，熟料达到 3540 万吨，粉磨达到 1050 万吨。

水泥单位产品能耗参照广东省 2017 年领跑值中单位产品能源消耗限额，2035 年造纸行业单位产品能耗达到广东省 2017 年领跑值，水泥全流程 74 千克标准煤 / 吨，熟料生产 89 千克标准煤 / 吨，粉磨 4 千克标准煤 / 吨。

（2）陶瓷行业。粤港澳大湾区陶瓷行业主要集中在佛山、肇庆。在基准情景中，陶瓷行业的产量不再增长，到 2035 年达到 160 080 万平方米墙地砖及 1560 万件卫生陶瓷。

2017 年各地市陶瓷单位产品能耗墙地砖为 4.6 千克标准煤 / 米^2，卫生陶瓷为 369.9 千克标准煤 / 吨，参照国家标准中 GB 21252—2013 卫用陶瓷能耗先进值，GB 21252—2013 吸水率为 0.5%～ 10% 的墙地砖能耗先进值，2035 年达到先进值标准。

（3）玻璃行业。粤港澳大湾区玻璃行业主要集中在佛山。在基准情景中，玻璃行业的产量不再增长，到 2035 年达到 10 140 万重箱平板玻璃及 44.7 万吨日用玻璃制品。

玻璃单位产品能耗参照 DB 13/T 2131—2014 中日用玻璃制品能耗先进值，2017 年国际先进值，到 2035 年平板玻璃单位产品能耗为 9.2 千克标准煤 / 万重箱，日用玻璃制品单位产品能耗为 209.2 千克标准煤 / 吨。

5）钢铁行业

粤港澳大湾区钢铁行业主要集中在珠海、广州，其中 2017 年广州钢铁行业有超产现象。在基准情景中，钢铁行业的产量不再增长，到 2035 年大湾区钢铁产量达到 1150 万吨。

2017 年粤港澳大湾区钢铁行业平均单位产品能耗为 58.6 千克标准煤 / 吨钢材。由于珠三角地区仅珠海有一家长流程钢铁企业，大多数为轧钢企业，粗钢多为区外调入或者进口，参照广东省钢铁、水泥、石化能效对标中的先进值，2035 年轧钢单位产品能耗达到 30 千克标准煤 / 吨。

6）新兴产业

参考各地市规划、战略性新兴产业规划，确定各地市的新兴产业发展速度与发展水平，年均增速为 8%～ 20%。

基准情景中，新兴行业单位工业增加值能耗下降率参考广东省现行政策，即新兴行业单位增加值能耗采用广东省工业部门单位工业增加值能耗下降水平，即每五年下降 18%。能源转型情景中每五年下降 19%；深度转型情景中每五年下降 20%。

7）能源消费品种

在粤港澳大湾区内大力推行工业终端煤改气，散煤利用改为集中利用，集中供热，并推动工业部门电气化水平的提高，提高电能利用水平。在基准情景中，煤炭消费每年降低 4%。在能源转型情景中，煤炭消费每年降低 7%，到 2035 年实现工业除使用煤炭作为原料外，其余工业行业无煤化。在深度转型情景中，煤炭消费每年降低 13%，到 2025 年实现全工业行业无煤化生产。

5.2.5　工业领域未来能源转型情景分析

5.2.5.1　工业增加值

粤港澳大湾区工业行业增加值如图 5-16 所示，由图 5-16 中可以看出，在三个情景下传统行业的发展空间较小，新兴行业快速发展，从 2017 年新兴行业占全工业行业 66% 的工业增加值，到 2035 年新兴行业占工业行业增加值的 90% 左右。在基准情景和能源转型情景下，传统行业工业增加值有小幅度上升，深度转型情景下，2035 年传统各行业工业增加值较 2017 年下降。

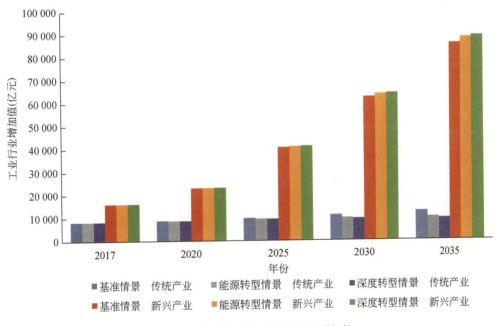

图 5-16　粤港澳大湾区工业行业增加值

以能源转型情景为例（图 5-17），粤港澳大湾区未来支柱产业为信息技术产业、高端装备制造业以及生物医药产业，未来传统行业逐渐淘汰落后产能，向智能化、高附加值化发展。

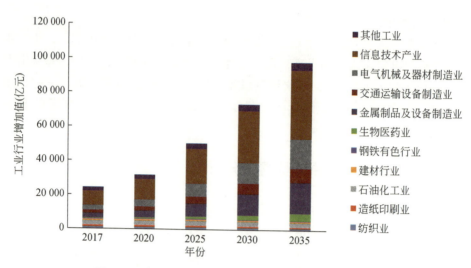

图 5-17　粤港澳大湾区能源转型情景下工业行业增加值

5.2.5.2　能源消费总量分析

粤港澳大湾区工业部门能源消费总量如图 5-18 所示，在基准情景中，工业部门能源消费总量一直处于快速增长，到 2035 年达到 1 万吨标准煤左右。而能源转型情景中，约在 2030 年达到峰值，约 8850 万吨标准煤；深度转型情景中，约在 2025 年达到峰值，约 8200 万吨标准煤，到 2035 年下降到 2017 年能源消费水平。

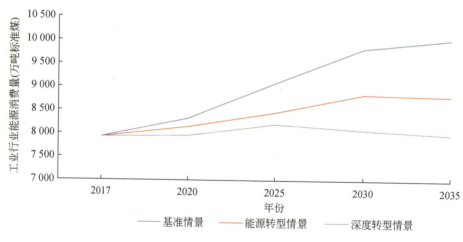

图 5-18　粤港澳大湾区工业行业能源消费量

5.2.5.3　工业增加值能耗分析

粤港澳大湾区工业部门单位工业增加值能耗（能源强度）如图 5-19 所示，三个情景中单位工业增加值能耗都有较大幅度的降低，其中到 2035 年较 2017 年基准情景下降了 68%，能源转型情景下降了 72%，深度转型情景下降了 75%。

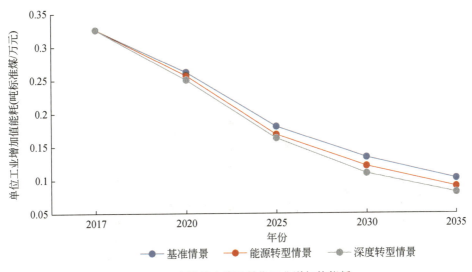

图 5-19　粤港澳大湾区单位工业增加值能耗

5.2.5.4　分行业能源消费量分析

不同情景下，粤港澳大湾区分行业能源消费量如图 5-20 ～图 5-22 所示。能源转型情景下，粤港澳大湾区从 2017 年能源消费最多的石油化工业、造纸印刷业、建材行业到 2035 年转变为石油化工业、信息技术产业、通用–专用设备制造业。由于粤港澳大湾区内惠州打造成为中国排名前列的石化区，未来石化产业的能耗将继续上升，而其他高耗能传统产业如造纸、钢铁、建材行业将逐步搬离珠三角，到 2035 年能耗仅为 2017 年的 50% ～ 60%。

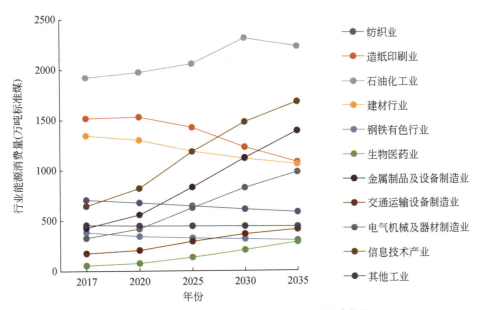

图 5-20　粤港澳大湾区基准情景下分行业能源消费量

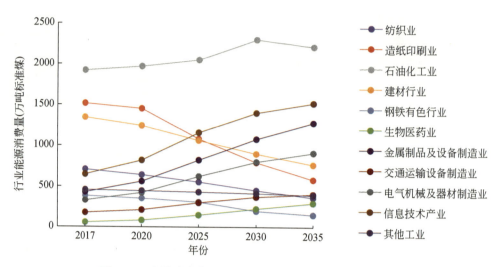

图 5-21　粤港澳大湾区能源转型情景下分行业能源消费量

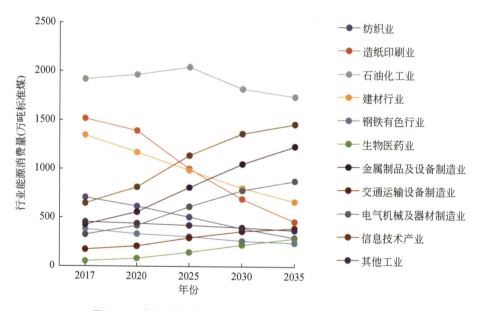

图 5-22　粤港澳大湾区深度转型情景下分行业能源消费量

5.2.5.5　产业结构转型分析

粤港澳大湾区传统产业和新兴产业能源消费量如图 5-23 所示。由图 5-23 中可以看出，2017 年粤港澳大湾区工业行业能源消费量主要为传统产业，占整个工业行业能源消费量的 75%左右，新兴产业占 25%左右。到 2035 年，能源转型情景中，传统产业能源消费量和新兴产业能源消费量大致相同，达到 4400 万吨标准煤左右；深度转型情景下，2035年新兴产业能源消费量达到 4300 万吨标准煤，超过传统产业（3770 万吨标准煤）。

144

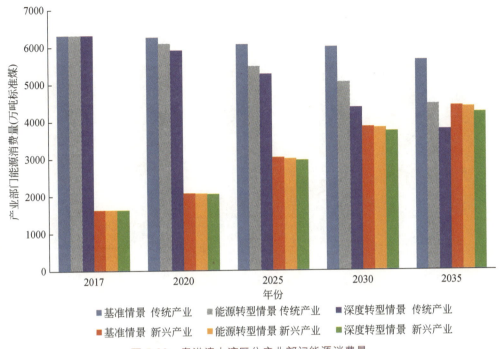

图 5-23　粤港澳大湾区分产业部门能源消费量

5.2.5.6　能源消费结构分析

不同情景下粤港澳大湾区能源消费量如图 5-24～图 5-26 所示。在能源转型情景下，粤港澳大湾区将从 2017 年以煤为主的能源消费结构，逐步走向"气代煤""电气化"，煤炭消费水平逐年下降，天然气消费水平逐年上升，电气化水平逐年上升，到 2035 年工业部门电力消费占总能源的消费的 64% 以上。而在深度转型情景下，随着无煤化、

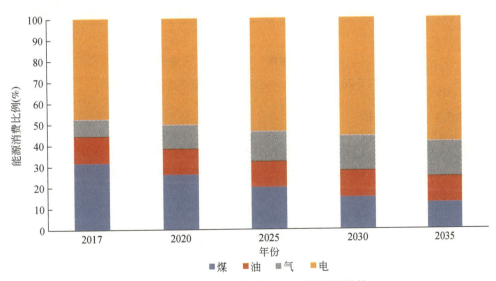

图 5-24　粤港澳大湾区基准情景下能源消费结构

电气化的高速发展，到2035年煤炭消费量仅200万吨标准煤，电气化程度达到67%以上。

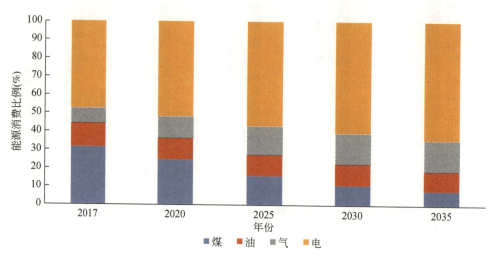

图 5-25　粤港澳大湾区能源转型情景下能源消费结构

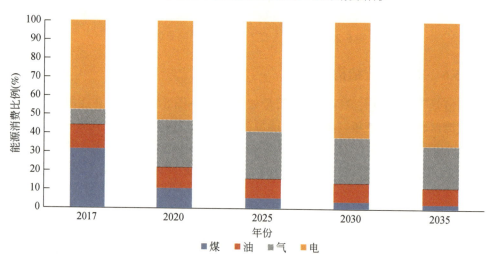

图 5-26　粤港澳大湾区深度转型情景下能源消费结构

5.2.5.7　主要结论

能源转型情景下，工业部门将保持良好的发展态势，持续为工业化、城镇化提供动力和支撑；但工业部门发展路径、模式，以及对资源能源的消耗和对环境的影响将发生根本性变化。

1）工业部门单位工业增加值能耗降低73%

在能源转型情景下，到2035年，粤港澳大湾区工业部门增加值约为2017年的4.4倍，2035年工业部门能源强度（单位工业增加值能耗）较之2017年减低73%，实现了能耗增加与工业增加值增长的脱钩。

146

2）工业行业能源消费峰值在 2030 年左右出现

在能源转型情景下，由于工业生产方式、组织形态、产业结构和技术水平都将出现本质性变革。预计工业部门终端能源消费总量峰值将出现在 2030 年前后。

3）产业结构调整对工业领域能源节能贡献最大

在能源转型情景下，产业结构调整，能效提升及能源品种替代都能促进工业行业节能减排。相较于基准情景，2035 年产业结构调整对工业领域能源节能贡献达到 66%。

4）实现粤港澳大湾区能源结构的优化

在能源转型情景下，工业部门以煤为主的能源消费结构将被彻底转变。工业部门煤炭终端消费比例将从 2017 年的 31% 下降到 2035 年的 8% 左右。电气化水平大幅提高，电力终端消费比例由 2017 年的 48% 提升至 2035 年的 64%，天然气消费比例由 2017 年的 8% 提升至 2035 年的 17% 左右。

5.2.6　工业领域能源转型重要路径

粤港澳大湾区工业能源转型应将清洁、低碳、安全、高效的发展理念贯穿粤港澳大湾区工业发展，特别是传统产业发展的各个领域。从产业结构、生产方式，到产品制造、能源利用，全方位推进工业发展模式和能源利用方式的本质性变革。

5.2.6.1　转型情景

1）第一阶段（2017～2025 年）

针对传统产业，特别是高耗能行业，严格控制产能增量，调整存量，对优势产区采取存量提质发展，对非优势产区实行逐步淘汰产能。在重点领域大力推广已成熟的能效技术和工艺，以国内先进值为参照提高单位产品能耗水平。以建材、纺织、造纸行业为重点，推动煤改气、集中供热/供电等减煤化，减少终端煤炭消耗。推广应用工业机器人、数控机床、3D 打印等先进生产技术工艺，推进工业企业电气化发展，使工业增加值能耗逐年下降。促进工业企业生产和消纳可再生电力的能力。

加速新一代信息技术、生物医药、高端装备制造等高附加值新兴产业发展，以广州、深圳中心城市为引领与辐射，带动周边城市相关产业发展，充分发挥大湾区内各地市功能互补的基础条件和可能性，延伸产业链，基本形成粤港澳大湾区内各城市产业链条互补、协同发展的生产格局。

2）第二阶段（2026～2030 年）

传统产业中的高耗能行业产量进一步下降，加大中心城市产量的下降幅度，节点城市产能进一步调整。在重点领域进一步推广已成熟的能效技术和工艺，以国内标杆值为参照提高单位产品能耗水平，加快推动工业行业减煤化。进一步推广先进生产技术工艺，工业企业电气化程度进一步提高。进一步促进工业企业生产和消纳可再生电力的能力。

进一步加快信息技术、生物医药、高端装备制造等新兴产业发展，以广州、深圳等中心城市为中心，形成产业协同发展格局。

147

3）第三阶段（2031～2035年）

中心城市高耗能行业产量进一步大幅下降，节点城市产能进一步调整。在重点领域普及已成熟的能效技术和工艺，以示范试点形式推广先进能效技术，以国际标杆值为参照提高单位产品能耗水平，进一步推动工业行业减煤化，进一步加速工业企业电气化。

进一步加快新兴产业发展，实施智能制造与产城融合发展战略，形成以广州、深圳等中心城市为中心的协同发展格局，促进产业互利发展。

5.2.6.2 深度转型情景

1）第一阶段（2017～2025年）

严格控制高耗能行业产品产量，广州、深圳等中心城市到"十四五"末实现较2017年20%以上的产量下降，中心城市淘汰石油炼化产业；加大节点城市高耗能行业存量调整力度，对优势产区采取存量提质发展，对非优势产区实行逐步淘汰产能。在重点领域推广已成熟的能效技术和工艺，以国内先进值为参照提高单位产品能耗水平。以建材、纺织、造纸行业为重点，推动煤改气、集中供热/供电等减煤化，减少终端煤炭消耗。提高工业企业生产和消纳可再生电力的能力。推广应用工业机器人、数控机床等先进生产技术工艺，推进工业企业电气化发展，使工业增加值能耗较基准年大幅度下降。

加速新一代信息技术、生物医药、高端装备制造等高附加值新兴产业发展，充分发挥粤港澳大湾区内各地市功能互补的基础条件和可能性，以广州、深圳中心城市为引领与辐射，延伸产业链，基本形成粤港澳大湾区内各城市产业链条互补、协同发展的生产格局。

2）第二阶段（2026～2030年）

传统产业中的高耗能行业产量进一步下降，中心城市产量进一步缩减，节点城市产能继续提质减量调整。在重点领域普及已成熟的能效技术和工艺，以示范试点形式推广先进能效技术，以国内标杆值为参照提高单位产品能耗水平，加快推动工业行业煤炭减量替代。进一步提高工业企业生产和消纳可再生电力的能力。进一步推广先进生产技术工艺，工业企业电气化程度进一步提高。

进一步加快信息技术、生物医药、高端装备制造等新兴产业发展，构建智能化、数字化、网络化的生产体系，以产业协同发展格局带动全产业链全面发展。

3）第三阶段（2031～2035年）

中心城市高耗能行业产量进一步大幅下降，节点城市产能进一步调整，部分产业从粤港澳大湾区内移出。在重点领域进一步推广先进能效技术，以国际标杆值为参照提高单位产品能耗水平，工业行业煤炭减量替代达到无挖潜空间，工业企业生产全面实现电气化。工业全球化发展，以智能化、数字化、网络化、低碳化的生产体系推动粤港澳大湾区工业生产力全球布局。

5.2.6.3　产业发展布局

未来粤港澳大湾区工业行业以发展新兴产业为主，其中，广州主要发展生物医药和高端制造业，深圳主要发展信息技术、生物医药、装备制造业，以广州和深圳为核心，节点城市互补产业链条，协同发展。传统产业中，惠州作为中国石化先进产业园区，未来作为粤港澳大湾区石油化工供应基地。东莞造纸业、佛山纺织业、陶瓷业、肇庆的水泥产业均属于本地优势产业，未来通过存量提质，优化产业链条，保留发展空间。

5.2.7　工业领域能源转型的政策建议

1）以强化粤港澳大湾区制造业优势，培育发展新动能为导向，推动产业结构调整

（1）促进制造业与现代服务业的深度融合，协同发展，强化制造业优势。大力发展生产性服务业，以"结构轻型化"实现能源的优化配置，实现产业链持续升级。

（2）打造新一代工业组织生产体系，加速新一代信息技术、生物技术、高端装备制造、新材料等高附加值产业发展，以"产业现代化"来降低工业增加值能耗。

（3）以需求减量化和资源循环化为支撑，重点推动传统产业转型升级。对优势产区采取存量提质发展；对非优势产区实行逐步淘汰产能，使粤港澳大湾区内主要高耗能产品产量规模更集中，能效更高。

2）以智能制造和整合设计为着力点，推动能效大幅提升

（1）对粤港澳大湾区内当前存量产能，特别是高耗能行业，开发、推广和运用先进、成熟、适用的各种节能低碳环保技术，大幅度提高能效水平。对新建产能，以世界最先进的技术和能效水平为准绳，高起点建设为具有世界一流水平的标杆工厂。

（2）从企业、行业、社会各层次系统优化的角度，形成工业企业内部、行业间及工业与社会的生态链接；加快推动新一代信息技术与制造技术融合发展，形成数字化、网络化和智能化的工业生产体系，实现能源和资源利用效率的大幅提升。

3）以煤炭减量和电气化为核心，实现用能方式优化升级

（1）以"去煤化"为转型重点，在陶瓷、玻璃、纺织、造纸等重点行业实施"煤改气"等煤炭减量替代和煤炭清洁化利用，压减工业部门煤炭终端直接使用量。采用电锅炉、集中供热等方式取代分散型燃煤锅炉等，提高煤炭利用的集中化程度，实现煤炭减量。

（2）加快推广应用工业机器人、数控机床、3D打印等先进生产技术工艺，推进工业企业"电气化"。充分利用工业企业厂房、屋顶等资源，建设成为可再生能源生产平台。

4）发挥中心城市集聚辐射作用，建立产业互补、协同发展的一体化发展机制

（1）立足粤港澳大湾区产业发展的现状基础，充分发挥广州学研结合平台优势、深圳创新创业环境成熟优势、香港资本集聚优势，强化广、深、港中心城市在高科技产业引领及科技创新方面的作用。

（2）充分发挥粤港澳大湾区内各地市功能互补的基础条件和可能性，加强粤港澳大湾区内各地市间的相互合作，中心城市和节点城市错位发展，实现产业差异化竞争。延

伸产业链，形成粤港澳大湾区内各城市产业链条互补、协同发展的生产格局。

5.3 粤港澳大湾区交通领域能源转型情景分析

交通领域的可持续发展是促进粤港澳大湾区经济高质量发展和满足人民生活幸福度提升的重要支撑和保障，也是影响粤港澳大湾区生态环境的重要因素。2017年，粤港澳大湾区交通领域的能源消费和碳排放量分别约占大湾区能源消费总量和碳排放总量的28%和34%。未来随着粤港澳大湾区的发展，来自生产、生活的运输需求将持续提升，交通领域的能源消费需求必将快速增长，由此带来的温室气体和空气污染物排放可能将影响粤港澳大湾区的可持续发展。因此，交通领域的能源转型是粤港澳大湾区建设的重要目标之一。本节内容通过对粤港澳大湾区交通领域未来能源转型的情景分析，探索向绿色、低碳、清洁、高效能源利用转型的路径，并为决策者提供政策建议。

5.3.1 粤港澳大湾区交通领域发展现状

5.3.1.1 交通运输体系发展现状

作为我国经济开放程度最高、经济活力最强的区域之一，粤港澳大湾区发达的交通运输基础设施，支持和保障了其经济的快速发展，主要表现在以下几个方面。

1）综合交通大格局基本形成

（1）空港。粤港澳大湾区拥有香港国际机场、广州白云国际机场、深圳宝安国际机场、珠海金湾机场、澳门国际机场五个大型机场以及惠州平潭机场和佛山沙堤机场等小型民用机场（汪瑞琪和陈建均，2020）。2017年，粤港澳大湾区机场群的总体旅客吞吐量超过2亿人次，货邮吞吐量近800万吨，运输规模已超过纽约、伦敦、东京等世界级机场群，位居全球湾区机场群之首（鲁飞和尧灿丽，2018）。其中，香港国际机场2017年的旅客吞吐量位居全国第2位，世界第8位，货邮吞吐量位居世界第1位；广州白云国际机场是我国四大国际枢纽机场之一，2017年的旅客吞吐量和货邮吞吐量均位居全国（含港澳台，下同）第4位；深圳宝安国际机场也是我国重要的国际枢纽机场，2017年的旅客吞吐量和货邮吞吐量分别位居全国第6位和第5位。

（2）海港。粤港澳大湾区滨江临海、经济发达，拥有得天独厚的港口发展条件，是世界上通过能力最大、水深条件最好的区域性港口群之一，区域港口吞吐量位居世界各湾区之首（张国强，2019）。2017年，粤港澳大湾区共拥有广州港、香港港、深圳港、东莞港、珠海港五个亿吨级港口，江门港、惠州港、中山港、佛山港的货物吞吐量均突破8000万吨。粤港澳大湾区货物吞吐量超过15亿吨，集装箱吞吐量超过7000万标准箱，居全球湾区首位。其中，广州港是粤港澳大湾区最大的综合性主枢纽港、国内最大的内贸集装箱枢纽港。香港港是远东的航运中心，是全球最繁忙和最高效率的国际集装箱港口之一。深圳港位于珠三角出海口，转运腹地范围包括京广铁路和京九铁路沿线的湖北、湖南、江西、粤北、粤东、粤西和广西的西江两岸。

（3）铁路。铁路是实现粤港澳大湾区内部无缝对接，实现大湾区内主要城市一小时内到达和对外运输通道畅通的重要基础设施。目前，粤港澳大湾区拥有京广、京九等国铁干线，大湾区内各城市间也均有城际快速轨道交通连接。但总体而言，粤港澳大湾区的铁路系统发展速度较慢，与国际一流湾区城市群的发展目标不匹配，铁路（含国铁干线、城际铁路和城市轨道交通）密度约为 4.2 千米 / 百千米 ^{2}，与日本东京（11.7 千米 / 百千米 ^{2}）、纽约（8.1 千米 / 百千米 ^{2}）等世界成熟湾区的发展水平差距很大。2017 年，粤港澳大湾区铁路运营里程约 4200 千米，铁路客运量达到 2.5 亿人次，货运量 2890 万吨，分别仅占全国铁路客、货运输量的 8.4% 和 0.8%。

（4）公路。公路交通作为区域的"血脉"，是粤港澳大湾区城市衔接城市内和城市间各类要素流通协作的重要载体。截至 2017 年底，粤港澳大湾区公路通车里程达到 6.6 万千米，公路路网密度位居全国前列。其中，高速公路里程超过 4000 千米，是全国高速公路网密度最高的地区之一，广州、深圳、香港等中心城市的路网密度已经超过纽约、东京和伦敦（戴东昌，2018）。粤港澳大湾区水网密布，为衔接东西两岸城市群，相继建设了多个桥隧工程，如虎门大桥、深圳湾大桥、黄埔大桥、港珠澳大桥等。其中，港珠澳大桥于 2018 年 10 月 24 日开通运营，连接了香港、珠海和澳门，桥隧全长 55 千米，因其超大的建筑规模、空前的施工难度以及顶尖的建造技术而闻名世界（港珠澳大桥管理局，2019）。

2）城市公共交通的供给能力和服务水平不断提高

公共交通是解决城市交通拥堵和减少温室气体以及空气污染物排放的有效途径。作为我国经济活力最强的区域之一，粤港澳大湾区内各城市一直积极发展城市公共交通。图 5-27 展示了近年来粤港澳大湾区公共交通分担率的变化趋势，全区公共交通分担率已由 2010 年的 44% 增长至 2017 年的 52%，明显高于《中共中央 国务院关于进一步加强城市规划建设管理工作的若干意见》中提出的全国公交优先发展目标（到 2020 年，超大、

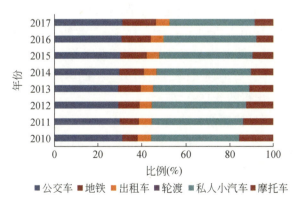

图 5-27　粤港澳大湾区城市机动化出行方式构成变化（按客运量计算）

数据来源：根据珠三角 9 市 2011～2018 年统计年鉴数据以及香港、澳门调研数据计算得到

151

特大城市的公共交通分担率达到 40% 以上，大城市达到 30% 以上，中小城市达到 20% 以上）。公共交通中，近年来粤港澳大湾区公交车和出租车的发展稍有放缓，轨道交通出行比例稳步提升，但主要替代了部分摩托车出行，对私人小汽车出行的替代作用相对较小。

从粤港澳大湾区各城市来看（图 5-28），公共交通发展水平存在较大差异。其中，香港公共交通的分担率达到了 90%；广州、深圳紧随其后，分别约为 60% 和 56%，均顺利通过了全国公交都市创建验收评审，成为国家公交都市建设示范城市；珠海、佛山、惠州、中山、肇庆和澳门的城市公共交通分担率在 20%～40%，优于我国公交优先发展的目标；但东莞、江门的公共交通分担率仅 15% 和 6%，距国家中小城市公共交通分担率 20% 的目标还有一定的差距。

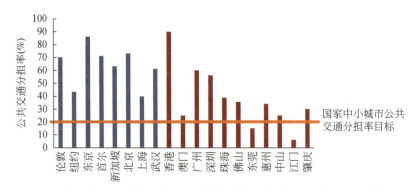

图 5-28　国内外及粤港澳大湾区各城市的公共交通分担率（按客运量计算）

数据来源：根据珠三角 9 市 2011～2018 年统计年鉴数据以及香港、澳门调研数据计算得到

公交车出行是粤港澳大湾区公共交通出行最主要的方式。2017 年，粤港澳大湾区 11 个城市的公交车拥有量超过 7.6 万辆，平均千人公交车拥有量约为 1.09 辆，承担年客运量超过 133 亿人次，约占粤港澳大湾区城市内机动车出行的 31.3%。城市轨道交通也是粤港澳大湾区重要的公共交通出行方式。目前，香港、广州、深圳、佛山和东莞五个城市开通了地铁系统，截至 2017 年底地铁通车里程约 1000 千米，承担年客运量超过 65 亿人次，约占粤港澳大湾区城市内机动车出行的 15.3%。此外，粤港澳大湾区 11 个城市共拥有出租汽车 90 100 余辆，其中约 10% 为网约车（魏凯等，2018），平均万人出租车拥有量约为 11.7 辆。2017 年，粤港澳大湾区出租车承担的客运量超过 26 亿人次，约占粤港澳大湾区城市内机动车出行的 6.1%。

3）私人小汽车数量仍呈快速增长趋势

随着经济的发展和生活水平的不断提升，粤港澳大湾区近年来的私人小汽车保有量呈持续快速增长的趋势，已由 2010 年的 500 万辆增长至 2017 年的 1169 万辆，但是增长速度已明显下降，年增长速度已由 2011 年的 17% 下降为 2017 年的 9.7%（图 5-29）。其中，私人小汽车保有量超过 100 万辆的城市包括深圳（253 万辆）、东莞（220 万辆）、广州（177 万辆）和佛山（132 万辆），约占粤港澳大湾区私人小汽车保有总量的 67%。广州和深圳是粤港澳大湾区仅有的已经实施小汽车总量调控政策的城市，分别于 2012 年和 2015 年开始实施中小客车总量调控，有效控制了粤港澳大湾区私人小汽车的增长速度。

图 5-29　粤港澳大湾区私人小汽车总量与年度增长率

数据来源：根据珠三角 9 市 2011～2018 年统计年鉴数据以及香港、澳门调研数据计算得到

私人小汽车的千人拥有量是有效表征城市小汽车水平的重要指标，一般而言经济发展水平高且公共交通不发达的城市和地区，其私人小汽车的千人拥有量往往较高。2017 年，粤港澳大湾区私人小汽车的千人拥有量约为 178 辆，略高于我国平均水平（图 5-30），与粤港澳大湾区发达的经济发展水平相一致，但仍然低于日本、韩国人均 GDP 1 万美元时的水平（200 辆左右），这意味着未来粤港澳大湾区的私人小汽车千人拥有量仍有继续增长的空间。

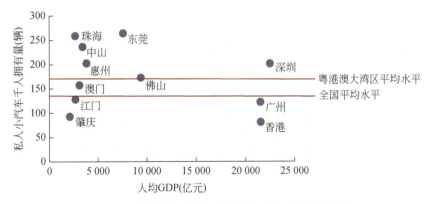

图 5-30　粤港澳大湾区各城市私人小汽车千人拥有量

数据来源：根据珠三角 9 市 2011～2018 年统计年鉴数据以及香港、澳门调研数据计算得到

5.3.1.2　交通领域能源消费现状

1）交通领域能源消费核算边界

本书所指交通领域涵盖了客运交通和货运交通两大领域（图 5-31）。其中，客运交

通包括公交车、地铁、出租车、私人小汽车、摩托车等市内客运交通，以及公路、铁路、航空和水路的城际客运交通；货运交通包括公路货运、铁路货运、航空货运和水路货运。由于数据可获性原因，本书不包括管道交通和私人货运交通。

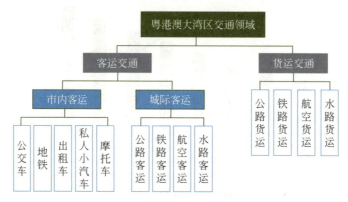

图 5-31　粤港澳大湾区交通领域研究边界

2）交通领域能源消费总量

随着经济的不断发展与人们生活水平的持续提高，粤港澳大湾区的交通运输需求逐年增加，由此产生的能源消费也呈持续增长的趋势（图 5-32）。2017 年，粤港澳大湾区交通领域的能源消费量为 7343 万吨标准煤，约占能源消费总量的 28%，较 2010 年增长了近 70%，2010～2017 年的年平均增长率为 7.8%。其中，广州、深圳、香港作为粤港澳大湾区的交通枢纽和对外口岸，其交通领域的能源消费量远高于其他城市，约占粤港澳大湾区交通能源消费总量的 76%。

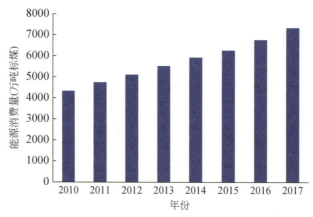

图 5-32　粤港澳大湾区交通领域历年能源消费量

数据来源：根据粤港澳大湾区 11 城市交通调研数据计算得到

3）交通领域分燃料类型能源消费结构

从分燃料类型的能源消费结构看（图 5-33），粤港澳大湾区的交通用能以油品为主，约占能源消费量的 96% 以上。其中，航空煤油的消费比例最大，约占交通能源消费量的33%以上；其次是汽油和柴油，2017年的消费量分别约占交通能源消费量的23%和24%；燃料油主要用于水路货运，随着水路货运的快速增长，其消费量由2010年的7%增长到2017年的14%；液化石油气主要用于公交车和出租车，随着天然气汽车、电动汽车、混合动力车的推广使用，其消费量快速减少，天然气和电力消费随之增加。2017年粤港澳大湾区交通领域的天然气和电力消费仅占到交通能源消费总量的3.3%。

图5-33　粤港澳大湾区交通领域分燃料类型能源消费结构

数据来源：根据粤港澳大湾区11城市交通调研数据计算得到

4）交通领域分运输类型能源消费结构

按照运输类型，货运的能源消费占粤港澳大湾区交通领域能源消费总量的比例最高，并呈逐年增长的趋势，其能源消费量已由2010年的2367万吨标准煤增长至2017年的4014万吨标准煤，约占粤港澳大湾区交通领域能源消费总量的55%[图5-34（a）]。其中，公路货运的能源消费占比一直保持40%以上；其次是航空货运和水路货运，分别占粤港澳大湾区货运交通能源消费量的31.98%和25.98%；铁路货运发展较为落后，2017年的能源消费量仅占粤港澳大湾区货运交通能源消费量的0.03%[图5-34（b）]。

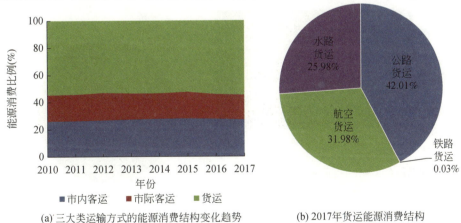

(a) 三大类运输方式的能源消费结构变化趋势　　　(b) 2017年货运能源消费结构

图5-34　粤港澳大湾区分运输类型能源消费结构

数据来源：根据粤港澳大湾区11城市交通调研数据计算得到

市内客运是粤港澳大湾区交通领域能源消费的第二大领域，其能源消费量已由2010年的1133万吨标准煤增长至2017年的1996万吨标准煤，约占粤港澳大湾区交通领域能源消费总量的27%。由图5-35可以看到，私人小汽车的能源消费比例最大，并呈快速增长的趋势，2017年其能源消费量约占粤港澳大湾区市内客运交通能源消费量的77.7%。随着电动化程度的不断提升，公交车和出租车能源消费量快速减少，2017年的能源消费分别约为粤港澳大湾区市内客运交通能源消费量的11.9%和6.7%。地铁和摩托车的能源消费相对较少。

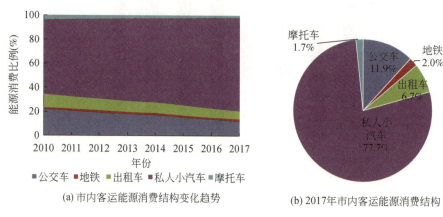

(a) 市内客运能源消费结构变化趋势　　　(b) 2017年市内客运能源消费结构

图5-35　粤港澳大湾区市内客运交通分运输类型能源消费结构

数据来源：根据粤港澳大湾区11城市交通调研数据计算得到

粤港澳大湾区城际客运的能源消费也呈增长的趋势，但其占粤港澳大湾区交通领域能源消费总量的比例较为稳定，约为18%。根据历年来粤港澳大湾区城际客运交通能源消费结构（图5-36），航空客运的能源消费比例最大，其次是公路客运、铁路客运和水路客运。

(a) 城际客运能源消费结构变化趋势　　　(b) 2017年城际客运能源消费结构

图5-36　粤港澳大湾区城际客运交通分运输类型能源消费结构

数据来源：根据粤港澳大湾区11城市交通调研数据计算得到

表 5-4 显示了 2017 年粤港澳大湾区各类城际客运方式的客运结构和能源消费结构。航空客运的能源消费量约占粤港澳大湾区城际客运交通能耗的 89.6%，但仅承担了 15.2% 的城际客运量；公路客运是粤港澳大湾区最重要的城际客运方式，2017 年约承担了 58.9% 的客运量，其能源消费占比仅次于航空客运，约为 8.3%；粤港澳大湾区的铁路客运发展仍相对滞后，约承担了 20.7% 的城际客运量，能源消费不到 2%；受时效性影响，水路客运的需求逐年下降，其能源消费占比也最低。

表 5-4　粤港澳大湾区城际客运交通客运量及能源消费结构对比（2017 年）　（单位：%）

运输方式	客运量占比	能源消费占比
公路客运	58.9	8.3
铁路客运	20.7	1.9
航空客运	15.2	89.6
水路客运	5.3	0.2

数据来源：根据粤港澳大湾区 11 城市交通调研数据计算得到

5.3.1.3　交通领域能源发展面临的挑战

1）各种运输方式发展不协调，运输结构仍需要优化

（1）粤港澳大湾区内部公共交通发展水平差异明显。粤港澳大湾区是我国城市公共交通最为发达的地区之一，但各城市的公共交通发展水平差异较大，同时拥有全世界公共交通分担率最高的城市香港和远低于国家中小城市公共交通分担率 20% 目标的城市东莞、江门。在保持先进城市公共交通发展成果的同时，需要进一步加快落后城市的公共交通发展，以促进粤港澳大湾区城市公共交通的协调快速发展。

（2）私人小汽车的快速发展导致城市能源消费需求的快速增长。随着经济的发展和生活水平的不断提升，近年来粤港澳大湾区私人小汽车的拥有量仍呈增长趋势，特别是新能源汽车的推广以及无人驾驶技术的日趋成熟，未来私人小汽车拥有量仍将继续增长，在扩大人们活动范围、加强地区间联系的同时，势必增加城市的汽车能源消费需求。

（3）客货运各运输方式发展不平衡。粤港澳大湾区拥有世界上最活跃的机场群、港口群，公路路网密度位居全国前列，但铁路系统发展速度相对较慢。由于经济的快速发展，粤港澳大湾区客、货运输的需求呈逐年上升的趋势，但其增长量主要集中在公路和航空领域等高耗能运输方式，属于相对高碳的运输体系，需要大力发展铁路和水路运输。

2）能源消费以油品为主，清洁能源有待进一步发展

从历年来分燃料类型的交通用能结构来看，尽管油品消费占粤港澳大湾区交通能源消费的比例呈逐年下降的趋势，但仍然是粤港澳大湾区交通能源消费最主要的类型。为

了促进交通领域的清洁发展，粤港澳大湾区积极发展天然气汽车、电动汽车、氢燃料电池车、生物燃油等技术。但由于技术成熟度、经济性、标准等问题，目前除电动汽车在城市公共交通领域大规模应用外，其他技术仍处于试点示范阶段，清洁能源在交通领域的大规模应用还有待进一步的发展。

3）能源消费需求基数大，增长快

粤港澳大湾区交通运输领域的能源消费量大，增长迅速。2017年，全区交通运输领域的能源消费约占粤港澳大湾区能源消费总量的28%，较2010年增长了近70%。随着粤港澳大湾区发展战略的进一步实施，未来粤港澳大湾区经济有望实现持续快速的增长，必将带来运输需求的进一步增长，由此产生的能源消费需求也将继续增加，有必要开展粤港澳大湾区交通领域的能源转型，促进交通运输领域的可持续发展。

5.3.2　交通领域能源转型的目标和基本思路

5.3.2.1　交通领域能源转型的目标

根据《粤港澳大湾区发展规划纲要》和《中共广东省委 广东省人民政府关于贯彻落实〈粤港澳大湾区规划纲要〉的实施意见》，未来粤港澳大湾区将大力加强交通基础设施建设，畅通对外联系通道，提升内部联通水平，从而为粤港澳大湾区经济社会发展提供有力支撑。与此同时，还需要优化能源供应结构，建设清洁、低碳、安全、高效的能源供应体系，为粤港澳大湾区的经济社会发展提供安全保障。

鉴于此，本书将"清洁、低碳、安全、高效"作为粤港澳大湾区交通领域能源转型的目标，综合考虑运输结构、能源结构、能源效率等方面，采用情景分析的方法，探索粤港澳大湾区交通能源转型的路径，以期在粤港澳大湾区形成功能完善、衔接顺畅、清洁低碳、运作高效的交通运输体系。

5.3.2.2　交通领域能源转型的方向

1）优化运输结构，构建协调的综合交通系统

交通领域不同运输方式的能源利用效率差异巨大（黄莹等，2017）。根据对粤港澳大湾区"9+2"城市群不同运输方式2017年能源利用效率的调研，市内客运交通中，公交车、地铁等公共交通运输方式的单位综合能耗显著低于出租车和私人小汽车，是市内客运交通转型的主要方向；城际客运交通中，铁路客运的单位综合能耗约为公路客运的1/5和航空客运的1/10，能源利用效率最高，其次是水路客运，但考虑到时效性，未来的发展空间有限；货运交通中，铁路货运和水路货运的单位能耗相当，分别约为公路货运的1/20和航空货运的1/119，是货运交通转型的重要方向。由此可见，要实现粤港澳大湾区交通领域的能源转型，需要重点发展水路和铁路货运，优先发展铁路客运，大力发展城市公共交通，构建协调的综合交通系统，促使能源利用效率高的运输方式承担更多的交通服务量。

2）促进燃料结构清洁化，构建低碳的交通运输体系

结合粤港澳大湾区各城市的能源产业布局，未来交通运输领域的能源结构清洁化将集中在电动汽车、氢燃料电池车、液化天然气和生物燃油等方面。其中，电动汽车以深圳、广州为代表，主要应用于公交车、出租车、私人小汽车和物流车领域；氢燃料电池车以佛山为代表，主要应用于公交车、大运量远距离物流车和商务车领域；液化天然气主要应用于公路和水路运输领域；生物燃油主要应用于航空和水路运输领域。

3）提升能源利用效率，构建高效的运输体系

交通工具能源利用效率的提升也是推动交通可持续发展的重要途径。《公路水路交通运输节能环保"十三五"发展规划》《广东省交通运输节能减排"十三五"发展规划》等均将单位运输周转量能耗的下降率作为反映交通节能效果的重要指标，主要通过技术进步、管理水平提高、智能化水平提升等途径实现。未来粤港澳大湾区应进一步加大交通领域科技研发投入力度，注重体制机制和管理服务创新，充分挖掘节能潜力，提升节能环保交通运输设备的应用比例，推广高效集约的交通运输组织模式，有效提升交通领域的能源利用效率。

5.3.3 交通领域能源转型情景分析的研究方法

在掌握粤港澳大湾区交通领域能源消费现状的基础上，选择 LEAP 模型（Stockholm Environment Institute，2005），测算不同发展情景下粤港澳大湾区交通领域未来的能源消费需求，并通过对比分析不同发展情景的测算结果，讨论粤港澳大湾区交通领域未来的能源结构变化趋势，探讨能源转型的方向和重点措施。

5.3.3.1 交通领域能源消费计算方法

交通领域的能源消费需求根据各运输类型的活动水平和能源利用效率计算得到（黄莹等，2019）。考虑到数据的可获得性，公交车、出租车、私人小汽车和摩托车的能源消费需求根据其交通工具的保有量、年均行驶里程以及百公里综合能耗计算，其他出行方式的能源消费需求根据其客/货运周转量及单位客/货运周转量的综合能耗计算。

$$E_{T,k} = \sum(E_{km,i,k} \times D_i \times N_i) + \sum(E_{km,j,k} \times Q_j) \tag{5-1}$$

式中，$E_{T,k}$ 为交通领域第 k 种能源的消费需求（吨标准煤）；$E_{km,i,k}$ 为交通工具 i 行驶每公里消耗的第 k 种能源量（吨标准煤/千米）；D_i 为交通工具 i 的年运输距离（千米）；N_i 为交通工具 i 的拥有量（辆）；i 为除城市轨道交通以外的市内客运交通工具类型，如公交车、出租车、私人小汽车、摩托车等；$E_{km,j,k}$ 为交通工具 j 运输单位客运/货运周转量消耗的第 k 种能源量（吨标准煤/（人·千米）或吨标准煤/（吨·千米））；Q_j 为交通工具 j 的客运/货运周转量（人·千米或吨·千米）；j 为城市轨道交通及铁路、公路、水运、航空客运和货运。

5.3.3.2　交通领域能源转型情景分析方法

本书根据粤港澳大湾区交通领域的特征，研究构建了 LEAP- 粤港澳大湾区交通能源模型，以 2017 年为基准年，2020 年、2025 年、2030 年、2035 年为目标年，采用情景分析的方法（Huang et al.，2019），分析未来粤港澳大湾区交通领域的能源消费需求、能源结构、节能潜力等，从而探讨其能源转型的目标和任务。

模型的模拟主要依据不同交通发展情景下各运输类型的活动水平、能源利用效率和燃料类型等进行。其中，活动水平和能源利用效率根据数据的可获得性进行定义，如公交车、出租车、私人小汽车和摩托车的活动水平定义为交通工具的数量及其年行驶里程，对应的能源利用效率为单位行驶里程的综合能耗；而地铁以及公路、铁路、航空和水路客运及货运的活动水平定义为客运 / 货运周转量，对应的能源利用效率为单位客运 / 货运周转量的综合能耗。此外，各种运输方式的燃料类型主要根据运输技术的发展现状以及未来的发展趋势，对不同的运输工具进行细分来定义，如私人小汽车分为传统汽油小汽车、混合动力小汽车、纯电动汽车等，对应的能源类型包括汽油和电力等。

5.3.4　交通领域未来能源转型情景设置

5.3.4.1　转型情景构想

在既定的经济社会发展目标下，设计了三种交通能源消费发展情景，即基准情景、能源转型情景、深度转型情景。通过分析不同发展情景下，粤港澳大湾区交通领域未来的能源需求和能源结构，进而梳理出粤港澳大湾区交通领域可行的能源转型路径。

1）基准情景

基准情景指以粤港澳大湾区各城市目前已发布的政策文件为导向，按照目前的实施力度执行现有政策措施，争取运输结构、能源结构、能源效率均较现状水平有所优化和提高。大力发展公共交通，优化客货运输模式，到 2035 年粤港澳大湾区城市公共交通分担率达到 58%，铁路运输快速发展，水路运输仍将是货运的主要方式；促进交通能源清洁化，到 2035 年粤港澳大湾区公交车、出租车电动化率分别达到 80% 和 90%，私人小汽车中节能车和纯电动汽车占比达到 20%，柴油车仍将是公路运输的主要工具，但天然气汽车、电动汽车也将逐渐适用于公路客货运输，铁路运输的电动化趋势明显；提高交通工具的能源效率，预计到 2035 年粤港澳大湾区市内客运交通能源效率将较现状水平提高 10%，公路客货运交通分别提高 4.4% 和 11.5%，铁路、航空客货运交通提高 10%，水路客货交通运提高 8.7%。

2）能源转型情景

能源转型情景指在交通运输需求保持基准情景水平的基础上，继续鼓励发展城市公共交通，大力发展铁路和水路运输，加快燃料的清洁化转换，通过技术进步和管理水平提升，提高交通工具的能源效率，实现交通领域的能源转型。继续大力发展公共交通，优化客货运输模式，到 2035 年粤港澳大湾区城市公共交通分担率达到 66%，铁路运输持续快速发展，水路运输仍将是货运的主要方式；优化交通能源结构，加大交通领域电气化进程，鼓励发展氢燃料电池车和生物燃油技术，到 2033 年粤港澳大湾区公交车将实现 100% 纯电动化，2035 年出租车实现 100% 纯电动化，私人小汽车中纯电动汽车占比约 30%，公路运输中天然气汽车、电动汽车占比逐渐增加；交通工具的能源效率进一步提升，预计到 2035 年粤港澳大湾区市内客运交通能源效率将较现状水平提高 15% 左右，公路客、货运交通分别提高 7.5% 和 15%，铁路、航空客货运交通提高 15%，水路客货运交通提高 12%。

3）深度转型情景

深度转型情景指在能源转型情景基础上，进一步加大政策措施的实施力度，使得交通运输模式发生革命性变化，交通工具的能源效率和交通能源结构清洁化水平显著提高，实现交通领域的深度转型。深化发展公共交通，促进客货运输模式转变，到 2035 年粤港澳大湾区城市公共交通分担率达到 75%，铁路运输成为客运的重要方式，水路运输仍将是货运的主要方式；交通能源结构深度优化，到 2035 年私人小汽车中纯电动汽车占比超过 50%，天然气车和电动车将逐渐取代部分燃油货车，氢燃料电池车将于 2023 年之后开始示范推广，到 2035 年占到公路货运的 10%，生物燃油推广利用进一步加快；显著提高交通工具的能源效率，预计到 2035 年粤港澳大湾区市内客运交通能源效率将较现状水平提高 15% 以上，公路客、货运交通分别提高 10% 和 20%，铁路、航空客货运交通提高 20%，水路客货运交通提高 15%。

5.3.4.2　转型情景参数设置

1）客货运输量和运输结构变化趋势

（1）市内客运。

市内客运的运输量与城市常住人口、环境承载力等因素密切相关。根据粤港澳大湾区各城市常住人口的变化趋势，结合环境承载力的约束，预计未来粤港澳大湾区的市内客运需求增加将逐年放缓，并有望出现负增长。结合粤港澳大湾区市内客运发展的历史趋势、现有政策以及发展规划，预计粤港澳大湾区市内客运量的年均增速将由"十三五"期间的 1.2% 下降至"十四五"的 1.0%、"十五五"的 0.6% 以及"十六五"的 -0.1%，到 2035 年全区市内客运量达到 477.6 亿人次。为保证不同情景的可比性，本书假定三个情景下的市内客运需求保持一致，仅运输结构发生变化。

根据《广东省交通运输"十三五"节能减排规划》等规划文件，未来粤港澳大湾区将继续大力发展公共交通，进一步提高公共交通出行比例。结合粤港澳大湾区各城市公共交通的发展现状、已有规划以及与世界先进城市的差距，预计 2035 年基准情景、能源转型情景和深度转型情景下，粤港澳大湾区公共交通出行占机动化出行的比例将分别达到 58%、66% 和 75%。

2019 年 1 月国家发展与改革委员会等十部门联合印发《进一步优化供给推动消费平

稳增长 促进形成强大国内市场的实施方案（2019 年）》，提出要结合本地实际情况，优化机动车限购管理措施，更好满足居民汽车消费需求。由此，未来粤港澳大湾区私人小汽车的增长速度很有可能出现反弹。但考虑到新能源汽车技术的日益成熟，预计未来新增私人小汽车中的纯电动汽车占比将逐渐增大。假定在基准情景下，粤港澳大湾区未来小汽车拥有量将再次快速增长，预计到 2035 年达到 2712 万辆，较 2017 年增长 1.3 倍，但随着公共交通的快速发展，未来私人小汽车的年平均行驶里程将较目前降低 20%。能源转型情景和深度转型情景下，预计未来粤港澳大湾区私人小汽车的增长速度和使用频率将较现有基准情景基础上得到一定的控制，到 2035 年粤港澳大湾区私人小汽车拥有量将分别下降到 2483 万辆和 2267 万辆，年平均行驶里程将较目前水平下降 30% 和 45%。

（2）城际客运。

粤港澳大湾区是我国经济最为活跃的地区之一，出行需求相对较高，2017 年的人均出行距离已超过 7200 千米，远高于我国平均水平，但低于当前德国和日本的水平（杨冠淳，2013）。根据《粤港澳大湾区发展规划纲要》，将促进粤港澳大湾区内的互联互通以及对外交通的畅通，预计未来粤港澳大湾区的城际客运需求将继续增长，但增长的幅度将低于全国平均水平。为保证不同情景的可比性，本书假定三个情景下的城际客运需求保持一致，仅运输结构发生变化。

城际客运需求往往与城市的经济发展水平以及人口数量密切相关。为预测粤港澳大湾区未来的城际客运需求，本书以城市为单位，利用各城市 2010 ～ 2017 年的 GDP、常住人口以及城际客运量和客运周转量数据，分析城际客运需求与经济和人口的关系，并结合各城市未来的 GDP 发展趋势，最终预测到 2035 年粤港澳大湾区的城际客运量及客运周转量将分别达到 20.2 亿人次和 11 000 亿人千米。

城际客运的运输结构直接决定城际客运交通的二氧化碳和空气污染物排放。现有研究普遍认为航空和公路运输仍将是未来最主要的城际出行方式（傅莎，2012）。但考虑到航空和公路运输的单位能耗高，为了促进城际客运交通的节能和减排，将加强铁路等低能耗运输方式的发展，以部分分流航空客运和公路客运。未来，粤港澳大湾区的铁路客运量和客运周转量占比将逐渐提升，航空客运和公路客运占比有所下降。预计到 2035 年，基准情景、能源转型情景和深度转型情景下，粤港澳大湾区公路客运、铁路客运、航空客运和水路客运的运输结构将分别转化为 43.5∶33.5∶19∶4、34∶45∶17∶4、25∶57∶14∶4。

（3）货物运输。

货物运输受经济形势，特别是第二产业发展影响较大（刘俊伶等，2018）。随着粤港澳大湾区的高质量发展，产业结构将继续优化，必将带来未来货运需求增长的放缓。为保证不同情景的可比性，本书假定三个情景下的货运需求保持一致，仅运输结构发生变化。

货运需求往往与城市的经济发展水平密切相关。利用粤港澳大湾区各城市2010 ～ 2017 年的第二产业增加值以及货运量和货运周转量数据，分析货运需求与第二产业增加值的关系，并结合各城市未来的经济发展趋势，最终预测到 2035 年粤港澳大湾区的货运量及货运周转量将分别达到 52.5 亿吨和 54 225 亿吨千米。

就运输结构而言，水运作为最经济和低碳的运输方式，未来的货运需求将持续增长，但考虑到物流业的飞速发展以及人们对时效性要求的不断提高，预计粤港澳大湾区未来的公路和航空货运量占比也将逐渐增长。考虑到不同货运方式的能源效率，在可持续发展的要求下，需要鼓励远距离货运采用铁路和水路运输，以部分分流公路和航空货运量，有效降低其货运需求的增长幅度。预计到 2035 年，基准情景、能源转型情景和深度转型情景下，粤港澳大湾区公路货运、铁路货运、航空货运和水路货运的运输结构将分别转化为 58.7∶5∶0.2∶36.1、42.1∶14.9∶0.2∶42.8、28.4∶29.5∶0.1∶42.0。

2）能源结构变化趋势

纯电动汽车被认为是我国汽车行业的发展战略，未来将普遍应用于公交车、出租车、私人小汽车和物流车领域。2017 年发布的《广东省节能减排"十三五"规划》提出，珠三角地区将成为全国纯电动公交车推广应用的示范区域，加快出租车的纯电动化进程，同时鼓励私人购买纯电动车。2015 年以来，美国加利福尼亚州、德国、挪威等十余个国家和地区先后提出了燃油车禁售时间表（闫建涛，2018）。粤港澳大湾区作为我国经济最发达的区域之一，禁售燃油车必将成为未来汽车销售的趋势，私人小汽车的电动化水平有望大幅度提高。预计到 2035 年，基准情景、能源转型情景和深度转型情景下，粤港澳大湾区的私人小汽车纯电动化率将分别达到 10%、30% 和 50%。

天然气被认为是较煤炭、石油清洁的化石燃料，是国家优先推广的清洁能源，广泛应用于发电、工业生产和居民生活领域。2013 年以来，交通运输部先后出台了《关于推进水运行业应用液化天然气的指导意见》《关于深入推进水运行业应用液化天然气的意见》，以促进天然气在水运交通中的应用。同时，《广东省交通运输节能减排"十三五"发展规划》中也明确提出，要大力推进天然气在道路运输中的应用。鉴于此，预计到 2035 年，基准情景、能源转型情景和深度转型情景下，粤港澳大湾区公路客、货运和水路货运交通中天然气的利用比例将分别达到 10%、15% 和 20%。

氢能作为一种来源丰富、能量密度高、清洁无污染的能源，被视为是最具发展前景的二次能源（刘坚和钟财富，2019）。氢燃料电池汽车具有燃料加注时间短、能源转换效率高、续驶里程长、无污染等特点，被认为是传统燃油汽车的理想替代品（张戈等，2018）。我国从 2006 年就将氢能及燃料电池写入《国家中长期科学和技术发展规划纲要（2006—2020 年）》的发展计划中，佛山、广州、深圳也相继部署了氢能发展相关产业。未来大湾区也必将大力推广氢能源在交通运输领域的应用。预计到 2035 年，基准情景、能源转型情景和深度转型情景下，公交车和货车的氢能利用比例将分别达到 2%、6% 和 10%。

此外，生物燃油是由生物质制成的液态燃料，是可再生能源开发利用的重要方向，被认为是目前实现航空和水路运输零碳排放的重要途径。国际能源署 2013 年发布的《交通用生物燃料技术路线图》预测，到 2050 年生物燃料占交通运输燃料总量的比例将上升到 27%。以航空运输为例，根据国际航空运输协会的要求，航空公司需要在 2020 年实现全球航空碳排放零增长的目标。预计到 2035 年，基准情景、能源转型情景和深度转型情景下，航空和水路运输的生物燃油利用比例将分别达到 3%、6% 和 10%。

3）交通工具的能源利用效率变化趋势

交通工具能源利用效率提升也是交通领域节能减排的重要途径。由于现有交通工具的能源利用效率已较为稳定，短期内大幅提高的可能性较小。但长期而言，随着未来技术水平的不断提高，交通工具的单位能耗仍有望进一步下降。根据《重塑能源：中国面向 2050 年能源消费和生产革命路线图（交通卷）》（朱跃中等，2017），市内客运单位运输量能耗强度下降将主要依靠燃料替代实现，城际客运和货运交通工具的能效提升将主要依靠技术进步和管理水平提升。预计到 2035 年，基准情景下粤港澳大湾区市内客运、城际客运和货运交通能源利用效率将分别较现状水平提升约 10%、8% 和 10%；能源转型情景下分别较现状水平提升约 15%、11% 和 13.5%；深度转型情景下进一步分别较现状水平提升约 18%、15% 和 17.5%。

5.3.5 交通领域未来能源转型情景分析

5.3.5.1 能源消费需求总体趋势

图 5-37 是不同情景下粤港澳大湾区交通领域未来能源消费需求的模拟结果。基准情景下，未来粤港澳大湾区交通领域的能源消费需求仍将继续增长，但增长的幅度将逐渐减小，到 2035 年，粤港澳大湾区交通领域的能源消费需求将达到 11 687 万吨标准煤，较 2017 年增长 59%，"十三五"、"十四五"、"十五五"和"十六五"期间的年平均增长率分别为 5.9%、3.1%、2.2% 和 1.5%。

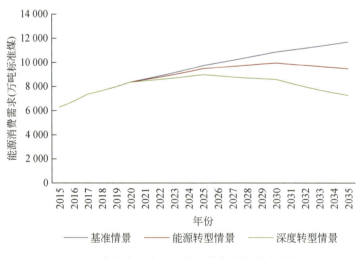

图 5-37 粤港澳大湾区交通领域未来能源消费需求

能源转型情景下，随着政策措施的加强，粤港澳大湾区交通领域的能源消费需求增长速度将进一步减小，并有望在 2030 年左右达到能源消费需求峰值，峰值量约为 10 000 万吨标准煤，之后略有下降，到 2035 年达到 9460 万吨标准煤，较 2017 年增长 29%，"十三五"、"十四五"、"十五五"和"十六五"期间的年平均增长率显著减小，分别控制在 5.9%、2.6%、1.0% 和 -1.0%。

　　深度转型情景下，粤港澳大湾区交通领域能源消费需求的达峰时间有望进一步提前到 2025 年左右，峰值量约为 8975 万吨标准煤，到 2035 年的能源消费需求将回归到现状水平，"十三五"、"十四五"、"十五五"和"十六五"期间的年平均增长率显著减小，分别控制在 5.9%、1.4%、-0.9% 和 -3.3%。

5.3.5.2　分运输类型的能源消费结构

1）货运交通能耗

　　从分运输类型的能源消费结构来看，货运交通仍将是粤港澳大湾区交通领域能源消费最主要的部门，随着未来货运需求的增长，在三个情景下的能源消费需求都将不同程度地增长。图 5-38 为不同情景下 2017 ~ 2035 年粤港澳大湾区货运交通的能源消费需求，其中水路货运、航空货运和公路货运的能源消费需求最大，但随着货运结构的不断优化，

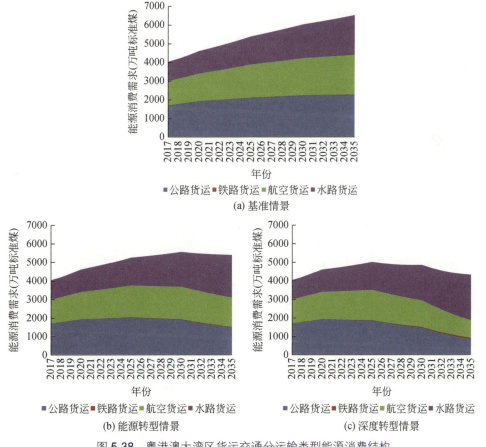

图 5-38　粤港澳大湾区货运交通分运输类型能源消费结构

能源转型情景和深度转型情景下，公路货运和航空货运的能源消费需求有望得到有效控制，而水路货运的能源消费需求增长幅度将逐渐增大。

基准情景下，粤港澳大湾区货运交通的能源消费需求将由2017年的4014万吨标准煤增长至2035年的6500万吨标准煤，其占交通领域能源消费需求总量的比例将由2017年的54.7%增长至2035年的55.8%。其中，公路货运、航空货运和水路货运占交通领域能源消费需求总量的比例分别由2017年的23%、17.5%和14.2%变化为2035年的19.4%、18.2%和18.1%。

能源转型情景下，粤港澳大湾区货运交通的能源消费需求有望在2030年左右达到峰值，峰值量约为5550万吨标准煤，之后缓慢下降，到2035年的能源消费需求较基准情景下降17.4%，约占粤港澳大湾区交通领域能源消费需求总量的56.9%。其中，公路货运和航空货运的能源消费需求分别有望在2025年和2030年左右达到峰值，到2035年的能源消费需求明显低于基准情景，但水路货运的能源消费需求高于基准情景。2035年，粤港澳大湾区公路货运、航空货运和水路货运占交通领域能源消费需求总量的比例分别为15.6%、16.7%和24.3%。

深度转型情景下，粤港澳大湾区货运交通的能源消费需求达峰时间有望提前到2025年左右，峰值量约为5000万吨标准煤，到2035年下降至4319万吨标准煤，较基准情景下降33.7%，略高于现状水平，约占粤港澳大湾区交通领域能源消费需求总量的59.6%。其中，公路货运和航空货运的能源消费需求达峰时间分别有望提前到2020年和2025年左右，到2035年的能源消费需求分别较基准情景下降62%和55%，但水路货运的能源消费需求仅较基准情景增长16%。2035年，粤港澳大湾区公路货运、航空货运和水路货运占交通领域能源消费需求总量的比例分别为12%、13.1%和33.8%。

2）城际客运交通能耗

城际客运也是粤港澳大湾区交通领域能源消费需求的重要部门。随着粤港澳大湾区的融合发展，未来的城际客运需求将持续增长，在三个情景下的能源消费需求都将不同程度地增加。图5-39为不同情景下2017～2035年粤港澳大湾区城际客运交通的能源消费需求，其中航空客运和公路客运的能源消费需求最大，但随着城际客运交通运输结构的不断优化，其能源消费需求的增长幅度将得到有效控制；铁路客运的能源消费需求增长幅度将逐渐增大，但由于基数较少，未来的能源消费需求仍然较小。

基准情景下，粤港澳大湾区城际客运交通的能源消费需求占交通领域能源消费需求总量的比例将由2017年的18.2%增长至2035年的22.5%。其中，2035年公路客运、铁路客运和航空客运占交通领域能源消费需求总量的比例分别为1.2%、0.6%和20.8%。

能源转型情景下，粤港澳大湾区城际客运交通的能源消费需求增长速度有所放缓，约占粤港澳大湾区交通领域能源消费需求总量的23.8%。其中，公路客运的能源消费需求有望在2020年左右达到峰值，到2035年的能源消费需求明显低于基准情景；航空客运的能源消费需求将继续增长，但增长速度显著放缓，2035年的能源消费需求较基准情景下降15%；铁路客运的能源消费需求快速增长，2035年的能源消费需求较2017年增

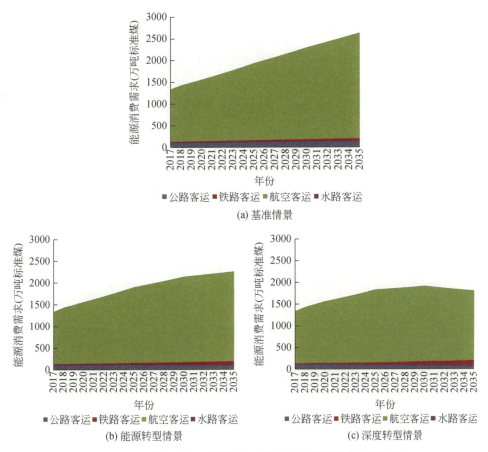

图 5-39　粤港澳大湾区城际客运交通分运输类型能源消费结构

长近 2.8 倍。2035 年，粤港澳大湾区公路客运、铁路客运和航空客运占交通领域能源消费需求总量的比例分别为 1.0%、1.0% 和 21.8%。

深度转型情景下，粤港澳大湾区城际客运交通的能源消费需求有望在 2030 年左右达到峰值，到 2035 年约占粤港澳大湾区交通领域能源消费需求总量的 24.8%。其中，公路客运和航空客运的能源消费需求有望分别于 2020 年和 2030 年达到峰值，到 2035 年分别较基准情景下降 5% 和 34%。铁路客运的能源消费需求进一步增长。2035 年，粤港澳大湾区公路客运、铁路客运和航空客运占交通领域能源消费需求总量的比例分别为 0.9%、1.9% 和 22.1%。

3）市内客运交通能耗

市内客运是目前粤港澳大湾区交通领域能源消费需求第二大的部门。随着粤港澳大湾区的高质量发展，未来的市内客运需求也将继续增长，能源消费需求也将随之增加。但通过大力发展公共交通，积极推动汽车的纯电动化，在能源转型情景和深度转型情景下，粤港澳大湾区未来的能源消费需求也有望得到有效控制。图 5-40 为不同情景下 2017 ~ 2035 年粤港澳大湾区市内客运交通的能源消费需求。

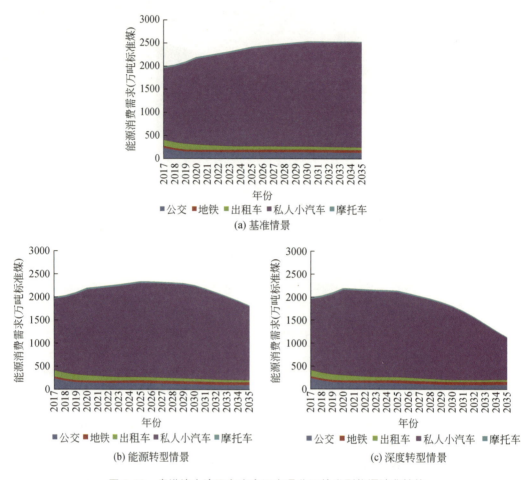

图 5-40 粤港澳大湾区市内客运交通分运输类型能源消费结构

基准情景下，粤港澳大湾区市内客运交通的能源消费需求将由 2017 年的 1996 万吨标准煤增长至 2035 年的 2537 万吨标准煤，其占交通领域能源消费需求总量的比例将由 2017 年的 27.2% 下降至 2035 年的 21.7%。其中，私人小汽车的能源消费需求增长最快，2035 年的能源消费需求将较 2017 年增长 46%。随着公交车、出租车的纯电动化，公共交通的能源利用效率显著提高，能源消费需求逐年下降，到 2035 年较 2017 年降低约 39%。2035 年，粤港澳大湾区公共交通和私人小汽车占交通领域能源消费需求总量的比例分别由 2017 年的 5.6% 和 21.1% 下降为 2035 年的 2.1% 和 19.4%。

能源转型情景下，粤港澳大湾区市内客运交通的能源消费需求将于 2025 年左右达到峰值，峰值量约为 2340 万吨标准煤，到 2035 年将较基准情景下降 28.3%，在粤港澳大湾区交通领域能源消费需求总量的占比下降至 19.2%。其中，私人小汽车的能源消费需求有望于 2027 年左右达到峰值，峰值量约为 2045 万吨标准煤，到 2035 年将较基准情景下降 29.3%，占交通领域能源消费需求总量的比例下降为 16.9%。随着公交车、出租车的纯电动化水平的进一步提升，公共交通的能源利用效率也将随之提高，但由于公共交通分担率的提升，其能源消费需求的下降幅度有限，2035 年的能源消费需求仅较基准情景下降 19%，占交通领域能源消费需求总量的比例仍将保持在 2.1% 左右。

深度转型情景下，粤港澳大湾区市内客运交通的能源消费需求达峰时间有望提前到 2020 年，峰值量进一步下降为 2200 万吨标准煤，到 2035 年将较基准情景下降 55.4%，约占粤港澳大湾区交通领域能源消费需求总量的 15.6%。其中，私人小汽车的能源消费需求达峰时间有望提前至 2023 年，峰值量下降为 1870 万吨标准煤，2035 年的能源消费需求将较基准情景下降 59.6%，占交通领域能源消费需求总量的比例进一步下降为 12.6%。随着城市公共交通分担率的持续提升，公共交通运输需求提升带来的能源消费需求增加将基本抵消纯电动化和能源效率提高产生的能源消费需求减少，使得公共交通的能源消费将基本保持能源转型情景水平。

5.3.5.3　分燃料类型的能源消费结构

从能源消费结构来看，油品仍将是粤港澳大湾区交通领域未来能源消费需求中最重要的类型。图 5-41 为不同情景下粤港澳大湾区交通领域分能源类型的能源消费结构。短期内，随着交通运输需求的增加，油品消费将继续增长；但长期而言，随着交通工具能源利用效率的提高以及能源结构的优化，油品消费需求的增长速度将逐渐放缓，甚至不同程度地下降。

基准情景下，粤港澳大湾区交通领域未来的油品消费需求将于 2030 年左右达到平台期，随后基本保持稳定，到 2035 年达到 10 000 万吨标准煤，约占交通领域能源消费总量的 85.3%。能源转型情景下，粤港澳大湾区交通领域未来的油品消费需求有望于 2025 年左右达到峰值，峰值量约 8855 万吨标准煤，随后逐渐下降，到 2035 年与现状水平基本相当，约占交通领域能源消费总量的 75%。深度转型情景下，随着交通工具能源效率的进一步提高以及能源结构的深度清洁化，粤港澳大湾区交通领域的油品消费需求峰值将进一步降低，到 2035 年下降至 4500 万吨标准煤左右，约为现状水平的 63%，占粤港澳大湾区交通领域能源消费总量的比例进一步下降至 62%。

随着油品消费的减量化，天然气、电力、氢能和生物燃油的消费需求将逐渐增加。其中，电力消费的增长主要来自公交车、地铁、出租车、私人小汽车、公路客货运和铁路客货运电动化水平的提升；天然气消费需求增长主要来自公路客运、公路货运和水路货运中天然气的推广利用；氢能需求的增长主要依赖于公交车和长途物流车领域氢燃料电池车的技术突破；生物燃油消费需求的增长主要源自生物燃油在航空和水路客运、货运领域的应用和推广。基准情景下，到 2035 年粤港澳大湾区交通领域天然气、电力、氢能和生物燃油的消费量将分别占到交通领域能源消费需求总量的 9%、3.8%、0.6% 和 1.3%；能源转型情景下，分别增长至 14.4%、6.6%、1.1% 和 2.9%；深度转型情景下，进一步增长至 21.3%、9.7%、1.5% 和 5.6%。

由此可见，油品将一直是粤港澳大湾区交通领域未来能源消费需求中最重要的类型，要实现粤港澳大湾区交通领域的能源结构转型，需要推动天然气在长距离运输中的应用，

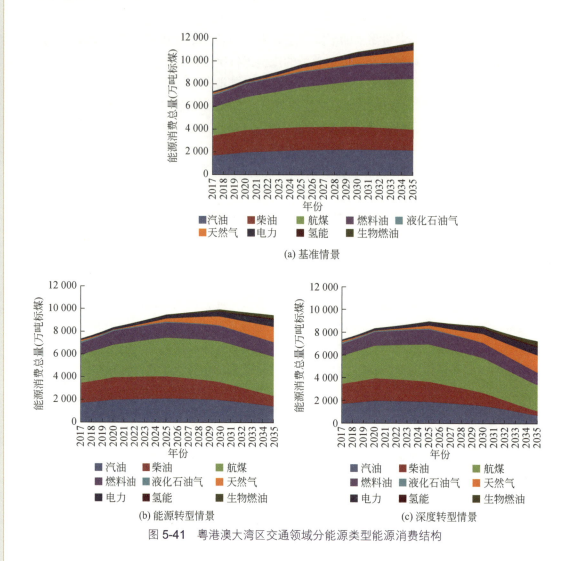

图 5-41　粤港澳大湾区交通领域分能源类型能源消费结构

加快交通工具的电气化进程，并突破氢能、生物燃油技术难题，促进交通能源的清洁化转化。

5.3.5.4　主要结论

（1）能源转型情景下，粤港澳大湾区交通领域有望在 2030 年左右实现能源消费需求达到峰值，峰值量约为 1 亿吨标准煤；深度转型情景下，达到峰值时间有望提前到 2025 年左右，峰值量下降至 9000 万吨标准煤。

（2）从能源消费结构来看，油品将一直是粤港澳大湾区交通领域未来能源消费需求中最重要的类型。短期内，随着运输需求的增加，油品的消费将继续增加；但长期而言，随着电气化水平的提升，以及天然气、生物燃油和氢能源的推广利用，油品消费有望在 2025 年左右实现达峰。

（3）从分运输类型的能源消费结构来看，货运交通仍将是粤港澳大湾区交通领域能源消费最主要的部门，但随着货运交通运输结构的不断优化，公路和航空货运的能源消费有望得到有效控制，但水路货运的能源消费增长幅度将逐渐增大；随着粤港澳大湾区的融合发展，未来的城际客运需求也将持续增长，其中航空客运和公路客运的能源消费需求最大；粤港澳大湾区未来的市内客运需求也将继续增长，为了抑制市内客运交通能源消费需求持续增长的趋势，粤港澳大湾区各城市大力发展公共交通，并积极推动汽车的电动化，未来的能源消费需求有望得到有效控制。

（4）货运交通将是粤港澳大湾区交通领域未来实现能源转型的重点。其中，公路货运和航空货运是未来实现能源转型的重点；铁路和水路运输是未来货运交通重点发展的运输方式，将主要通过能源结构优化和能源效率提升实现节能。在客运交通中，私人小汽车和航空客运是未来实现能源转型的关键，主要通过大力发展公共交通和铁路客运来分流部分私人小汽车和航空客运需求。

5.3.6　交通领域能源转型重要路径

根据不同发展情景模拟结果的对比分析，货运交通将是粤港澳大湾区交通领域未来实现能源转型的重点，其次是城际客运和城市客运，而运输结构优化、能源结构清洁化和能效水平提升是粤港澳大湾区交通领域实现能源转型的重要途径。综合考虑节能减排潜力、技术成熟度、本地适用性等因素，提出粤港澳大湾区交通领域到 2035 年分阶段能源转型路径，以期促进粤港澳大湾区交通领域的能源转型。

5.3.6.1　能源转型情景

1）第一阶段（2017～2025 年）

重点提升落后城市的公共交通分担率，实现粤港澳大湾区公共交通分担率到 2025 年提高到 58% 以上；加速高速铁路的建设和运营，扩大铁路客运的可达范围；完善内河和远洋航道与疏港铁路、公路等集疏运网络，促进水路和铁路货运发展。

2022 年以前实现珠三角城市公交车 100% 纯电动化，2025 年以前基本实现出租车 100% 纯电动化；鼓励电动车在公路客货运输中的应用；推动天然气车船在货运领域的应用。

依靠燃料替代提高市内客运交通工具能源利用效率，实现 2025 年主要交通工具能效较 2017 年提高约 5%；依靠管理水平的提升提高城际客运和货运交通工具能效，实现 2025 年能效较 2017 年提高约 4%。

2）第二阶段（2026～2030 年）

继续提升落后城市的公共交通分担率，结合城市停车费管理等措施，实现粤港澳大湾区公共交通分担率到 2030 年提升至 62% 以上；提高铁路客运服务水平，形成铁路、公路、航空协调发展的综合客运交通体系；整合粤港澳大湾区内货运资源，注重差异化功能定位，形成优势互补的物流和配套服务体系。

加速氢燃料电池车的技术研发，鼓励私人购买纯电动汽车，促进市内客运交通节能减排；加快电动货车技术研发，鼓励发展快速铁路，推进生物燃油在航空运输和水路运输领域的示范。

依靠技术进步提高市内客运交通工具能效水平，"十五五"期间累计提高5.3%以上；通过技术进步和管理水平提升，提高城际客运和货运交通工具能效水平，"十五五"期间累计提高5%以上。

3）第三阶段（2031～2035年）

努力构建通畅便利的公交体系，实现粤港澳大湾区公共交通分担率到2035年提升至66%以上，私人小汽车年运行里程较2017年缩短30%；逐步实现市内公共交通与城际客运的零换乘和无缝衔接；加强公铁联运、铁水联运、江海联运，逐步实现多式联运有机衔接。

促进港澳公共交通电动化，加快氢燃料公交车发展，实现到2035年公共交通100%零碳化，私人小汽车纯电动化率达到30%以上；实现长距离、大载荷电动汽车技术突破，促进氢燃料物流车的应用，提高铁路运输的电气化水平，扩大生物燃油在航空和水运领域的应用。

通过技术进步提高市内客运交通工具能效水平，"十六五"期间累计提高5.6%以上；通过技术进步和智能化管理提升，提高城际客运和货运交通工具能效水平，"十六五"期间累计提高6%以上。

5.3.6.2 深度转型情景

1）第一阶段（2017～2025年）

继续大力发展公共交通，提升落后城市的公共交通分担率，实现粤港澳大湾区公共交通分担率到2025年提高到60%以上；鼓励发展铁路和水路运输，加速铁水、公铁、空铁、江河海联运的无缝对接。

2022年以前实现珠三角城市公交车100%纯电动化，2023年以前基本实现出租车100%纯电动化；加快纯电动汽车重点技术的研发，促进天然气在公路和水路运输领域的应用。

依靠燃料替代提高市内客运交通工具能源利用效率，实现2025年主要交通工具能效较2017年提高约6%；依靠管理水平的提升提高城际客运和货运交通工具能效，实现2025年能效较2017年提高约4.5%。

2）第二阶段（2026～2030年）

继续大力发展公共交通，结合城市拥堵治理、超低排放区管理等措施，实现粤港澳大湾区公共交通分担率到2030年提升至66%以上；重点提高铁路客运服务水平，优化客运交通运输网络布局；提高粤港澳大湾区内货运企业专业化水平，形成互惠共赢的物流和配套服务体系。

促进氢燃料电池车在公交车领域的应用，加大纯电动汽车在私人小汽车中的推广力度；加快面向长距离、大载荷电动汽车技术研发，推进生物燃油在航空运输和水路运输领域的小规模应用。

依靠技术进步提高市内客运交通工具能效水平，"十五五"期间累计提高 7% 以上；通过技术进步和管理水平提升，提高城际客运和货运交通工具能效水平，"十五五"期间累计提高 6.5% 以上。

3）第三阶段（2031～2035 年）

形成公交车、城市轨道交通、出租车等多种方式相衔接的一体化公交体系，实现粤港澳大湾区公共交通分担率到 2035 年提升至 75% 以上，私人小汽车年运行里程较 2017 年缩短 45%；进一步加快实现市内公共交通与城际客运的零换乘和无缝衔接；实现多式联运有机衔接，形成水、陆、空协调发展的综合货运交通体系。

逐步实现港澳公共交通纯电动化，加快氢燃料公交车发展步伐，私人小汽车纯电动化率达到 50% 以上；实现长距离、大载荷电动汽车和氢燃料物流车的大规模应用，促进生物燃油在航空和水运领域的广泛应用。

通过技术进步提高市内客运交通工具能效水平，"十六五"期间累计提高 8% 以上；通过技术进步和智能化管理提升，提高城际客运和货运交通工具能效水平，"十六五"期间累计提高 7.5% 以上。

5.3.7　交通领域能源转型的政策建议

1）鼓励发展水路和铁路运输，打造全方位综合货运系统

（1）提升粤港澳大湾区港口群国际竞争力。巩固提升香港国际航运中心地位，增强广州、深圳国际航运综合服务功能，进一步提升港口、航道等基础设施服务能力，形成优势互补、互惠共赢的港口、航运、物流和配套服务体系，增强港口群整体国际竞争力。

（2）加快铁路基础设施建设。推进赣州至深圳、广州至汕尾、深圳至茂名等铁路项目建设；适时开展广州经茂名、湛江至海安铁路和柳州至肇庆铁路等区域性通道项目前期工作；研究广州至清远铁路进一步延伸的可行性，完善粤港澳大湾区经粤东、粤西、粤北至周边省区的铁路运输通道，强化铁路运输在粤港澳大湾区远距离货运交通中的重要地位。

（3）发展高增值航空货运。依托香港金融和物流优势，巩固提升香港国际航空枢纽地位；推进广州、深圳临空经济区发展，提升机场国际枢纽竞争力；增强澳门、珠海等机场功能，推进粤港澳大湾区机场错位发展和良性互动，发展高增值航空货运。

（4）有序发展公路快速货运。在现有公路运输网络基础上，逐步推进沈海高速和京港澳高速等国家高速公路交通繁忙路段扩容改造，完善公路货运管理体系，提供公路货运服务水平，保障公路货运成为粤港澳大湾区水路和铁路货运的有效补充。

（5）构建现代货运物流体系。在确保水路货运主体地位不动摇的基础上，加快发展铁水、公铁、空铁、江河海联运和"一单制"联运服务，构建全方位的综合性现代货运物流体系。

2）以高速铁路和公路为主体，构筑粤港澳大湾区快速客运交通网络

（1）加大高速铁路基础设施建设力度。以连通内地与港澳以及珠江口东西两岸为目标，编制粤港澳大湾区城际铁路建设规划，完善粤港澳大湾区铁路骨干网络，加快城际铁路建设，有序规划珠三角主要城市的城市轨道交通项目。

（2）提升机场集疏运能力和能效水平。支持香港、澳门、广州、深圳机场改扩建工程，积极推进干线铁路、城际铁路、市郊铁路等引入机场，提升机场集疏运能力；完善机场和航班的能效管理体系，有效提升航空运输能效水平。

（3）完善公路客运网络。继续加速粤港澳大湾区高速公路建设，重点建设深中通道、虎门二桥过江通道等工程，构建以高速铁路、城际铁路和高等级公路为主体的城际快速交通网络，力争实现粤港澳大湾区主要城市间1小时通达；突破行政区划局限，在粤港澳大湾区形成"一张网、一张票、一串城"的城际客运交通格局，实现城际客运"公交"化。

（4）促进口岸建设和管理。推进莲塘/香园围口岸、粤澳新通道（青茂口岸）、横琴口岸、广深港高速铁路西九龙站等新口岸项目的规划建设；创新通关模式，加强港澳与内地的交通联系，推进各种运输方式的有效对接，更好发挥广深港高速铁路、港珠澳大桥作用，提升粤港澳口岸通关能力和通关便利化水平，促进人员高效便捷流动。

3）大力发展城市公共交通，有效抑制私人小汽车出行

（1）继续深化实施公交优先发展战略。加快现有城市轨道交通设施建设，推进新一轮城市轨道交通线网规划，提升城市轨道交通基础设施的营运水平；新增和优化公交线网，提升线网的整体效率，完善公交专用道、公交站场的建设和管理，提供多样化常规公交服务；加快推进出租车行业改革，合理投放传统出租汽车运力，科学有序发展网络预约出租汽车；结合未来客流需求合理建设运营码头和船舶，提升水上巴士服务质量。在粤港澳大湾区构建形成公交车、城市轨道交通、出租车等多种方式相衔接的一体化公交体系，实现到2035年粤港澳大湾区公共交通分担率达到75%以上。

（2）有效控制小汽车数量和出行频率。在广州、深圳等城市继续深化实施中小客车总量调控政策，适时提出将新能源车辆指标纳入总量调控的意见和实施方案，研究远期中小客车总量调控指标缩减方案，有效减少本地私人小汽车的数量；严格实施现行外地车通行管理措施，逐步扩大外地车出行限制的地域范围，有效控制非本地私人小汽车的出行；加强城市停车和拥堵管理，全面实行分区域、分类型、分时段差别化停车供应和收费，研究拥堵收费、低排区管理、高峰期区域限行等政策，采用经济手段有效减少私人小汽车的出行频率。

4）鼓励推广清洁燃料，力争在2025年实现石油消费达峰

（1）优化货运交通能源结构。加快面向长距离、大载荷电动汽车及氢燃料电池车技术研发进程，加快公路货运公交的"油改电"进程；水路货运鼓励使用岸电，港口机械实现电气化改造；鼓励天然气在公路和水路货运中的推广和应用；同时，加速生物燃料的技术研发，积极进行生物燃油在航空和水路运输领域的示范和推广。最终形成油品、天然气、生物燃料和氢燃料共同发展的货运交通能源消费模式。

（2）促进客运交通工具清洁化。继续推进电动车在公交、出租车、公务车等领域的使用，实现粤港澳大湾区公交车和出租车 100% 电动化；通过总量调控、财政补贴等政策鼓励电动汽车在私人用车领域的使用；大力推进充电桩等基础设施的规划与建设，尤其加强在公交站场、大型居住社区、大型商业区等的合理布局，完善电动汽车配套基础设施，保障粤港澳大湾区汽车电动化进程推进；加快高速铁路、城际铁路建设，增大电力机车的比例，促进粤港澳大湾区铁路客运"油改电"；实现氢能和生物燃油技术突破，加速生物燃油和氢燃料在客运交通领域的大规模安全使用，最终促进综合客运交通的清洁化变革。

5）推动交通领域技术进步，促进发展智能交通系统

（1）促进交通工具节能。提高交通工具能效标准，加快淘汰高能耗、低效率的老旧交通工具，推广使用轻型节能交通工具；加强交通基础设施建设，完成客货运站场、空港、海港及公铁联运场站的节能改造。

（2）提升运输管理水平。推广先进客货运组织管理模式，提高客货运企业规模化、集约化水平，引导交通运输企业向大型化、专业化方向发展；整合各类运输方式信息资源，优化客货运输信息服务，有效提高客货运实载率，提升粤港澳大湾区交通系统服务能力。

（3）加速智能交通系统建设。强化信息技术在交通领域的应用，推进 4G/5G 等通信技术、物联网、云计算、大数据、人工智能、区块链等新技术在交通领域的集成应用创新；加快交通基础设施网、运输服务网、能源网与信息网络融合发展，构建先进的交通信息基础设施；建立基于大数据支撑的交通控制、管理、决策、服务一体化的部门联动、协同管控的智能交通管理系统，创新交通管理服务新模式，提高粤港澳大湾区智能交通管理水平。

6）加强交通能源管理，促进交通领域可持续发展

（1）建立健全交通节能减排管理机制。联合交通、能源、环境等部门，共同开展粤港澳大湾区交通领域可持续发展管理，强化地区间、部门间合作，形成绿色交通监管合力；完善交通节能减排标准体系和法规制度，规范新技术、新产品的节能减排效果测试评价流程和新技术选型标准，加强重点用能单位节能减排监测和管理；鼓励重点企业建立节能减排专职机构，配备专职人员，逐步形成权责明确、协调顺畅、运行高效、保障有力的交通运输节能减排管理体系。

（2）完善交通节能减排统计监测考核体系。运用信息化手段进一步加强全市交通领域节能减排的统计、监测业务能力建设，开展节能减排统计监测指标的调查、分析和发布工作，为行业重大节能减排政策措施提供决策支持；同时基于节能减排指标监测分析，完善考核机制，强化交通运输行业节能减排工作考核。

（3）健全交通节能减排服务体系。组织开展节能减排技术交流推广、信息发布、宣传培训等活动，多渠道、多形式推广交通节能减排技术与产品；充分发挥科研机构和行业协会等在交通节能减排规划、技术政策与标准规范的制定和实施、节能减排技术推广、宣传培训等方面的积极作用；积极培育交通节能环保技术服务市场，积极引导大型交通用能单位与专业节能减排服务公司合作，为企业实施节能低碳改造提供第三方审计、诊断、

设计、融资、改造、运行、管理等服务。

5.4 粤港澳大湾区建筑部门能源转型情景研究

建筑是重要的能源消费领域，建筑约占世界能源消耗和全球温室气体排放的三分之一（UNEP，2014）。《中国建筑能耗研究报告（2018年）》指出，2016年我国建筑能耗占全社会能源消费总量20.6%（中国建筑节能协会能耗统计专业委员会，2018）。根据发达国家的经验，当工业发展到一定程度后，建筑和交通部门能源消费将随着经济发展稳步增长，建筑部门在全社会终端能源消费量中的占比将达30%～40%（谷立静和张建国，2017）。中国目前的经济发展仍落后于发达国家，人均建筑面积和建筑能源服务水平与发达国家存在差距，未来在新型城镇化的背景下，随着居民生活质量和服务业发展水平的持续提升，建筑面积将持续增加，建筑能耗持续上涨，建筑部门将是未来能源消费增长的主要来源。

2019年2月18日国务院发布《粤港澳大湾区发展规划纲要》，要把粤港澳大湾区建设成为充满活力的世界级城市群、有全球影响力的国际科技创新中心、宜居宜业宜游的优质生活圈，这必将给粤港澳大湾区建筑行业带来新一轮的发展机遇。同时，也为建筑部门能源转型带来巨大的挑战。本节将对粤港澳大湾区建筑部门的能源转型开展情景研究，提出其转型的目标、方向和发展路径。

5.4.1 粤港澳大湾区建筑部门现状

5.4.1.1 粤港澳大湾区建筑部门及能源消费研究范围

本书的建筑类型为民用建筑，按照一般分类分为：①居住建筑：包括城镇居住建筑、农村居住建筑。②公共建筑：包括办公建筑、商场建筑、酒店宾馆建筑、医院建筑、学校建筑（图5-42）。

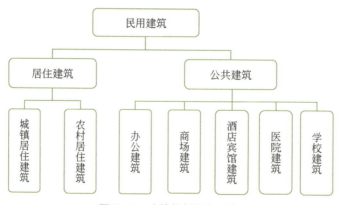

图 5-42 建筑能耗研究对象

本书的建筑能耗指的是建筑在运营使用过程的能耗，不包括建造过程中的能耗。即建筑能耗是指发生在以上建筑物内的能源消费。《民用建筑能耗分类及表示方法》（GB/T 34913—2017）对建筑能耗的边界划分如下：公共建筑能耗包括公共建筑内空调、通风、照明、生活热水、电梯、办公设备等使用的所有能耗；城镇居住建筑能耗为城镇居住建筑使用过程中消耗的从外部输入的能源量，包括每户使用的能源和公摊部分使用的能源；农村居住建筑能耗为农村居住建筑使用过程中消耗的从外部输入的能源量。

本节对居住建筑和公共建筑两大类共七类建筑进行能耗计算，包括七类建筑中使用的电力和燃气。粤港澳大湾区各地市居住建筑电力消费量和燃气消费量来自粤港澳大湾区 11 个城市统计年鉴中的城乡居民用电和天然气用量；公共建筑电力消费和燃气消费来自各地市统计年鉴中的商业、住宿和餐饮业，金融、房地产、商务及居民服务业，公共事业、管理组织及其他用电量，计算机服务软件业的用电统计量以及来自城市商业燃气消费量。

5.4.1.2　粤港澳大湾区建筑部门节能政策现状

粤港澳大湾区的香港、澳门和珠三角 9 市地处三个行政区域，建筑节能政策不同。《广东省住房城乡建设事业"十三五"规划纲要》中分别从新建节能建筑、绿色建筑、绿色建材、既有建筑节能改造和可再生能源建筑应用五个方向提出了建筑节能目标。①新建节能建筑：城镇新建建筑能效水平要比 2015 年提升 20%，珠三角地区建筑节能标准达到或接近世界同类气候地区的先进水平。②绿色建筑："十三五"期间，广东新增绿色建筑 2 亿平方米。③绿色建材：广东新型墙材在新建建筑中的应用比例要超过 98%，绿色建材在新建建筑中的应用比例达到 50%。④既有建筑节能改造："十三五"期间广东完成既有建筑节能改造面积 2200 万平方米。⑤可再生能源建筑应用："十三五"期间广东新增太阳能光热建筑应用面积 6000 万平方米，新增太阳能光电建筑应用装机容量 800 兆瓦。《广东省绿色建筑量质齐升三年行动方案（2018-2020 年）》提出，2018～2020 年，广东城镇新增绿色建筑面积三年累计达到 1.8 亿平方米；到 2020 年，珠三角地区绿色建筑面积占新建成建筑总面积比例达到 70%。《广东省人民政府办公厅关于大力发展装配式建筑的实施意见》提出，将珠三角城市群列为重点推进地区，到 2020 年底前，装配式建筑占新建建筑面积比例达到 15% 以上，其中政府投资工程装配式建筑面积占比达到 50% 以上；到 2025 年底前，装配式建筑占新建建筑面积比例达到 35% 以上，其中政府投资工程装配式建筑面积占比达到 70% 以上。《广东省宾馆和商场能耗限额（试行）》规定了年综合能耗超过 500 吨标准煤的宾馆和商场按照星级和类别的限额水平。广东省标准《公共建筑能耗标准》（DBJ/T 15—126—2017）对各类型公共建筑合理分类，制定了各类型公共建筑更严格的指标约束值和引导值。

香港经济的支柱是服务业，商业建筑能耗占香港城市总能耗的 43%，居民住宅能耗占 21%，运输业能耗占比 31%，工业能耗占比 5%。香港的建筑物用电量占全港用电量的比例高达 90%。《香港气候行动蓝图 2030+》通过制定绿色建筑标准、促进既有建筑能源管理、建设区域供冷系统、提倡低碳生活等方式促进建筑节能（香港环境保护署，2017）。《香港都市节能蓝图 2015～2025+》提出，到 2025 年，香港的能源强度比 2005 年减少 40%，2017 年香港能源强度已比 2005 年减少 28%（香港环境保护署，2015）。

澳门能源发展办公室负责与节能相关的工作，如制定能源政策、研究中长期能源规划、监督协调能源部门的各项活动、开展能源教育等。澳门能源发展办公室出台了《公共部门及机构节约能源承诺与内部指引制作建议》《澳门建筑物能耗优化技术指导》《太阳能光伏并网安全和安装规章》《澳门公共户外照明设计指引》《澳门太阳能热水应用实务指南》等建筑节能相关的政策文件。

5.4.1.3 粤港澳大湾区的建筑面积

1）粤港澳大湾区年新增建筑面积

近年来，粤港澳大湾区建筑面积逐年稳步增长。2011～2017 年，粤港澳大湾区新增建筑面积共约 40 000 万平方米，其中居住建筑和公共建筑的新增面积分别占新增总面积的 63% 和 37%（图 5-43）。

图 5-43　2011～2017 年粤港澳大湾区新增建筑面积

数据来源：粤港澳大湾区 11 个城市 2011～2018 年统计年鉴数据

2）粤港澳大湾区存量建筑面积

A. 粤港澳大湾区居住建筑面积

居住建筑面积的存量计算方法为

$$居住建筑面积 = 人口数 × 人均居住建筑面积$$

粤港澳大湾区各城市人口数来源于广东统计年鉴，人均居住建筑面积来源于各城市公开数据。通过计算，2017 年粤港澳大湾区居住建筑面积约 20.2 亿平方米，其中，城镇居住面积 16.7 亿平方米，占居住建筑面积的 83％；农村居住建筑面积为 3.5 亿平方米，占居住建筑面积的 17％。

B．粤港澳大湾区公共建筑面积

公共建筑面积的计算采取样本分析法。香港、澳门以公开的统计数据进行面积统计，珠三角城市以公开调研数据作为样本量（邹晓锐，2018），包括各城市办公建筑、商场建筑、医院建筑、学校建筑、酒店宾馆建筑每种类型公共建筑的样本个数、样本面积以及样本建筑能耗，通过 2017 年公共建筑能耗总量和不同公共建筑类型占比，估算每个城市不同类型公共建筑的面积。

公共建筑面积（2017 年）= 每种类型的公共建筑能耗 / 每种类型公共建筑的单位面积能耗。

2017 年粤港澳大湾区公共建筑面积为 9.8 亿平方米，其中办公建筑、酒店宾馆建筑和商场建筑面积约占总公共建筑面积的 74％，办公建筑、商场建筑、医院建筑、学校建筑、酒店宾馆建筑的面积分别为 3.1 亿平方米、2.1 亿平方米、0.7 亿平方米、1.8 亿平方米、2.1 亿平方米。

C．粤港澳大湾区既有建筑面积

粤港澳大湾区既有建筑面积以 2017 年为基年数据，根据 2012 ～ 2016 年每年新增的居住建筑面积和公共建筑面积，计算 2011 ～ 2017 年历史建筑面积，结果如图 5-44 所示。2011 ～ 2017 年，粤港澳大湾区年建筑面积从 26.6 亿平方米增长到 30.0 亿平方米，年均增速为 2.0％。

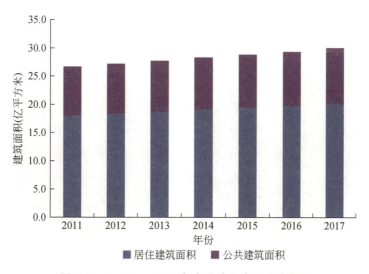

图 5-44　2011 ～ 2017 年粤港澳大湾区建筑面积

5.4.1.4　粤港澳大湾区建筑部门能源消费的现状和特点

1）粤港澳大湾区建筑能耗增长速度快

粤港澳大湾区建筑总能耗逐年增长。2011 ～ 2017 年，粤港澳大湾区建筑总能耗从

2233 万吨标准煤增长到 2903 万吨标准煤（当量值），增长了 30%（图 5-45）；年均增长率为 4.5%。其中，居住建筑能耗年增长率为 4.7%，公共建筑能耗年增长率为 4.3%。与 2011 年相比，2017 年粤港澳大湾区建筑能耗占总能耗比例略有上升（图 5-46）。随着粤港澳大湾区未来建设国际一流湾区、世界级城市群、宜业宜居宜游的优质生活圈，粤港澳大湾区商业综合体、商贸服务业、批发零售业、金融科技、居民消费等生产和生活服务业将呈现增长趋势，进一步驱动粤港澳大湾区建筑能耗逐年增长。

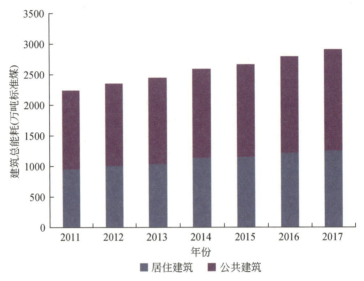

图 5-45　粤港澳大湾区 2011 ～ 2018 年建筑总能耗变化趋势

数据来源：粤港澳大湾区 11 个城市 2012 ～ 2018 年统计年鉴数据

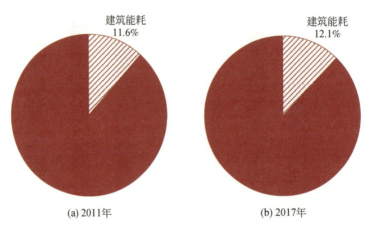

(a) 2011年　　　　　　　　(b) 2017年

图 5-46　2011 年和 2017 年建筑能耗占粤港澳大湾区总能耗比例

2）粤港澳大湾区建筑能耗地域差异大

粤港澳大湾区各城市建筑能耗总量差异大（图 5-47）。粤港澳大湾区内各城市不同的社会经济发展程度差异导致建筑能耗差异，香港、广州、深圳建筑能耗位居前三，

2011～2017 年，广州、深圳建筑能耗年增长速率分别达到了 7.1%、5.6%，建筑能耗增长速度远高于粤港澳大湾区其他城市。2017 年，粤港澳大湾区建筑总能耗当量值占粤港澳大湾区总能源消费的 12.1%、等价值占比 28.3%，建筑能耗占总能耗比值低于 2005 年美国的 39.9% 和加拿大的 42.1%（广东省建设厅建筑节能现状调查小组，2008）。澳门、香港的建筑能耗占城市总能耗比例高，这两个城市基本没有农业，工业占比极低，主要为建筑和交通能耗，该能耗指标反映了城市第三产业发展状况。

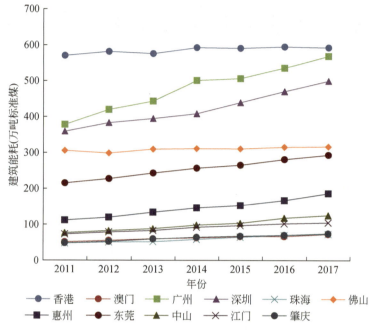

图 5-47　粤港澳大湾区各城市 2011～2017 年建筑能耗变化趋势

数据来源：粤港澳大湾区 11 个城市 2012～2018 年统计年鉴数据

　　城市生活用电量和人均生活用电量不均衡。2017 年，粤港澳大湾区居住生活用电量为 821 亿千瓦时，广州、深圳、香港生活用电量居前三位，占粤港澳大湾区生活总用电量的 53%；粤港澳大湾区人均生活用电量为 1180 千瓦时，高于全国水平，仍低于发达国家人均生活用电水平，粤港澳大湾区各城市人均生活用电量存在差异（图 5-48）。

　　3）不同类型建筑单位面积能耗差异大

　　建筑用能涉及能源品种众多，包括电力、煤炭、热力、天然气、煤气、可再生能源等。考虑到粤港澳大湾区社会经济发展水平，目前建筑用能已经不使用煤炭，石油气只在香港和澳门的建筑能耗中统计，统一到燃气计算；可再生能源的使用目前在建筑领域仍未大规模推广，且数据获取困难；本书的建筑能源品种统计为电力和燃气。

　　粤港澳大湾区公共建筑单位面积能耗远远高于居住建筑。对于居住建筑而言，目前粤港澳大湾区的居住建筑单位面积能耗在 51 千瓦时/（米²·年）左右，与发达国家住宅能耗相比，居住建筑能耗处于中等水平，高于全国和广东住宅能耗水平。对于公共建筑，

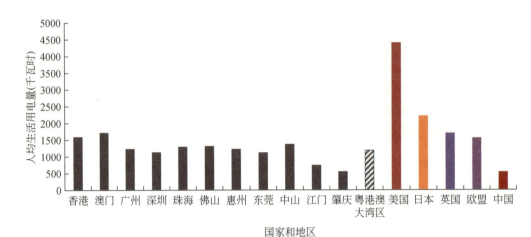

图 5-48　2017 年粤港澳大湾区人均生活用电量和其他国家地区对比

数据来源：粤港澳大湾区 11 个城市统计年鉴数据计算，国外数据来自住房和城乡建设部标准定额研究所等 2018 年所著的《国家标准〈民用建筑能耗标准〉实施指南》

粤港澳大湾区公共建筑单位面积能耗约在 137 千瓦时 /（米²•年），其中，商场、医院、酒店宾馆的整体用能水平远远高于其他类型的建筑，是节能管理工作的重点对象。办公建筑单位面积能耗约在 117 千瓦时 /（米²•年），香港、澳门办公建筑单位面积电耗远远高于粤港澳大湾区的平均水平。2017 年，粤港澳大湾区不同建筑类型能耗占比见图 5-49，城镇建筑能耗占比 36%，其次是酒店宾馆建筑、办公建筑和商场建筑。随着产业结构逐渐优化，第三产业逐渐增加，公共建筑能耗占比升高。

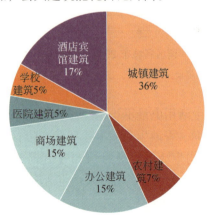

图 5-49　2017 年粤港澳大湾区不同建筑类型能耗占比

5.4.1.5　粤港澳大湾区建筑部门能源转型面临的挑战

1）建筑部门能耗快速增长

2011 ～ 2017 年建筑能耗年均增长率为 4.5%，高于粤港澳大湾区同期能源消费总量增长率 3.9% 的增长速度。随着粤港澳大湾区未来建设国际一流湾区、世界级城市群、宜业宜居宜游的优质生活圈，大湾区商业综合体、商贸服务业、批发零售业、金融科技、居民消费等生产和生活服务业将呈现增长趋势；未来的人口聚集效应导致的住房需求增加，建筑内更多电器设备的需求等都将驱动粤港澳大湾区建筑部门能源消费总量在未来将稳步增长，建筑部门能源消费转型将有赖于建筑能源效率的提升以及电力供应的清洁化。

2）建筑节能管理工作实施难度大

公共建筑相比工业企业单位增加值能耗较低，除大型医院、学校、公共机构纳入重点耗能机构实施能耗管理外，大部分服务类的企事业单位未纳入建筑能耗限额管理范畴，商贸服务业建筑个体单位能耗小但数量庞大，实施节能考核目标管理的行政执行成本较高，耗时较长，难度大；居住建筑目前实施的阶梯电价、阶梯气价等政策从一定程度上抑制了能源消费，家用节能电器的普及助力居住建筑节能，但是由于居住建筑数量庞大，其节能管理实施难度大，居住建筑的节能仍然主要靠个人节能意识和行为。

3）仍未建立起完善的建筑能耗数据统计体系

根据国家建筑节能管理法要求，一般大型公共建筑正在推动实施建筑能耗监测，加强建筑用能及节能管理，对建筑空调用电、电梯及照明用能起到了一定的约束作用，但大部分 2 万平方米以下的公共建筑及居民建筑未开展能耗数据统计收集工作；目前也没有建筑存量面积统计数据，能耗数据收集困难，导致无法对公共建筑和居住建筑采用数字化和智能化手段进行精细的能耗对标及节能管理工作。

粤港澳大湾区庞大的消费人群、活跃的营商环境、高端舒适的城市氛围，促进了酒店宾馆、商场、写字楼、医院、学校等公共建筑设施的投资落地和运营，为粤港澳大湾区带来更多的生产和生活服务，进一步提高了大湾区公共建筑能耗刚性需求。粤港澳大湾区未来将比肩纽约湾区、东京湾区、旧金山湾区，其未来的建筑能耗增长可期超过现在的世界三大湾区，如果按照现有政策条件及产业的强劲发展势头，将为粤港澳大湾区能源供应保障和低碳发展带来巨大压力，有必要综合分析粤港澳大湾区建筑部门合理需求，在促进经济发展的同时，未来合理规划各种类型建筑面积增长情况，保障公共服务对公共建筑的需求，防止产城分散与过度融合带来的种种弊端，使得建筑部门能源消耗符合现代能源转型发展的趋势。

5.4.2　建筑部门能源转型的目标和基本思路

1）建筑部门能源转型的目标

建筑部门能源转型的目标为宜居宜业、能效提升、清洁低碳，实现建筑高效、清洁、低碳、智能的能源利用方式。

2）建筑部门能源转型的方向

（1）建筑面积合理增长。到 2035 年，建筑环境更加舒适宜居，大湾区建筑面积将有一定增长，但严控增速。保障居民生活质量，保障高端配套公共服务设施，匹配宜居宜业。

（2）建筑能效大幅提高。粤港澳大湾区居住建筑和公共建筑单位建筑面积能耗仍有一定增加，到 2035 年，实施以绿色建筑为核心的各项节能举措，普及节能型家用电器，大力推广被动式建筑，提高建筑能效水平，以国际先进水平为标杆。

（3）能源利用结构清洁低碳。建筑电气化程度不断提高，推广建筑电气化改造、智能家居；大力推广可再生能源一体化建筑、零碳建筑。

5.4.3　建筑部门能源转型情景的研究方法

5.4.3.1　粤港澳大湾区建筑部门能源消费计算方法

粤港澳大湾区到 2035 年建筑领域能源转型情景研究采用情景分析法，对未来建筑能耗进行预测。建筑部门能耗的计算方法如下。

a. 建筑能耗 = 建筑总面积 × 单位建筑面积能耗

b. 居住建筑能耗 = 居住建筑总面积 × 单位居住建筑面积能耗

　　　　　　　= 人口数 × 人均居住建筑面积 × 单位居住建筑面积能耗

c. 公共建筑能耗 = 公共建筑总面积 × 单位公共建筑面积能耗

　　　　　　　= 人口数 × 人均公共建筑面积 × 单位公共建筑面积能耗

5.4.3.2　粤港澳大湾区建筑部门能源转型情景分析方法

根据"建筑能耗 = 建筑总面积 × 单位建筑面积能耗"的计算原则，进行粤港澳大湾区未来建筑能耗的情景分析预测，其中未来粤港澳大湾区建筑总面积与人口、城市化率、各类型人均建筑面积相关；单位建筑面积能耗与粤港澳大湾区未来的建筑能耗管理政策、建筑节能技术、建筑节能产品、人们生活水平和用能习惯息息相关。基于两部分因素的变化及影响，经济驱动因素与约束条件的设定，计算到 2035 年粤港澳大湾区分城市、分类型建筑的能源消费情况。

5.4.4　建筑部门未来能源转型情景设置

5.4.4.1　建筑部门能源转型情景描述

采用情景分析的方法，研究粤港澳大湾区建筑部门未来能源转型的方向和路径。在既定的经济社会发展目标下，设计了三种能源消费发展情景，即基准情景、能源转型情景、深度转型情景，通过分析不同发展情景下粤港澳大湾区建筑部门未来的能源需求和能源结构，进而研究分析粤港澳大湾区建筑部门可行的能源转型路径。

1）基准情景

基准情景是按照既有政策发展，居民生活水平普遍提升，到 2035 年，人均居住面积、居民建筑能耗达到发达国家水平中等值；人均公共建筑面积水平对标欧盟水平，公共建筑能耗参考广东省公共建筑面积能耗引导最优值。

2）能源转型情景

能源转型情景是建筑领域大力推广建筑节能技术，到 2035 年，可再生能源一体化建筑占新建建筑比例进一步提高，新建公共建筑和居住建筑达到超低能耗要求的比例进一步提高，高效用能系统和设备更加普及率。

3）深度转型情景

深度转型情景按照强化节能高效方向发展，通过提升能源利用效率、提高可再生能源比例，大力推广超低能耗建筑和可再生能源一体化建筑，粤港澳大湾区开始形成高效、清洁、低碳、智能的建筑能源利用方式。

5.4.4.2　转型情景参数设置

选择人口、城镇化率、建筑面积、单位建筑面积能耗作为未来建筑领域能源消费增长驱动的主要参数。在基准情景、能源转型情景和深度转型情景中，人口、城镇化率、建筑面积的取值相同，作为活动水平输入量，各类建筑的单位建筑面积能耗分三个情景分别做参数设定。

1）人口和城镇化率

2017 年，粤港澳大湾区总人口达到 6955 万人，预计到 2035 年粤港澳大湾区人口量达到 1 亿，城镇化率达 92%。

2）中长期建筑面积增长

A. 人均居住建筑面积

《国家标准〈民用建筑能耗标准〉实施指南》中给出了美国、加拿大、日本、英法德意等国家的人均住宅面积（住房和城乡建设部标准定额研究所等，2018）（图 5-50）。国家统计局 2017 年 7 月公布数据显示，2016 年全国居民人均住房建筑面积为 40.8 平方米，城镇居民人均住房建筑面积为 36.6 平方米，农村居民人均住房建筑面积为 45.8 平方米（中国新闻网，2017）；2018 年我国城镇居民人均住房建筑面积达到 39.0 平方米，农

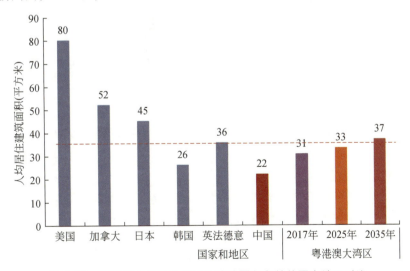

图 5-50　粤港澳大湾区人均居住建筑面积和其他国家地区对比

注：图中红色虚线为欧洲发达国家人均建筑面积的平均标准；其他国家的人均居住建筑面积为 2005 年数据。图 5-51 同

村居民人均住房建筑面积达到47.3平方米（国家统计局，2019）。2011～2017年粤港澳大湾区住宅面积年均新增6000万平方米，年增速3%，根据粤港澳大湾区各城市人均住宅面积现状以及人口、经济的发展，预计到2035年，粤港澳大湾区人均建筑面积可接近英法德意这些发达国家水平，即人均居住面积达到37平方米，其中城镇人均居住面积36平方米，农村人均居住面积50平方米。

B. 人均公共建筑面积

清华大学建筑节能中心《中国建筑节能发展研究报告2011》关于城镇人均公共建筑面积的数据显示，1996～2008年，城镇人均公共建筑面积从7.4平方米增长到11.7平方米，到2010年达到12.6平方米左右，年增长3.5%。随着粤港澳大湾区第三产业的发展和就业人数的增加，办公楼、商场综合体、医院、学校、交通枢纽、数据中心的需求增加，大湾区公共建筑面积仍将进一步增加。一些国家和地区的人均公共建筑面积见图5-51，美国人均公共建筑面积最高（住房和城乡建设部标准定额研究所等，2018），其次是加拿大，日本、英法德意人均公共建筑面积基本一致。考虑发展水平以及未来粤港澳大湾区人口、经济状况，到2035年，预计粤港澳大湾区人均公共建筑面积可达到英法德意水平，结合2010年以来粤港澳大湾区公共建筑增速情况，到2035年粤港澳大湾区人均公共建筑面积达15平方米。

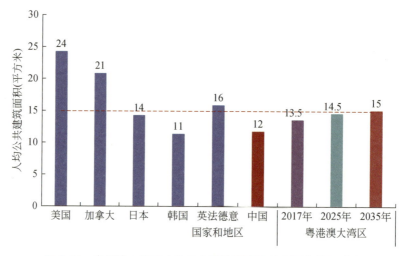

图 5-51　粤港澳大湾区人均公共建筑面积和其他国家地区对比

C. 粤港澳大湾区建筑面积增加态势

随着粤港澳大湾区的人口集聚效应和生活水平提高，以建设宜居宜业宜游的国际一流湾区为目标，未来粤港澳大湾区建筑面积将持续增长。参考人均居住建筑和人均公共建筑目标值，考虑粤港澳大湾区"9+2"城市群不同的社会经济发展水平，现有城镇居住建筑、农村居住建筑、办公建筑、商场建筑、酒店宾馆建筑、医院建筑、学校建筑的既有建筑面积和人均面积，分阶段设置各类建筑面积的增长率。考虑香港、澳门的社会经济发展水平已经高度发达及其现有的可开发面积，香港澳门的各类型建筑面积增长速率最低，除酒店宾馆建筑和办公建筑以 0.1%～0.5% 的增速增长且到 2030 年以后增速为 0，香港、澳门其余各类建筑面积增长速率为 0。对于珠三角城市群，每个城市发展水平不同，各类型建筑 2018～2025 年增长速率较历史增速放缓；2026～2030 年增长速率进一步放缓，2031～2035 年各类型建筑增长速率继续放缓。

对于城镇居住建筑，广州、深圳增长速率最快，2018～2025 年增长速率为 2%～3%，2026～2030 年增长速率保持在 1.5%～1.7%，2026～2030 年增长速率保持在 1.2%～1.3%。对于珠三角其他城市，2018～2025 年增长速率为 0.8%～2.5%，2026～2030 年增长速率保持在 1.0%～1.2%，2031～2035 年增长速率保持在 0.8%～1%。

对于农村居住建筑，除深圳增长速率为 0 以外，肇庆、江门、中山、东莞、广州的居住建筑增速较其他城市快，2018～2025 年增速率在 2%～3.5%，其他城市保持在 1.5% 以下；随着珠三角城市城镇化水平的提高，2026～2030 年增长速率保持在 1.0% 左右，2031～2035 年增长速率保持在 0.5% 左右。

对于办公建筑，考虑到深圳的社会发展水平，深圳办公建筑保持 1.0%～0.8% 的增速；珠三角其他城市仍然保持较高的增长趋势，2018～2025 年增长速率在 3.0%～4.0%，2026～2030 年增长速率保持在 2.7%～3.6%，2031～2035 年增长速率保持在 2.4%～3.2%。

对于商场、酒店宾馆建筑，珠三角除深圳保持 0.6%～0.8% 的增速，其他城市在 2018～2025 年增长速率为 3.0%～4.0%，2026～2030 年增长速率保持在 2.7%～3.6%，2031～2035 年增长速率保持在 2.4%～3.2%。

对于学校和医院建筑，鉴于未来粤港澳大湾区人口的聚集和增长，未来珠三角各城市的医疗和学校配套资源将一进步扩大，2018～2025 年增长速率为 2.0%～4.0%，2026～2030 年增长速率保持在 1.8%～3.6%，2031～2035 年增长速率保持在 1.6%～3.2%。

D. 粤港澳大湾区建筑总面积

到 2035 年，粤港澳大湾区建筑总面积 53 亿平方米，是 2017 年的 1.8 倍，其中，城镇居住建筑面积 34 亿平方米，农村居住建筑面积 4 亿平方米，公共建筑面积 15 亿平方米（图 5-52 和表 5-5）。其中，城镇居住建筑面积增幅最大，年增长速率 3.5%，公共建筑面积年均增长率为 2.5%。通过样本分析法计算，到 2035 年，粤港澳大湾区办公建筑、商场和医院建筑面积都增长到 2017 年的 2 倍；学校和酒店建筑面积增长超过 2017 年的 2 倍。

表 5-5　粤港澳大湾区分类型建筑面积

类型	分类型建筑总面积（亿平方米）			人均建筑面积（平方米）		
年份	2017 年	2025 年	2035 年	2017 年	2025 年	2035 年
总计	30	40	53	43	49	52
居住建筑	20	27	38	29	33	37

续表

类型	分类型建筑总面积（亿平方米）			人均建筑面积（平方米）		
城镇居住建筑	17	23	34	29	32	36
农村居住建筑	3	4	4	37	46	50
公共建筑	10	12	15	14	15	15

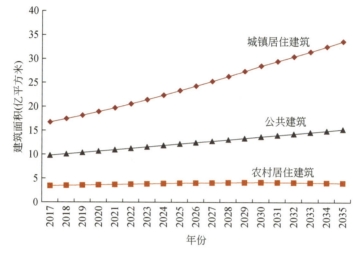

图 5-52　粤港澳大湾区分类型建筑面积增长趋势

3）单位建筑面积能耗

A. 基准情景

鉴于人民生活水平不断提高，未来家用电器在种类和数量上都有所增加，夏季空调使用率增加，冬天取暖、热水需求增加，洗衣机、冰箱等家用电器的使用频率还将有一定幅度的提高，居民的客观需求将直接导致实际能耗的增加。结合粤港澳大湾区2017 年居住建筑单位面积能耗平均值达到 50 千瓦时 /（米^2·年），对标国外发达国家水平（住房和城乡建设部标准定额研究所，2016），到 2035 年，基准情景下，粤港澳大湾区居住建筑单位面积能耗达到 85 千瓦时 /（米^2·年），相对于 2017 年增长率为70%。

粤港澳大湾区公共建筑单位面积能耗已经处于较高水平，和发达国家相比（住房和城乡建设部标准定额研究所，2016），仍有一定的增长空间。当前粤港澳大湾区以生产和生活服务业为主的第三产业比例不断上升，消费需求从单一向多元过渡，伴随着产业集聚、金融创新形成的多业态混合发展也带来了一些综合用能体的集聚能源消费，如大型商业综合体、交通枢纽、超算数据中心、移动基站、区域中心功能区、产业集聚区、金融城等，都将进一步提高公共建筑能耗。2017 年公共建筑单位面积能耗为 137 千瓦时 /（米^2·年），到 2035 年，基准情景下，粤港澳大湾区的公共建筑能耗将达到 175 千瓦时／（米²•年），相对于 2017 年增长 28%。

B. 能源转型情景

能源转型情景下，对于城镇居住建筑，鼓励高效的炊事、照明、热水等家用电器的应用，同时限制一些高能耗家用电器的使用，在居民生活水平逐步提高的前提下，控制城镇居住建筑能耗的增长速度；对于农村居住建筑，相对于基准情景，在规范和引导能源使用时，更好利用沼气、秸秆制作的生物质燃料等，发展可再生能源一体化建筑应用，替代部分由居民生活水平提高而增加的能源消耗，到 2035 年，居住建筑的单位面积能耗增长能控制在 50%，为 75 千瓦时／（米²•年）。

对于公共建筑，在能源转型情景下，未来在建筑设计阶段，融入被动式建筑、新能源建筑一体化等有效的能耗控制技术和能源供应措施；在使用阶段，通过能效测评等机制广泛引入合同能源管理等模式，推广高效的用能设备，在未来公共建筑服务水平提高使得能耗需求上升的情况下，可以使其实际运行能耗进一步控制，到 2035 年公共建筑单位面积能耗相对于基准情景可降低 14.3%，公共建筑单位面积能耗在 150 千瓦时／（米²•年）。

C. 深度转型情景

深度转型情景下，在能源转型情景的基础上，进一步实施更严格的能耗控制措施，被动式建筑、可再生能源一体化建筑更加普及，居住建筑的单位面积能耗增长率为 26%，达到 63 千瓦时／（米²•年）。

对于公共建筑，在深度转型情景下，被动式建筑、可再生能源建筑一体化建筑的比例进一步增加，实施更加严格的公共建筑能耗控制措施，公共建筑单位面积能耗有可能比基准情景下降 25.7%，到 2035 年粤港澳大湾区公共建筑单位面积能耗降低至 130 千瓦时／（米²•年）。

粤港澳大湾区不同情景下分类型建筑单位面积能耗变化趋势见表 5-6。

表 5-6　粤港澳大湾区不同情景下分类型建筑单位面积能耗

[单位：千瓦时／（米²•年）]

情景	建筑分类	2017 年	2025 年	2030 年	2035 年
基准情景	居住建筑	50	74	81	85
	公共建筑	137	168	180	175
能源转型情景	居住建筑	50	67	73	75
	公共建筑	137	145	153	150
深度转型情景	居住建筑	50	57	62	63
	公共建筑	137	134	132	130

5.4.5 建筑部门未来能源转型情景分析

5.4.5.1 能源消费需求总体趋势

到 2035 年，粤港澳大湾区三种情景下建筑总能耗保持增长趋势（图 5-53）。2017 年粤港澳大湾区建筑部门能源消费量为 2903 万吨标准煤，如果按照现有政策状态形式要求，在不施加严格的建筑节能举措和政策要求的基准情景下，建筑总能耗到 2035 年将增加 2.5 倍。在能源转型情景下，依靠建筑节能持续发展的新政策、新机制、新技术，合理规划新增与存量建筑改造，积极推进统筹能源基础设施建设、可再生能源建筑一体化、绿色建筑标准及建筑碳配额交易等举措，通过对建筑节能的潜力挖掘，到 2035 年建筑部门能耗与基准情景相比，可以下降 13%。深度转型情景下，通过更大力度地推进节能对标、设备节能、光伏一体化建筑等新技术，同时促进节能服务业发展，在市场机制推动下，积极推广建筑能源监测管理及智能化、信息化的管理技术和服务方式，将其应用到粤港澳大湾区各地市建筑部门。深度转型情景将进一步减少建筑能源需求，相比基准情景，建筑部门能耗下降 27%。

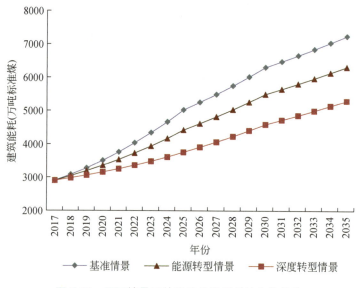

图 5-53　不同情景下的建筑总能耗总体变化趋势

5.4.5.2 分建筑类型的能源消费

三种情景下城镇居住建筑能耗不断增加（图 5-54）。基准情景下，到 2035 年，城镇居住建筑能耗达到 3566 万吨标准煤，年增长率为 7.0%。粤港澳大湾区经济产业活跃，不断吸纳外来人口和粤东、粤西、粤北人口就业，预计 2035 年人口会增加到 1 亿，城镇住宅用房需求及居者有其屋的保障房政策，会导致较大的城镇居住建筑能耗增长。通过加强新建城镇居住建筑的被动式和一体化建筑，提高城镇居住建筑的智能化和管理，加强阶梯电价和燃气价格的管理，城镇居住建筑能耗可以得到一定控制，能源转型情景和深度转型情景下的年增长率下降到 6.3％ 和 5.3％，能源转型情景和深度转型情景的建筑能耗分别比基准情景下降 11％ 和 25％。

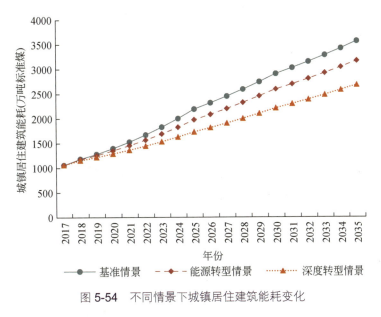

图 5-54　不同情景下城镇居住建筑能耗变化

到 2035 年，随着粤港澳大湾区城镇化水平进一步提高，农村居住建筑占比较少，通过大力发展可再生能源光伏一体化建筑，做好高效节能电器的推广，农村居住建筑能耗在 2030 年前后可以达到峰值（图 5-55），能源转型情景和深度转型情景下可比基准情景下降 13％ 和 28％。

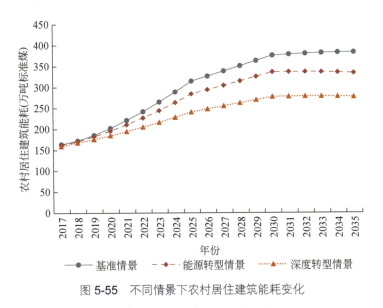

图 5-55　不同情景下农村居住建筑能耗变化

到 2035 年，基准情景、能源转型情景和深度转型情景下公共建筑能耗变化如图 5-56 所示，能耗年均增长率分别为 3.9%、3.0%、2.0%，公共建筑能耗的增长速率低于城镇居住建筑的能耗增长速度。大型公共建筑和国家机关办公建筑能耗已经实施监测管理，未来扩大酒店宾馆、商场和办公建筑的监测范围，实施被动式建筑设计、太阳能光伏建筑一体化等节能措施，是未来控制公共建筑能耗的重要举措。

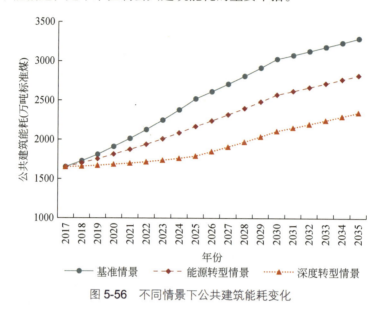

图 5-56　不同情景下公共建筑能耗变化

能源转型情景下的粤港澳大湾区建筑能耗按城镇居住建筑、农村居住建筑和公共建筑划分的未来变化情况如图 5-57 所示，城镇居住建筑能耗将在 2030 年左右超过公共建筑能耗。2035 年更为详细的分类能耗结构如图 5-58 所示，居住建筑能耗占比为 54%，公共建筑能耗占比为 46%。

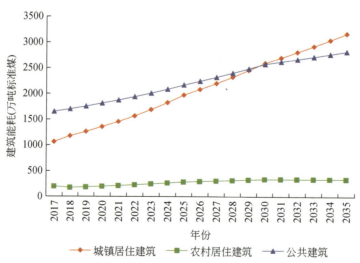

图 5-57　能源转型情景下居住建筑和公共建筑能耗变化趋势

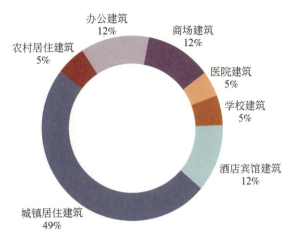

图 5-58　2035 年能源转型情景下各类型建筑的能耗占比

5.4.5.3　建筑部门能源消费的品种结构

1）建筑部门能源消费结构

粤港澳大湾区电力和燃气消费量都呈现增长的趋势，政策鼓励更多智能化、电气化、信息化设备，用电需求量增长快于燃气需求量。到 2035 年，基准情景下建筑部门电气化率为 83%；能源转型情景下，建筑部门电气化率为 84%；深度转型情景下，未来进一步提升智能家居、厨房电气化水平，粤港澳大湾区建筑部门电力化率达到 88%（图 5-59）。

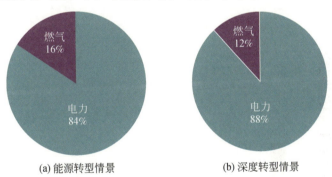

(a) 能源转型情景　　　　　　　　　　(b) 深度转型情景

图 5-59　2035 年能源转型情景和深度转型情景下建筑能源消费结构

2）建筑部门电力消费和人均电力消费

2035 年，三种情景下粤港澳大湾区建筑部门的电力消费量如表 5-7 所示，分别为 4933 亿千瓦时、4327 亿千瓦时、3803 亿千瓦时，年增长率分别为 5.2%、4.4%、3.7%；相对于基准情景，能源转型情景和深度转型情景的电力消费量分别降低了 12%、23%。能源转型情景下，2035 年电力消费量较基准情景下降了 606 亿千瓦时，居住建筑和公共建筑的节能量分别占 47% 和 53%。深度转型情景下，2035 年电力消费量较基准情景下降了 1130 亿千瓦时，其中居住建筑和公共建筑的节能量贡献各占 50%。

三种情景下建筑部门人均电力消费从 2017 年的 2861 千瓦时 /（人·年）分别增加到

4852千瓦时/（人·年）、4256千瓦时/（人·年）、3741千瓦时/（人·年），分别增长了70%、49%、31%（表5-8）。

表5-7 不同情景下粤港澳大湾区建筑部门电力消费量   （单位：亿千瓦时）

情景	2017年	2020年	2025年	2030年	2035年
基准情景	1990	2399	3424	4302	4933
能源转型情景	1990	2299	3025	3768	4327
深度转型情景	1990	2191	2652	3269	3803

表5-8 不同情景下粤港澳大湾区建筑部门人均电力消费量   [单位：千瓦时/（人·年）]

情景	2017年	2020年	2025年	2030年	2035年
基准情景	2861	3257	4173	4651	4852
能源转型情景	2861	3121	3686	4074	4256
深度转型情景	2861	2975	3232	3534	3741

3）人均生活用电

建筑部门人均生活用电是指居住建筑人均生活用电量。2035年，基准情景、能源转型情景、深度转型情景下粤港澳大湾区人均生活用电量如图5-60所示，分别比2017年增长117%、94%、70%。

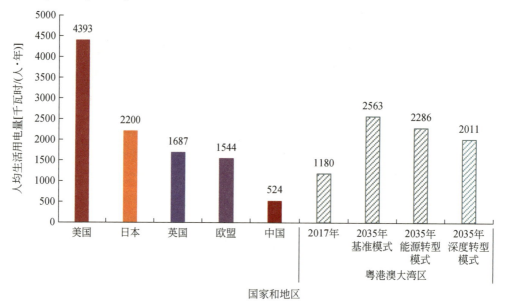

图5-60 不同情景下粤港澳大湾区人均生活用电量和其他国家地区对比

4）建筑部门的燃气消费量

到2035年，基准情景、能源转型情景、深度转型情景下粤港澳大湾区建筑部门的燃气消费总量见图 5-61，分别为 88 亿立方米、75 亿立方米、47 亿立方米，相对于基准情景，能源转型情景和深度转型情景的燃气消费量分别降低了 15% 和 47%。能源转型情景下，居住建筑和公共建筑减少的燃气消费分别占 58% 和 42%。深度转型情景下，居住建筑和公共建筑减少的燃气消费分别占 56% 和 44%，居住建筑的节能潜力大于公共建筑。

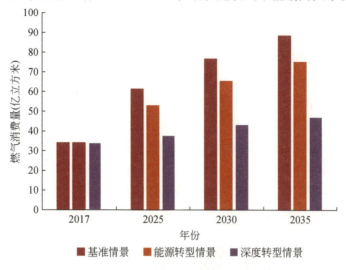

图 5-61　不同情景下粤港澳大湾区建筑用燃气消费量

5）人均生活能源消费

生活能源消费指在居住建筑中消费的电力和燃气。2017 年，粤港澳大湾区居民人均生活能源消费为 0.18 吨标准煤，到 2035 年，能源转型情景、深度转型情景下粤港澳大湾区居民人均生活能源消费（图 5-62）分别为 0.34 吨标准煤、0.29 吨标准煤，分别比 2017 年增长 89%、61%。根据情景分析，未来大湾区的人均生活能源消费要增加约一倍，

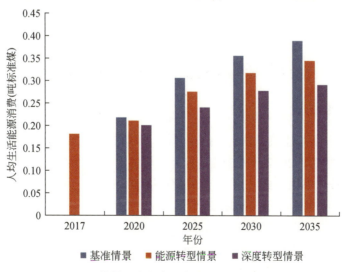

图 5-62　不同情景下粤港澳大湾区人均生活能源消费变化

接近日本的人均生活能源消费水平，属于生活水平提升的能源消费刚需。

5.4.5.4 粤港澳大湾区建筑部门能源转型潜力分析

粤港澳大湾区建筑部门能源转型节能潜力见图5-63。与基准情景相比，到2035年，在能源转型情景下，建筑部门总的节能潜力约922万吨标准煤，深度转型情景下，约1940万吨标准煤。居住建筑的节能潜力大于公共建筑，尤其是城镇居住建筑有较大的节能空间。到2035年，粤港澳大湾区整体城镇化水平达到92%，农村居住建筑占比较少，农村居住建筑的节能潜力占整个建筑节能潜力的5%左右，城镇居住建筑的节能降耗空间最大。与基准情景相比，在能源转型情景和深度转型情景下，酒店宾馆建筑、商场建筑、办公建筑这些公共建筑的节能潜力约占总节能量的38%，医院建筑和学校建筑的节能潜力分别占到建筑节能总量的13%和10%。目前粤港澳大湾区的学校建筑和医院建筑的单位面积能耗仍然有很大的增长潜力，医院和学校作为公共服务机构，具有推广超低能耗和可再生能源一体化建筑、实施建筑用能精细化管理的条件，加大节能举措力度和推行绿建标准，可以合理控制建筑能耗增长。

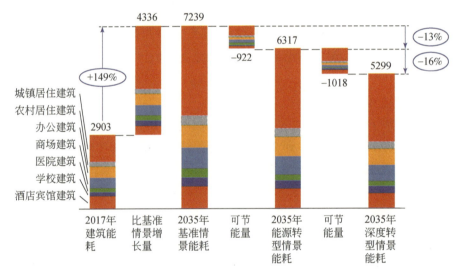

图 5-63 粤港澳大湾区建筑部门分建筑类型节能潜力

5.4.5.5 主要结论

（1）粤港澳大湾区建筑面积仍将持续增长，城镇居住建筑面积增幅大。到2035年，建筑总面积估计要达到2017年1.5倍左右，人均住宅建筑面积达到37平方米，城镇居住建筑面积年增长速率约3.5%，公共建筑面积年均增长率约为2.5%。

（2）控制单位建筑面积能耗增长幅度。通过大力推广公共建筑低能耗建筑，提高空调、热水器、冰箱、灶具等建筑内耗能产品的能效，采用可再生能源光伏建筑一体化等有效的节能技术和设施措施，预计粤港澳大湾区公共建筑单位面积能耗可在 $130 \sim 150$ 千瓦时/（米²·年），居住建筑单位面积能耗控制在 $65 \sim 75$ 千瓦时/（米²·年）。

（3）粤港澳大湾区建筑总能耗持续增长。居住建筑能耗在 2030 年前后超过公共建筑能耗，未来居住建筑能耗将成为能源转型要关注的重点。粤港澳大湾区农村居住建筑通过大力发展可再生能源光伏一体化建筑，提高农村家用产品能效标准，农村居住建筑能耗在 2030 年达到峰值。城镇居住建筑能耗和公共建筑能耗在 2030～2035 年增速减缓。

（4）建筑部门能源结构更加清洁。建筑部门用能鼓励智能化、电气化设备，粤港澳大湾区建筑部门电力需求持续快速增长。到 2035 年，深度转型情况景下，电气化率超过 85%，人均生活用电量比 2017 年增加近一倍。

5.4.6　建筑部门能源转型阶段性目标

建筑部门能源转型路径以"宜居宜业""节能高效""清洁低碳"为战略导向，以合理控制建筑面积，加强既有建筑节能改造、加快普及超低能耗建筑，大幅提高建筑用能系统和设备效率、提高智能控制水平及优化建筑终端用能结构为主要手段，全面推进建筑能源利用方式的根本变革，实现以较少的能源消费增长，满足粤港澳大湾区城镇化和国家战略背景下能源服务水平大幅提升和建筑环境显著改善的刚性需求。

5.4.6.1　能源转型情景

1）第一阶段（2017～2025 年）

粤港澳大湾区以实际能耗为控制目标的建筑节能政策体系比较完善。制定合理的建筑面积发展目标，城市建筑面积有序增长；建筑能耗标准规范更加完善，建筑节能管理机制、技术研发、产品推广、示范工程、能力建设等建筑节能基础工作更加扎实，以实际能耗为控制目标的建筑节能政策体系逐步形成。通过推广可再生能源建筑、低能耗建筑，加强推广智能家居，到 2025 年，可再生能源一体化建筑占到新建建筑的 3%，15% 的新建公共建筑和居住建筑达到超低能耗要求，高效用能系统和设备普及率达到 25%；建筑部门电气化达到 83%，居住建筑单位面积能耗控制在 67 千瓦时/（米^2·年），公共建筑控制在 145 千瓦时/（米^2·年）。

2）第二阶段（2026～2030 年）

以建设超低能耗为核心的各项举措逐步推进。建筑面积增长率减缓，该阶段建筑部门能源转型的任务是以建设超低能耗建筑为重点，逐步推进各项节能措施。推广城镇被动式居住建筑、农村近零能耗居住建筑和超低能耗公共建筑。终端用能清洁化，可再生能源一体化建筑占到新建建筑的 5%，电网清洁化电力比达到 93%；20% 的新建公共建筑和居住建筑要达到超低能耗要求，高效用能系统和设备普及率达到 30%；建筑电气化进一步提高到 84%，居住建筑单位面积能耗控制在 73 千瓦时/（米^2·年），公共建筑控制在 153 千瓦时/（米^2·年）。

3）第三阶段（2031～2035 年）

高效、清洁、低碳、智能的建筑能源利用方式初步形成。建筑面积增长率进一步减缓，该阶段建筑部门能源转型的任务是以建筑超低能耗改造为核心，深化建筑节能各项举措，粤港澳大湾区开始形成高效、清洁、低碳、智能的建筑能源利用方式。到 2035 年，再生能源一体化建筑占到新建建筑的 8%，25% 的新建公共建筑和居住建筑要达到超低能耗要求，高效用能系统和设备普及率达到 35%；居住建筑单位面积能耗控制在 75 千瓦时 /（米²•年），公共建筑控制在 150 千瓦时 /（米²•年）。建筑部门来自电网的清洁化电力比达到 97%，建筑清洁能源利用方式大大提升。

5.4.6.2 深度转型情景

1）第一阶段（2017～2025 年）

粤港澳大湾区以实际能耗为控制目标的建筑节能政策体系更加完善。制定合理的建筑面积发展目标，城市建筑面积有序增长；建筑能耗标准规范更加完善，建筑节能管理机制、技术研发、产品推广、示范工程、能力建设等建筑节能基础工作更加扎实，形成以实际能耗为控制目标的建筑节能政策体系。通过大力推广可再生能源建筑、低能耗建筑，加强推广智能家居，提高建筑电气化水平，到 2025 年，可再生能源一体化建筑占到新建建筑的 5%，20% 的新建公共建筑和居住建筑达到超低能耗要求，高效用能系统和设备普及率达到 30%；建筑部门用电更加清洁化，来自电网的清洁化电力占比达到 91%，电气化程度达到 86%，居住建筑单位面积能耗控制在 57 千瓦时 /（米²•年），公共建筑控制在 134 千瓦时 /（米²•年）。

2）第二阶段（2026～2030 年）

以建设超低能耗为核心的各项举措全面实施。该阶段建筑部门能源转型的任务是以建设超低能耗建筑为重点，全面推进各项节能措施。普及一体化设计理念，大力推广城镇被动式住宅、农村近零能耗住宅和超低能耗公共建筑。建筑节能智能化管理手段和电气化水平更高。终端用能进一步清洁化，可再生能源一体化建筑占到新建建筑的 10%，电网清洁化电力比达到 97%；25% 的新建公共建筑和居住建筑要达到超低能耗要求，高效用能系统和设备普及率达到 35%；建筑电气化进一步提高到 87%，居住建筑单位面积能耗控制在 62 千瓦时 /（米²•年），公共建筑控制在 132 千瓦时 /（米²•年）。

3）第三阶段（2031～2035 年）

高效、清洁、低碳、智能的建筑能源利用方式全面形成。该阶段建筑部门能源转型的任务是以建筑超低能耗改造为核心，继续深化建筑节能各项举措，粤港澳大湾区形成高效、清洁、低碳、智能的建筑能源利用方式。到 2035 年，再生能源一体化建筑占到新建建筑的 10%，30% 的新建公共建筑和居住建筑要达到超低能耗要求，高效用能系统和设备普及率达到 50%；居住建筑单位面积能耗控制在 63 千瓦时 /（米²•年），公共建筑控制在 130 千瓦时 /（米²•年）。建筑部门来自电网的清洁化电力比达到 100%，建筑部门清洁用电全部覆盖。

5.4.7　建筑部门能源转型的政策建议

1）加强政策引导和规划管理

（1）强化粤港澳大湾区建设规划管理，控制建筑面积增长规模。建筑面积是影响建筑能耗的重要因素，在未来的发展过程中，人们追求宜居生活的要求将不断提高，粤港澳大湾区公共建筑需满足宜居宜业宜游的实际需求，居民建筑和公共建筑的面积将进一步增加。通过规划控制和引导新增建筑总量规模，合理引导居民居住消费需求，对于城镇居住建筑，参考日本或者欧洲发达国家中等水平的人均居住建筑面积水平，鼓励开发小户型住宅，减少奢侈型不合理居住面积需求；对于公共建筑，针对不同功能的建筑规模也要进行规划和引导，对公共活动场馆、医院、学校等服务居民生活的建筑，鼓励适当增加其建设规模。

（2）提高建筑能耗标准，加强超低能耗建筑的推广。提高建筑能耗标准门槛，逐步提高家电及其他建筑用能设备的能效标准，达到国际最佳能效水平；明确各类建筑的能耗定额标准，明确超低能耗建筑的要求，建立完善被动式超低能耗建筑的技术标准体系，并加强建筑节能标准的实施监管。普及一体化设计理念和被动式设计方法，从建筑设计、施工的建筑源头提高建筑能效；加强超低能耗建筑相关技术产品的研发和推广，研究开发高性能的绿色建材，鼓励优质建筑材料、高性能维护结构部件、高效用能设备等产业发展，为超低能耗建筑规模化推广提供支撑。

（3）建立激励机制，实施建筑节能奖励制度。经济激励是成功实施能耗标准、促进节能技术研发、推广建筑节能产品、提高社会节能意识的关键性配套政策措施。通过能源政策鼓励并授权公用事业组织实施激励性节能建筑项目，提高不同组织参与建筑节能积极性；对于新建节能建筑（含居住与公共建筑）实施税收减免政策，建筑内节能建筑设备也可获得相应的税收减免优惠；制定推广可再生能源在建筑领域应用的市场激励计划，鼓励大湾区地市政府与能源供应企业合作提供地区性的可再生能源资助计划。

2）注重建筑节能技术的研究和应用

（1）加强建筑节能技术研究。①采用高效率设备；②采用蓄冷、热电联产加强对建筑节能高新技术的研究应用，根据粤港澳气候区和环境特点，结合工程实际情况进行建筑空间的合理设计，针对每个建筑空间的使用功能进行节能设计，为粤港澳大湾区的建筑节能提供强有力的技术支持。

（2）鼓励可再生能源在建筑的应用，提高建筑用能电气化水平。创新节能低碳建筑技术，如光伏、地热—建筑一体化技术、被动式节能建筑、建筑组群的集中式热电冷联供技术等，加强可再生能源建筑应用的重大共性关键技术研究、技术开发及产业化；完善可再生能源电力上网政策，鼓励就地发电并网。大幅提高建筑用能产品能效，大力提升建筑智能化管理水平，推广智能家居，提高建筑用能电气化水平。

（3）注重对既有建筑的节能改造。制定针对既有建筑节能改造的政策，每年对一定比例的既有公共建筑进行节能改造。既有建筑改造目标主要包括提高建筑舒适度、降低建筑能耗、减少环境污染等。

3）完善建筑节能市场化机制

（1）完善建筑节能管理体系。公共建筑和居住建筑节能监管服务并重，实施建筑全生命周期的节能监管机制，形成以实际能耗控制目标的高效建筑节能政策和管理体系；加大扶持力度，重点扶持低能耗建筑、既有建筑节能改造、可再生能源、节能电力、能效产品和设备、建筑节能研究和服务机构等；运用大数据等现代化信息技术手段管理建筑节能。

（2）推行建筑物的能效标识认证。建立粤港澳大湾区建筑物的能效标识认证证书系统，对建筑物中的能源使用情况进行量化(包括照明、空调、热水供应等方面)和能耗认定。建筑物的能效证书，可效仿家用电器上的能效标签，反映建筑物的能耗属性，对建筑物进行节能改造的建议、措施及注意事项等，提高建筑商和消费者的节能意识，提高建筑物节能水平。

（3）建立建筑碳交易市场。将粤港澳大湾区建筑碳排放纳入碳交易市场，目前只有深圳将公共建筑纳入碳交易体系，规定大型公共建筑和建筑面积达到1万平方米以上的国家机关办公建筑的业主属于碳排放管控单位，实行碳排放权配额管理。未来，进一步扩大粤港澳大湾区各类型建筑纳入碳交易市场，以市场化手段进行建筑能源和碳排放管理。

5.5 粤港澳大湾区能源转型情景分析重要指标

5.5.1 能源消费总量和能源强度

不同情景下粤港澳大湾区能源消费总量如图5-64所示。基准情景下，能源消费总量持续上升，到2035年达到约3.6亿吨标准煤。能源转型情景下，能源消费总量在2030

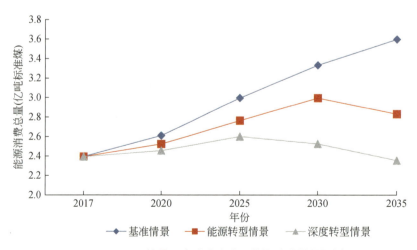

图 5-64 不同情景下粤港澳大湾区能源消费总量预测

年前后达到峰值，约为 3.0 亿吨标准煤。深度转型情景下，能源消费总量峰值提前到 2025 年，约为 2.6 亿吨标准煤，并在 2030 年前后达到一个较大的下降幅度。

如图 5-65 所示，按既定规划发展的基准情景下，到 2035 年，与 2017 年相比，粤港澳大湾区能源强度也有 59% 的下降幅度，能源转型情景下下降 67%，为 0.08 吨标准煤 / 万元；通过更强有力的能源转型举措，深度转型情景下 2035 年的能源强度是 0.06 吨标准煤 / 万元（2017 年价格）。

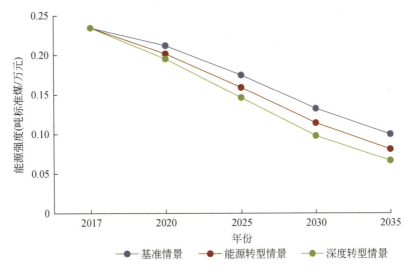

图 5-65　不同情景下粤港澳大湾区能源强度预测

5.5.2　人均能源消费量

不同情景下粤港澳大湾区人均能源消费量如图 5-66 所示。基准情景下，人均能源消

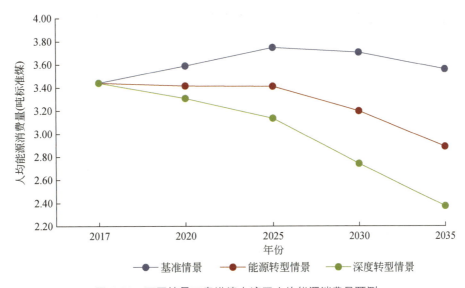

图 5-66　不同情景下粤港澳大湾区人均能源消费量预测

费量呈现先增长后下降的趋势，在 2025 年左右出现拐点，到 2035 年仍比 2017 年略高。能源转型情景和深度转型情景下，人均能源消费量都有显著下降，与 2017 年相比，2035 年转型情景下人均能源消费量下降约 20%，深度转型情景下下降幅度约为 30%。

5.5.3　二氧化碳排放量和碳排放强度

由图 5-67 可见，如果不进行能源转型，基准情景下粤港澳大湾区二氧化碳排放量持续增加，到 2035 年左右达到约 5 亿吨。能源转型情景下，二氧化碳排放量小幅增长，到 2025 年左右达到峰值，2025 年之后呈较大的下降幅度。深度转型情景下，二氧化碳排放量持续下降，并且下降幅度逐年增加。

不同情景下粤港澳大湾区碳排放强度如图 5-68 所示，不同情景下碳排放强度都有较

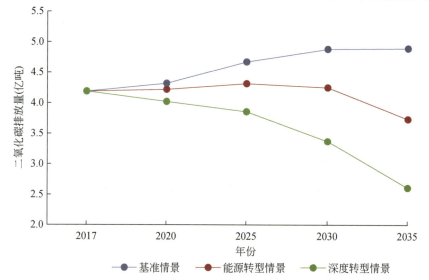

图 5-67　不同情景下粤港澳大湾区二氧化碳排放量预测

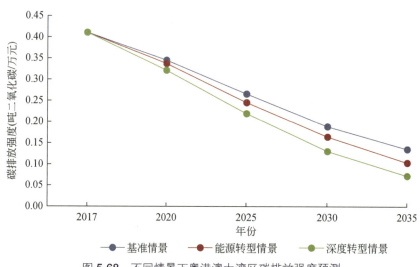

图 5-68　不同情景下粤港澳大湾区碳排放强度预测

大幅度的下降，下降趋势一致，到 2035 年，能源转型情景下的碳排放强度下降到约 0.11 吨二氧化碳 / 万元，深度转型情景下的碳排放强度约为 0.08 吨二氧化碳 / 万元。

5.5.4　电力消费总量和人均电力消费量

　　不同情景下粤港澳大湾区电力消费量均呈现较大幅度的增长（图 5-69），没有出现峰值，这个特点和粤港澳大湾区能源消费总量的中长期增长趋势不同，说明未来粤港澳大湾区用能的电气化水平不断提高。基准情景下，2035 年电力消费量为 10 000 亿千瓦时，较 2017 年增长了 86%。能源转型情景下，2035 年电力消费量约 9500 亿千瓦时，较 2017 年增长 75% 左右。深度转型情景下，2035 年电力消费量约 8800 亿千瓦时，较 2017 年增长 62% 左右。

　　不同情景下粤港澳大湾区人均电力消费量如图 5-70 所示，在 2025 年之前，三种情景下人均电力消费量均呈较大幅度的增长，2025 年之后增长幅度减缓，根据情景分析结果，估计到 2035 年的人均电力消费量增加到 8600 ~ 9900 千瓦时。

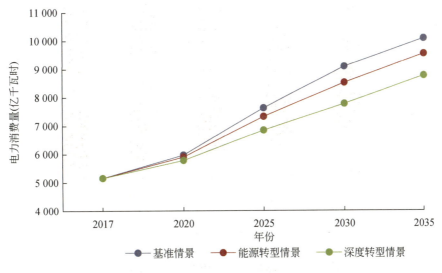

图 5-69　不同情景下粤港澳大湾区电力消费量预测

5.5.5　能源消费结构

　　粤港澳大湾区不同情景下的能源消费结构如图 5-71 ~ 图 5-73 所示，到 2035 年，粤港澳大湾区能源消费结构煤炭：油品：天然气：电力从 2017 年的 30 ∶ 34 ∶ 11 ∶ 25 变为基准情景的 9 ∶ 31 ∶ 26 ∶ 34，能源转型情景的 7 ∶ 28 ∶ 28 ∶ 37，深度转型情景的 1 ∶ 23 ∶ 34 ∶ 42。粤港澳大湾区能源消费结构调整的特点是煤炭消费量逐年快速下降；油品消费量增长缓慢，在能源转型情景和深度转型情景下，油品消费总量在 2025 年前后就出现峰值；天然气消费量逐年增长；电力消费量逐年上升。

203

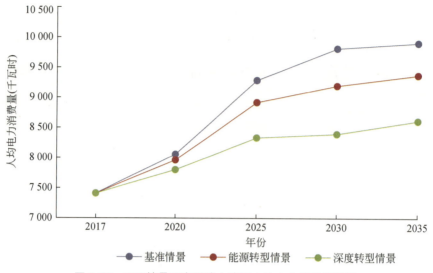

图 5-70　不同情景下粤港澳大湾区人均电力消费量预测

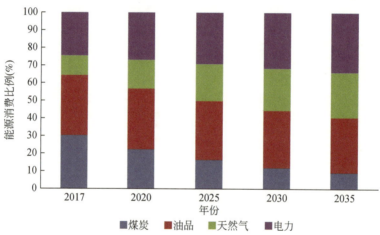

图 5-71　粤港澳大湾区基准情景下能源消费结构

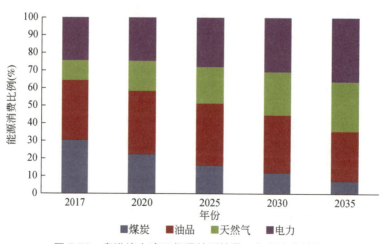

图 5-72　粤港澳大湾区能源转型情景下能源消费结构

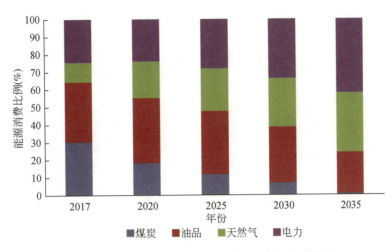

图 5-73　粤港澳大湾区深度转型情景下能源消费结构

5.5.6　分部门能源消费量

粤港澳大湾区不同情景下的分部门能源消费量（当量值）如图 5-74 ～ 5-76 所示。能源消费中一次电力按当量值折算为标准煤。在基准情景下，各部门能源消费量均呈上升趋势。在能源转型情景下，工业部门能源消费量在 2030 年左右达到峰值，约 8800 万吨标准煤，交通部门能源消费量在 2030 年左右达到峰值，约 10 000 万吨标准煤，建筑部门能源消费量持续上升，没有出现峰值。在深度转型情景下，工业部门在 2025 年前后达到能源消费峰值，约 8200 万吨标准煤，交通部门在 2025 年前后达到能源消费峰值，约 9000 万吨标准煤，建筑部门能源消费量逐年上升。

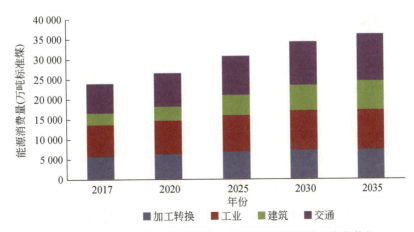

图 5-74　粤港澳大湾区基准情景下分部门能源消费量（当量值）

注：加工转换是指能源加工转换部门（主要包括电力部门），其加工转换能耗 = 一次能源投入加工
转换量—产出的二次能源量 + 转换损失量

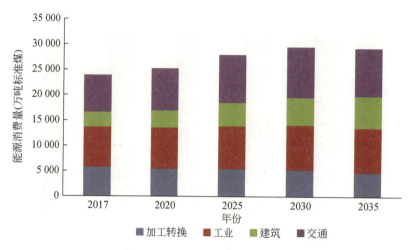

图 5-75 粤港澳大湾区能源转型情景下分部门能源消费量（当量值）

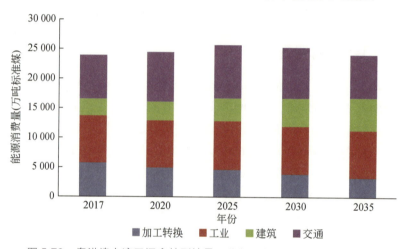

图 5-76 粤港澳大湾区深度转型情景下分部门能源消费量（当量值）

粤港澳大湾区不同情景下的分部门能源消费量（等价值）如图 5-77～图 5-79 所示。在基准情景下，各部门能源消费量均呈上升趋势。而在能源转型情景下，工业部门能源消费量在 2030 年左右达到峰值，约 11 600 万吨标准煤，交通部门能源消费量在 2030 年左右达到峰值，约 10 000 万吨标准煤，建筑部门能源消费量持续上升。在深度转型情景下，工业部门在 2025 年前后达到能源消费峰值，约 11 000 万吨标准煤，交通部门在 2025 年前后达到能源消费峰值，约 9000 万吨标准煤，建筑部门能源消费量逐年上升。

5.5.7 粤港澳大湾区能源转型情景重要指标与东京湾区的比较

2018 年 7 月日本政府通过了第五次中长期能源政策方针《能源基本计划》，提出以构建多维、多元、柔性的能源供需体系为目标，强调了从“低碳化”迈向“脱碳化”对于实现能源转型的重要性，特别是提出要积极争夺能源技术的主导权。根据本书第 2 章

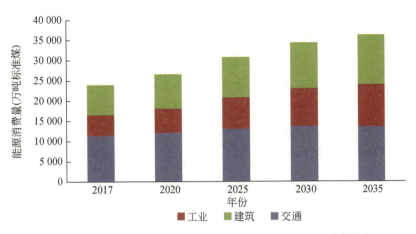

图 5-77　粤港澳大湾区基准情景下分部门能源消费量（等价值）

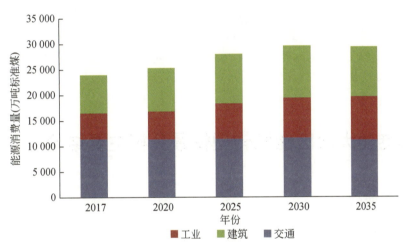

图 5-78　粤港澳大湾区能源转型情景下分部门能源消费量（等价值）

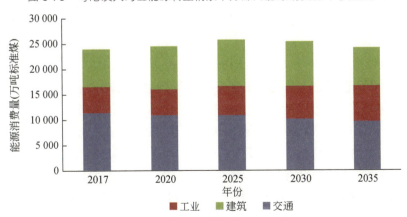

图 5-79　粤港澳大湾区深度转型情景下分部门能源消费量（等价值）

对东京湾区、旧金山湾区和纽约湾区世界三大湾区能源转型演进、驱动力及成效的分析和比较，以及第五次日本能源基本规划提出的一系列中长期能源发展及减碳目标，本节粤港澳大湾区能源转型情景重要指标与东京湾区进行比较。

（1）到 2035 年，能源转型情景下，粤港澳大湾区的 GDP 总量达到 36 亿元人民币，超过东京湾区的 16.8 亿元人民币。预计粤港澳大湾区 2035 年，人均 GDP 为 5.36 万美元，将达到纽约湾区的 60%，东京湾区的 80%。

（2）到 2035 年，粤港澳大湾区的一次能源消费量约为 2.9 亿吨标准煤，约为东京湾区的 2.25 倍，两大湾区均达到能源消费量峰值。

（3）到 2035 年，粤港澳大湾区能源强度约为 0.08 吨标准煤 / 万元人民币（2017 年价格），和东京湾区的 0.076 吨标准煤 / 万元人民币（2017 年价格）相当，碳排放强度约为 0.11 吨二氧化碳 / 万元人民币（2017 年价格），和东京湾区的 0.098 吨二氧化碳 / 万元人民币（2017 年价格）相当。

通过这些关键指标比较可知，到 2035 年，粤港澳大湾区经济发展增速远超东京湾区，经济总量大大超过东京湾区，人均 GDP 低于东京湾区；能源消费总量届时超过东京湾区，能源强度和碳排放强度都与东京湾区接近，人均能源消费约 2.9 吨标准煤，而东京湾区的人均能源消费约为 3.5 吨标准煤。到 2035 年，粤港澳大湾区能源体系的重要指标可望赶上届时东京湾区的水平。

5.6 粤港澳大湾区能源转型情景分析主要结论

5.6.1 电力部门

（1）对照世界发达国家的历史趋势，依据粤港澳大湾区的社会经济与人口发展趋势，以及粤港澳大湾区内工业、建筑和交通等领域的电力需求，预测到 2035 年，粤港澳大湾区全社会电力需求量将达到 9900 亿～ 10 000 亿千瓦时，人均用电量为 9800 千瓦时左右。

（2）粤港澳大湾区的电力消费结构将显著优化，到 2035 年新增电力需求主要由外购电、核电和气电满足，煤电大幅度下降，可再生能源利用有很大提高，但占比仍然偏低。外购电比例从 2017 年的 47.7% 增加到 52%，西电的购入数量相比 2017 年增加了约 80%，外购电清洁能源占比从 61% 上升到 83%。到 2035 年，电力消费结构中外购电、气电、核电、煤电、可再生能源发电的比例分别为 52%、20%、20%、5%、3%。

（3）粤港澳大湾区的电力装机结构也同样发生了明显的变化，到 2035 年，煤电、气电、核电和可再生能源的占比分别为：12%、44%、27% 和 17%。气电、核电装机得到快速增长，煤电装机占比大幅度下降。粤港澳大湾区将不再新增燃煤机组，现有煤电机组达到服役期即退出，剩余燃煤发电机组从提供基荷电力向提供调峰和储备电源等辅助服务转变，淘汰的燃煤发电机组主要由燃气发电机组替代，粤港澳大湾区的气源保障供应成为能源安全的关键，如果广东天然气接受站建设规划如期建设和运行，则粤港澳大湾区天然气发电需要的气量足以得到保障。

（4）粤港澳大湾区中远期可再生能源发展的潜力最大的为光伏发电，能源转型情景下到 2035 年光伏装机容量可达 1040 万千瓦，可占发电装机总量的 9%。可再生能源装机中水电资源基本完成开发，但抽水蓄能有大幅度增加，从现有的 480 万千瓦增加到 1060 万千瓦。陆上风电、海上风电和生物质发电受生态环境等自然条件限制，增量有限，到 2035 年，装机容量可分别达到 172 万千瓦、162 万千瓦和 140 万千瓦。粤港澳大湾区可再生能源的装机容量比例在 5% 左右。

（5）粤港澳大湾区的供电能耗显著下降，能源转型情景下目标是从 2017 年的 2.4 吨标准煤 / 万千瓦时下降到 2035 年的 1.71 吨标准煤 / 万千瓦时。主要得益于供电结构的清洁能源占比和化石能源效率的提高。能源转型情景下，到 2035 年，粤港澳大湾区内火电机组的发电效率提升到国内同类机组领先水平。

（6）在粤东、粤西沿海，包括潮州、汕头、揭阳、汕尾和阳江等地区，已建成一系列超临界以上煤电机组，且因地域自然资源优势，粤东、粤西沿海地区将建成投产海上风电，装机容量约 6500 万千瓦；核电机组容量可达 1400 万千瓦，可成为粤港澳大湾区的省内清洁电力供应基地，省内外购电占比从 26% 增加到 39%，增加了粤港澳大湾区的供电安全性。

5.6.2　工业领域

能源转型情景下，工业领域将保持良好的发展态势，持续为工业化、城镇化提供动力和支撑。但工业部门发展路径、模式，以及对资源能源的消耗和对环境的影响将发生根本性变化。

1）通过产业结构优化调整加快能源转型

2017 年传统产业工业增加值占工业行业增加值总量的 34% 左右，但其能源消费量占工业行业能源消费总量的 80% 以上；新兴产业工业增加值占工业行业增加值总量的 66% 左右，其能源消费占比仅为 20%。粤港澳大湾区的工业产业的能源转型中，加速高耗能低附加值的传统产业的转型升级，加快高附加值低耗能的新兴产业的培育壮大是发展重点。

通过打造新一代工业组织生产体系，加速新一代信息技术、生物技术、高端装备制造、新材料等高附加值产业发展，以"产业现代化"降低工业增加值能耗。通过充分发挥大湾区内各地市的功能互补的基础条件和可能性，加强大湾区内各地市间的相互合作，中心城市和节点城市错位发展，延伸产业链，形成粤港澳大湾区内各城市产业链条互补、协同发展的生产格局。

能源转型情景中，能源消费量到 2030 年左右将达到峰值，约为 8900 万吨标准煤，传统产业能源消费量和新兴产业能源消费量大致相同；2035 年工业部门增加值约为 2017 年的 4 倍，新兴产业占工业行业增加值比例达到 90% 左右；2035 年能源强度仅是 2017

年的 28%，实现了能耗与增加值的脱钩。

2）通过优化产能，推动传统产业转型升级

粤港澳大湾区内传统产业地区特色明显，专业镇（区）的传统产业发展模式使得部分产业成为全国乃至全球著名的优势产业，但传统产业高能耗特点制约了产业的升级发展。通过对优势产区采取存量提质发展；对非优势产区实行逐步淘汰产能，推动粤港澳大湾区内优势传统产业转型升级，使粤港澳大湾区内主要高耗能产品产量规模更聚集，能效更高。2035 年能源转型情景下高耗能行业产量将比基准情景下降 40%～60%。

3）通过智能制造和整合设计，推动能效大幅提升

对当前存量产能，特别是高耗能行业，开发、推广和运用先进、成熟、适用的各种节能低碳环保技术，大幅度提高能效水平；对新建产能，高起点建设。形成工业企业内部、行业间及工业与社会的生态链接；加快推动新一代信息技术与制造技术融合发展，形成数字化、网络化和智能化的工业生产体系，实现能源和资源利用效率的大幅提升。能源转型情景下传统产业单位产品能耗在 2025 年左右对标国际先进值、国内先进值或向行业标杆值看齐；2035 年左右粤港澳大湾区单位工业增加值能耗较基准情景下降 70% 左右。

4）通过煤炭减量和电气化，推动能源结构优化

粤港澳大湾区工业部门仍大量使用煤炭，煤炭消费量占工业能源消费总量的 30% 左右。未来在清洁能源竞争力提高、工业产业升级的背景下，能源结构将向清洁化、低碳化发展，以"去煤化"和"电气化"为转型重点。通过在陶瓷、玻璃、纺织、造纸等重点行业实施煤炭减量替代和清洁化利用，集中供热等方式压减煤炭终端直接使用量。通过推广应用工业机器人、数控机床、3D 打印等先进生产技术工艺，推进工业企业电气化。

在能源转型情景下，工业部门以煤为主的能源消费结构将被彻底转变。2035 年工业部门煤炭终端消费比例将从 2017 年 31% 的下降到 8% 左右。电气化水平大幅提高，电力终端消费比例由 2017 年的 48% 提升至 2035 年的 64%；天然气消费比例由 2017 年的 8% 提升 2035 年的 17% 左右。

5.6.3 交通领域

1）鼓励发展铁路和水路运输，推广多式联运，构建粤港澳大湾区综合交通运输体系

（1）客运交通领域：构建以高速铁路、城际铁路和高等级公路为主体的城际快速交通网络，力争实现粤港澳大湾区主要城市间 1 小时通达；突破行政区划局限，在粤港澳大湾区形成"一张网、一张票、一串城"的城际客运交通格局，实现粤港澳大湾区城际客运"公交"化；推进粤港澳大湾区机场错位发展和良性互动，建设世界级机场群；实现粤港澳大湾区公路、铁路、航空、水路客运结构由 2017 年的 59 ： 21 ： 15 ： 5 优化为 2035 年的 34 ： 45 ： 17 ： 4。

（2）货运交通领域：提升港口、航道等基础设施服务能力，完善内河航道与疏港铁路、公路等集疏运网络，增强粤港澳大湾区港口群的国际竞争力，确保水路货运的主

体地位不动摇；加强粤港澳大湾区对外铁路、公路运输通道建设，积极推进铁路引入港口和机场，加快发展铁水、公铁、空铁、江河海联运的无缝对接；实现粤港澳大湾区公路、铁路、航空、水路货运结构由 2017 年的 66.8∶0.9∶0.2∶32.1 优化为 2035 年的 42.1∶14.9∶0.2∶42.8。

2）大力发展城市公共交通

继续采取公交优先战略，在粤港澳大湾区形成公交车、城市轨道交通、出租车等多种方式相衔接的一体化公交体系，构建通畅便利的公交体系，实现到 2025 年和 2035 年粤港澳大湾区公共交通分担率分别达到 58% 和 66%。其中，公交车与轨道交通成为粤港澳大湾区公共交通的主要方式。通过新增和优化公交线网，到 2035 年实现粤港澳大湾区各城市公交站点 500 米覆盖率达到 100%，公交车运力超过 9 万辆，公交车出行比例达到 34%；城市轨道交通将快速发展，到 2035 年粤港澳大湾区城市轨道交通通车里程超过 4000 千米，逐渐成为粤港澳大湾区中心城市的主要出行方式。出租车将成为城市公共出行的有效补充，但未来的出行占比变化不大。

3）有效控制私人小汽车的增长速度和出行频率

通过推行城市小汽车总量合理调控、差别化停车费、拥堵收费、高峰期区域限行等措施，有效控制粤港澳大湾区私人小汽车的增长速度和出行频率。到 2025 年和 2035 年，粤港澳大湾区私人小汽车的保有量将分别增长至 1830 万辆和 2480 万辆，千人私人小汽车拥有量分别增至 223 辆和 244 辆，但私人小汽车的年增长速度将由 2017 年的 9.7% 下降为 2025 年的 5.1% 和 2035 年的 1.9%，城市私人小汽车的出行比例也将由 2017 年的 39% 下降至 2025 年的 35% 和 2035 年的 29%。

4）鼓励推广清洁燃料，力争在 2025 年实现石油消费达峰

加快面向长距离、大载荷电动汽车及氢燃料电池车技术研发进程，促进面向空运和海洋运输的清洁燃料替代技术和动力装备技术研发，鼓励推广清洁燃料在交通运输领域的应用。以深圳、广州为排头兵，大力推进汽车电动化进程，到 2030 年粤港澳大湾区实现公交车和出租车 100% 电动化，到 2035 年私人小汽车电动化率超过 30%，公路客运和货运中纯电动车占比分别达到 10% 和 20%；以佛山为排头兵，积极促进氢燃料电池车的示范和应用，到 2035 年粤港澳大湾区氢燃料电池车分别约占公交车和公路货车的 8% 和 6%；鼓励天然气在公路和水路运输中的推广和应用，到 2035 年天然气车 / 船约占公路客 / 货车和水路货船中的 15%；积极推进生物燃油在航空和水路运输领域的示范和推广，到 2035 年生物燃油约占粤港澳大湾区航空和水路运输用油的 6%。

5）推动交通领域技术进步，促进发展智能交通系统

加快智能交通系统建设，推进 4G/5G 等通信技术、物联网、云计算、大数据等信息技术在交通运输领域的集成应用创新，显著提升交通管理和服务水平，提高交通工具的能源利用效率。实现到 2035 年粤港澳大湾区公交车、出租车、私人小汽车等市内客运交通能源效率将较现状水平提高 15% 以上。

5.6.4　建筑部门

1）有效控制建筑单位面积能耗增长幅度

居住建筑单位面积能耗仍将增长，公共建筑单位面积能耗得到有效控制。2017 年，粤港澳大湾区居住建筑面积单位能耗平均值达到 50 千瓦时 /（米^2•年），鉴于未来粤港澳大湾区居民生活水平不断提高，基准情景下，粤港澳大湾区居住建筑单位面积能耗达到 85 千瓦时 /（米^2•年），相对于 2017 年增长率为 70%。能源转型情景下，对于城镇居住建筑，鼓励高效的炊事、照明、热水等家用电器的应用，同时限制高能耗家用电器的使用；对于农村居住建筑，在规范和引导能源使用时，更好地利用沼气、秸秆制作的生物质燃料等，发展太阳能光伏一体化（可再生能源建筑）应用。在居民生活水平逐步提高的前提下，控制居住建筑能耗的增长速度。则到 2035 年，能源转型情景下，粤港澳大湾区居住建筑单位面积能耗控制在 75 千瓦时 /（米^2•年）；深度转型情景下，粤港澳大湾区居住建筑单位面积能耗控制在 63 千瓦时 /（米^2•年）。

粤港澳大湾区未来第三产业发展迅速，产业结构变化带来的生产性服务业大幅度增加，公共建筑能耗伴随着产业集聚、创新形成的多业态混合发展也带来了一些综合用能体的能源消费都将进一步提高公共建筑能耗。对于公共建筑，未来在建筑设计阶段融入被动式设计、太阳能光伏一体化等有效的控制能耗技术和能源供应措施；在使用阶段，推广高效的用能设备，注重能源管理。未来公共建筑服务水平提高使得能耗需求上升的情况下，可以使其实际运行能耗进一步得到控制，在能源转型情景下，到 2035 年可以将公共建筑能耗控制降低 15%；公共建筑单位面积能耗控制在 150 千瓦时 /（米^2•年）；在深度转型情景下，有可能比基准情景下降 25%，公共建筑单位面积能耗控制在 130 千瓦时 /（米^2•年）。

2）粤港澳大湾区建筑总能耗持续增长

到 2035 年，基准情景下，粤港澳大湾区建筑能耗为 7239 万吨标准煤。通过大力发展超低能耗建筑，提高建筑用能产品能效，2035 年，能源转型情景下粤港澳大湾区建筑总能耗为 6317 万吨标准煤，较基准情景下降 13%；深度转型情景下总能耗为 5299 万吨标准煤，较基准情景下降 27%；三种情景下的能耗年增长率分别为 5.2%、4.4%、3.4%。三种情景下，居住建筑能耗分别在 2033 年、2031 年、2029 年左右超过公共建筑能耗，未来居住建筑能耗将成为能源转型要关注的重点。粤港澳大湾区农村居住建筑通过大力发展可再生能源光伏一体化建筑，提高农村家用产品能效标准，农村居住建筑能耗在 2031 年达到峰值。

3）粤港澳大湾区建筑部门电力需求持续快速增长

建筑部门用能鼓励智能化、电气化设备，2035 年，三种情景下粤港澳大湾区建筑部门的电力消费量分别为 4933 亿千瓦时、4327 亿千瓦时、3803 亿千瓦时，年增长率分别为 5.2%、4.4%、3.7%。能源转型情景下，粤港澳大湾区人均生活用电量由 2017 年的 1180 千瓦时 /（人•年）增长到 2035 年的 2286 千瓦时 /（人•年）；居住建筑和公共建筑耗电占总电力消费比例分别为 54% 和 46%。建筑部门电气化程度不断提高，到 2035 年，能源转型情景下建筑部门电气化率为 84%，深度转型情景下建筑部门电气化率达到 88%。

粤港澳大湾区中长期能源转型情景研究概要见表 5-9。

表 5-9　粤港澳大湾区中长期能源转型情景研究概要

转型目标：为粤港澳大湾区未来经济高质量发展提供保障 能源供应和消费以"清洁、低碳、安全、高效"为目标，实现能源转型			
基本原则：安全可靠、环境友好、经济合理、高效节能、智慧坚韧、区域合作共赢			
		面向 2025 年	面向 2035 年
能源转型重要指标的阶段性预期		- 碳排放总量在 2025 年前后达到峰值 - 能源强度较 2017 年下降约 30%，国际先进 - 非化石能源比例达到约 29% - 构建多元化清洁低碳能源体系	- 能源消费总量 2030 年前后达到峰值 - 能源强度较 2017 年下降 65%，全球领先 - 非化石能源比例达到约 38% - 形成多元化清洁低碳能源体系 - 持续向非化石能源为主的能源体系转型
能源供应	电力	大幅提高煤电清洁利用水平，逐步淘汰服役期满煤电 增加天然气调峰机组，大力推广分布式天然气多联供机组 加快核电建设；逐步提高光伏、风电和生物质发电的装机容量 非化石能源发电装机占比约 27% 扩大西电外购，逐步增加省内核电和风电外购	清洁煤电主要转为调峰和备用机组 气电成为电力生产的主力电源之一 核电、风电、光伏发电、生物质发电占比大幅提升 非化石能源发电装机占比达 45% 以零碳电力为主的省内和西部供电共同保障粤港澳大湾区用电需求的 52% 左右 粤港澳大湾区实现 100% 清洁化电力供应
能源消费	工业	完成高耗能产业转型提质增效，高附加值新兴产业为新的经济发展动力 行业工业增加值能耗和产品单耗达到全国领先水平 工业电气化水平不断提高	完成新旧动能转换，粤港澳大湾区经济发展主要贡献来自新兴产业 工业增加值能耗和产品单耗达到国际领先水平 工业电气化水平达到 65% 左右，中心城市工业用能无煤化
	交通	提高粤港澳大湾区公交分担率；铁路和水路分流客运和货运量，发展智能交通系统 城市公共交通实现电气化，氢燃料电动车进入示范阶段 交通工具能源效率较 2017 年提高 3%～6% 2025 年前后交通部门石油消费总量达峰	粤港澳大湾区综合智能交通体系形成。市内客运转为公交出行为主，城际客运和货运转向铁路运输和水运为主 生物质燃料进入应用，电动车、氢燃料车成为主流交通工具 交通工具能源效率较 2017 年提高 10%～15% 2030～2035 年交通部门能源消费总量达峰
	建筑	合理规划建筑面积： 建筑面积较 2017 年增加约 32%，主要来自城市居民建筑和服务业增长 发展节能低碳建筑： 从设计、材料、新能源利用入手，严格执行建筑能效标准 提高电气化比： 电气化率提高到 84%	控制建筑面积增长： 建筑总面积较 2017 年增加低于 78%，增速降低 发展低/零碳建筑： 广泛推进智能建筑、自然能源一体化建筑，执行更严格的能效标准 提高电气化比： 电气化率提高到 88% 粤港澳大湾区建筑能效达到国际领先水平

第6章 能源转型推动粤港澳大湾区可持续发展的分析

粤港澳大湾区能源转型中长期情景研究表明,通过中长期能源规划合理控制能源消费总量、减少化石能源消费,对标世界三大湾区先进水平,合理确定单位 GDP 能耗下降目标,缩减高耗能产业发展规模,提高电气化水平;创新智慧、开放、融合的现代能源体系,加强粤港澳大湾区城市群之间的能源管理规则对接,可以为粤港澳大湾区城市群的社会经济发展提供高质量的能源供应保障,并且将从以下四个方面推动粤港澳大湾区的可持续发展。

6.1 能源转型为粤港澳大湾区发展注入清洁新动能

6.1.1 带动粤港澳大湾区战略性新兴产业发展

在第四次工业革命的大背景下,新的技术和产业多点爆发,能源成功转型需要新技术、绿色金融、新一代信息技术产业、新材料的支撑,这些新的技术和产业在能源转型过程中得到发展,逐渐成熟,并形成新的能源需求推动能源转型的持续深化。粤港澳大湾区作为未来具有全球影响力的国际科技创新中心,一批新兴产业首先在具有技术基础和人才储备的城市兴起,逐渐传递到其他城市,形成多个产业集聚带,其中,环保装备制造业有望成为粤港澳大湾区新兴产业的重要力量。

在生态文明建设、绿色发展和低碳发展的治国方针下,低碳节能环保型产业将成长为新兴产业中的重要分支,对吸纳就业人口、创造绿色产值、撬动投资需求、促进粤港澳大湾区经济与环境协同发展将发挥重要作用。低碳节能环保技术研发和装备制造是一个新的增长点。

工业、交通、建筑、电力这些国民经济关键部门的用能结构和方式将发生改变,创造出新的消费需求、牵引产业创新发展,有力助推粤港澳大湾区产业结构向知识和技术密集型转变。为绿色低碳产业、高端制造业、电子信息产业、能源服务业发展拓展巨大空间,使其成长为多个"10 万亿元"级别的广东"新支柱产业"。

6.1.2　催生技术创新和普及应用

能源转型将推动一系列能源科技创新工作，夯实基础研究、掌握自主技术，突破卡脖子问题，使氢能技术、储能技术、信息技术、人工智能、大数据技术这些先进技术在粤港澳大湾区能源体系建设中得以应用，推动能源生产和消费革命。回望世界石油工业的发展历程，一些颠覆性技术正是在油价低迷或开发条件复杂化的环境下应运而生的，并由此推动了油气业务的转型升级，充分体现了技术创新的商业性和业务驱动性。当前，科学技术创新和由此带动新兴产业发展是粤港澳大湾区走向国际一流湾区最大的引擎所在，在能源转型进程中不断推出的新技术、新装备、新业态以及一体化的解决方案将引领我国能源科技发展，加快其他地区的能源革命进程。

6.1.3　建设可持续的现代能源基础设施

能源转型将带动交通、天然气管网、电网、充电站等能源公共基础设施建设，未来能源体系将向以新能源与可再生能源为主的结构过渡，能够实现需求侧管理和供需平衡优化控制的城市智慧能源系统将成为能源基础设施中全新的重要组成部分。能源转型变革的根本任务是构建清洁、低碳的新型能源体系。电能是清洁能源的最终利用形式，也是效率最高的利用方式。推动能源转型中的"再电气化"，紧紧围绕散烧煤替代，通过严格的环境制度、产业政策等约束中小燃煤锅炉、窑炉和散煤的使用，采取多种措施鼓励居民等终端用户以电代煤；充分发挥高效煤电机组作用，将煤转化成更多的电。集中开发新能源，以中长期能源转型为主线，坚持优质整装新能源基地化、规模化发展方向，推动大型陆上风电、海上风电等资源连片开发，降低新能源的投资建设运维成本。同时，加快清洁能源消纳，加快"西电东送"外送工程建设，坚持无歧视性原则和节能环保调度，确保清洁能源同网同价。

6.2　能源转型保障粤港澳大湾区经济高质量发展

6.2.1　能源消费总量和碳排放总量增长得到有效控制

低碳发展作为广东及粤港澳大湾区经济社会发展的重大战略和生态文明建设的重要途径，有效控制温室气体排放，加快科技创新和制度创新，健全激励和约束机制，加强碳排放和大气污染物排放协同控制，强化低碳引领，推动供给侧结构性改革和消费端转型是可持续发展的有力抓手。通过能源转型，到 2035 年可以将粤港澳大湾区能源消费总量控制在 2.9 亿吨标准煤水平，总量增长在 2030 年前后进入平台期，早于全国 2040 年前后能源消费总量达峰的时间节点；二氧化碳排放总量有望在 2030 年以前达到峰值，早于全国 2030 年前后碳达峰的时间节点，发挥了粤港澳大湾区的模范带头作用。

6.2.2 满足人民生活质量提升的需求

随着粤港澳大湾区建设的推进，将吸引国内外各类人才涌入粤港澳大湾区城市群，人口总量势能、人才结构红利和素质资本的叠加优势将成为推进粤港澳大湾区经济持续增长的社会因素。随着人口增加、城镇化持续推进，居民收入水平的提高，人民对美好生活质量的要求日益提升。对能源需求，特别是电力消费需求将大幅提升，有利于能源供给结构的清洁化，同时也对电力供应造成了巨大的挑战。

能源转型情景下，2035 年粤港澳大湾区人均生活能源消费和人均生活用电预计达到届时日本东京湾区水平，同时人均能源消费在 2030 年前开始逐年下降。以清洁、低碳为特征的能源结构可以为满足人民追求美好生活愿望提供强劲的绿色动能支撑，同时改善生态环境，为粤港澳大湾区居民营造美好的生活环境。

6.2.3 能源强度大幅度减低

经济增长、社会包容与环境保护是联合国可持续发展目标的核心。要实现粤港澳大湾区可持续发展，必须以低能耗支撑经济高增长。单位 GDP 能源消费量是表征经济体用能效率最显著的指标。能源转型情景下，高耗能产业快速退出，低能耗高附加值的智能制造和新型服务业兴起，同时由于能源供应结构的低碳和清洁化，使粤港澳大湾区单位GDP 能耗快速下降，到 2035 年，粤港澳大湾区 GDP 在全国占比由 2017 年的 12% 提高到约 15%，能源消费量占比由 2017 年的 5.5%（全国能源消费量为 43 亿吨标准煤）提高到约 6%（全国能源消费量约 55 亿吨标准煤），仅增加不到 1 个百分点，有力地支撑了粤港澳大湾区可持续发展，能源转型取得显著成效。

6.2.4 促进粤港澳大湾区建设生态文明

到 2035 年，与基准情景相比，能源转型情景可以实现二氧化硫、氮氧化物、$PM_{2.5}$ 排放量分别下降 60%、20%、27%；珠三角大气中二氧化氮浓度由比 2017 年增加 5% 转变为比 2017 年降低 8.4%；在现有污染物治理水平不变、仅考虑能源替代和节能的前提下，测算得到的 $PM_{2.5}$ 年平均浓度比 2017 年降低 5.1%，大气污染物排放得到有效控制，为保护和修复生态环境、保护蓝天碧水青山做出重要贡献。

6.3 能源转型推动粤港澳大湾区城市群协同发展

6.3.1 能源供需协同调配，推进城市群经济协同发展

突破行政区划制约，通过能源优势和经济优势互补协同，实现比粤港澳大湾区城市

各自为政更大的竞争力和经济活力，区域发展更加均衡，带动港澳融入国家发展大局。能源转型情景下，粤港澳大湾区产业协同发展、城市之间的关联度和融合度提高，通过能源供需协同调配，效率得到极大提升，推进了城市群经济协同发展，城市间财富差距进一步缩小，2035 年粤港澳大湾区城市间人均 GDP 差距比 2017 年缩小了 38% 左右。

6.3.2　带动广东"一核一带一区"均衡发展

创新构建开放、连通、共享、共济型的区域能源安全机制，带动广东"一核一带一区"均衡发展。在能源转型过程中，通过吸纳阳江核电、建设沿海清洁能源基地、能源基地转移、天然气接收站等广东省内能源设施布局，加强了珠三角核心区、沿海经济带和生态发展区之间的产业关联和互联互通，促进粤东、粤西、粤北经济发展，提高了欠发达地区的发展能力，同时也增强了粤港澳大湾区能源安全保障。

6.4　能源转型推动粤港澳大湾区开放发展

6.4.1　加强区域能源合作，助力西部经济发展

能源转型深化了广东在国家西电东送工程中的战略定位，在粤港澳大湾区能源供应布局中充分发挥西部电力对粤港澳大湾区供电的保障能力，未来西部清洁电力购入将持续增长，以支持西部发展。加快西部送电工程建设，提高电网的消纳、预警、储备和调度能力，有助于实现柔性、智慧的区域能源网络，创新电力跨境交易机制。

6.4.2　服务"一带一路"建设

能源转型推动粤港澳大湾区的产业结构提质优化，加快完成新旧动能转换，未来粤港澳大湾区的新兴产业链布局以及能源安全布局更具有开放性、包容性、共享性，对"一带一路"沿线国家发展起到示范和带动作用，也为"一带一路"沿线国家共谋发展提供了机遇。

第7章 粤港澳大湾区能源转型政策建议

结合粤港澳大湾区的战略定位及国家能源发展总体战略要求，粤港澳大湾区能源转型的战略目标可设定如下。

一是成为清洁能源绿色发展的示范区。实施绿色发展战略，促进能源与环境的协调发展，着力优化调整能源结构，大力推动清洁绿色能源的发展，降低煤炭消费总量，提升非化石能源比例，最大限度地减少能源行业污染物排放，建成我国清洁能源绿色发展的示范区。

二是成为智慧能源创新发展引领区。充分利用智能化、信息化、互联网、物联网等手段，将智慧城市建设、互联网发展、智能化信息化技术与能源系统及能源市场发展深度融合。开展多种形式的智慧能源、能源互联网技术创新与模式创新。激发创新活力，带动能源互联网新技术、新模式和新业态发展，打造智慧能源创新发展的引领区。

三是成为能源管理体制机制改革的先行地。以构建国际一流、国内领先的现代能源系统为目标，探索创新能源管理体制机制，打破现阶段区域之间发展的壁垒，大力推动粤港澳三地能源协同发展及市场一体化发展。借鉴国际及港澳地区能源行业先进管理经验，积极推进能源领域行政管理体制改革和能源市场改革。

四是成为重大能源装备与制造基地。坚持高端引领的发展战略指向，努力建设能源科技自主创新高地，打造核电、海上风电、海洋能利用、深海油气勘探开发等领域规模和水平居世界前列的先进制造产业基地，培育一批具有国际竞争力的世界级企业和品牌。

五是成为"一带一路"能源国际合作的窗口和桥梁。立足于粤港澳地区的区位优势，充分发挥"窗口"和"桥梁"作用，不断加强与"一带一路"沿线国家的能源合作，在能源的进口、基础设施建设、装备制造、投融资体系等方面开展全方位的合作。积极融入国际能源市场，扩大国际影响力，建立全方位、多层次、宽领域、高水平的国际能源合作新格局。

为实现粤港澳大湾区能源转型目标和战略目标，从粤港澳大湾区经济、能源供应、能源消费、能源安全、科技创新、能源管理、能源服务、保障举措八个方向提出政策建议。

7.1　打造低能耗高产出的粤港澳大湾区经济体

能源转型目标和任务需要落实到粤港澳大湾区经济社会发展的各项规划中。中长期能源总量控制有 50% 以上的贡献要来自产业结构和交通出行方式的调整。粤港澳大湾区产业和交通等领域发展规划要和能源转型和碳减排的目标及方向协同，充分利用粤港澳大湾区能源转型的机遇期；编制粤港澳大湾区经济发展规划需要增加用能权预算和碳预算相关内容，便于对能源目标完成度进行阶段性考核，使政府对新建项目、能源储备、需求响应、基础设施投入具有前瞻性、科学性和预警性。

7.2　建设清洁能源为主的多元化能源供应格局

加快确定天然气能源的主体地位，积极发展核电以及新能源与可再生能源，严格控制煤炭消费总量，进一步提高煤炭清洁利用水平。到 2025 年，以提高清洁能源比例为主要目标；2035 年，以提高非化石能源比例为主要目标。

积极推进清洁电力供应替代落后煤电机组。坚持逐步退出服役期满的煤电机组，退出容量和新增电力主要由外购电、气电、核电、清洁煤电以及可再生能源发电来满足。

促进能源区域合作，提高粤港澳大湾区外购电比例。把粤西、粤东新建核电和海上风电、西部水电作为粤港澳大湾区电力保障的重要组成部分，建立电力供应合约机制，提高粤港澳大湾区供电安全，并以此积极推进可再生能源发展，实现粤港澳大湾区清洁电力比例达 100%。

7.3　以产业绿色低碳转型促进能源转型

推进节能环保产业，大幅降低单位 GDP 能耗；以工业减煤和提高电气化为核心，到 2035 年力争使粤港澳大湾区非发电用煤趋零。

促进交通运输领域清洁低碳发展。加快建设铁路和水路运输等多式联运的粤港澳大湾区综合交通运输体系；大力发展城市公共交通；鼓励交通领域推广清洁燃料替代；力争在 2025 年实现石油消费达峰。

实施以低能耗建筑为核心的建筑节能举措。大力发展光伏—建筑一体化技术；实施建筑全生命周期的节能监管机制；到 2035 年，能源转型情景下的建筑能耗比基准情景下降 23%。

7.4 保障粤港澳大湾区天然气资源与供应安全

合理规划天然气接收站和储气调峰库，增设油气储备设施，出台相应的储备补偿机制；推动粤港澳大湾区内天然气主干管网多主体融合，避免未来液化天然气接收站产能过剩；推动天然气基础设施向第三方开放，为鼓励更多企业到国际市场竞争开拓气源提供条件，降低海外购气成本，有效降低用气价格。

加强粤港澳大湾区能源基础设施互联互通建设。保留退出煤电设施的用地属性，为新增电力设施提供用地和公共基础设施保障；改善局部电网输送电能力的薄弱现状，加强对香港和澳门的送电送气通道建设，保障港澳用电用气安全；通过提高粤港澳大湾区内城市之间的应急调配能力，加强灾备安全。

完善粤港澳大湾区天然气价格机制，推动出台气电联动或两部制电价的燃气发电及燃气热电联产的政策，理顺天然气定价机制；依托香港金融中心优势，建立粤港澳大湾区天然气交易中心，在国际市场上争取天然气定价话语权。

7.5 以技术创新支撑粤港澳大湾区实现能源转型

创新绿色电力技术，大幅提高清洁能源发电比例。主要包括：可再生能源并网及先进储能技术；海上风电场自主创新成套技术；太阳能、风能转换新材料及寿终产品再生利用技术；超洁净火力发电技术和末端污染物治理技术（煤电、气电）。

创新交通领域绿色能源技术，支撑粤港澳大湾区率先突破交通用能的油品锁定。主要包括：长续航、大载荷电动汽车及氢燃料电池车技术；面向空运和海运的清洁燃料替代技术；4G/5G 等通信技术、物联网、云计算、大数据等信息技术在智能交通领域的应用技术。

创新节能低碳建筑技术，并在全社会形成绿色低碳的行为意识。主要包括：光伏、地热—建筑一体化技术；被动式节能建筑；建筑组群的集中式热电冷联供技术。

创新智慧能源（电力）系统技术。粤港澳大湾区能源企业，应该抓住粤港澳大湾区能源转型带来的巨大市场机遇，在绿色低碳新市场中抢增量，在消费需求升级中提升生产经营服务水平，布局前沿能源科技、加强研发投入，培养专业人才队伍，提升创新驱动能力，拥抱"互联网＋智慧能源"及其带来的新技术、新模式和新业态，培育自身核心竞争力，推动由单一能源供应商向清洁、低碳、智慧的综合能源服务商转型。

解决工程技术卡脖子问题和前瞻部署应用基础研究并举，加大技术推广应用力度，高起点、高标准规划粤港澳大湾区能源体系建设，同时带动能源新兴产业和能源服务业的做强做大。

7.6　以节能减排机制创新促进能源利用效率提高

继续深入推进重点行业节能减排，加强研究粤港澳大湾区内能源发展规划与经济产业发展规划的协调和衔接，分类制定能源消费总量控制目标，对于积极发展非化石能源、能源强度和碳排放强度下降率显著的地区给予政策倾斜。

推动粤港澳大湾区能源市场机制建设。加快探索一国两制背景下的电力市场交易、碳排放权交易、用能权交易，充分发挥市场化机制的调控作用。试点加油（气）站运营主体开放的市场化机制，由市场竞争形成价格。进一步促进加气站、加油站向境外开发的力度。

加强交通能源融合发展。鉴于未来交通用能将是主要能耗之一，应将交通发展与能源发展深度融合，实施宏观调控，建立联动机制，避免各自为政。

7.7　积极培育综合能源服务新兴产业

积极培育为满足多元化能源生产需求的综合能源服务方式。业务涵盖能源规划设计、能源系统运营服务、电力市场交易以及投融资服务等方面。

做好工业及建筑能效提升服务。帮助企业和业主节能增效，包括通过使用信息技术、物联网技术、人工智能技术等监测、调度和优化，提高能源效率，减少能源开支。积极对接香港建筑能效管理制度和专业人才。

鼓励发展第三方能源服务商。开展电力、热力销售服务，绿色能源采购，利用低谷能源价格的智慧用能管理服务，开展电力交易、碳交易、碳资产管理和信贷金融服务，做强生产性能源服务新兴产业。

建立农村能源发展模式，提高农村能源服务标准化、专业化水平。建立种植业废弃物、养殖业废弃物及非碳能源为基础的农村能源发展模式；提高农村能源，如光伏电站、沼气及其电站等设施的运维和专业服务的标准化、专业化水平。

7.8　建立粤港澳大湾区民间能源发展协调机构

建立粤港澳大湾区民间能源发展协调机构，服务于能源及环境公共事务管理。采取以粤港澳多个智库联合组建的独立咨询和协调机构，协助政府对涉及诸如环境保护、港口协调、能源供需调配、物流运输等事务进行规划、协调、咨询、评估。

参 考 文 献

澳门统计暨普查局 . 澳门统计数据 2010-2017. https://www.dsec.gov.mo/TimeSeriesDatabase.aspx[2019-7-24].

澳门统计署 . 2018. 澳门人口推算 2016-2036. https://www.dsec.gov.mo/CensosWebDB/#!/main#% 2Fmain% 3Flang=cn[2019-8-14].

陈成 , 万相昱 . 2018. 中国宏观经济联立方程模型以及预测 . 数量经济研究 , 9(1):1-24.

陈德宁 , 陈军才 , 刘冬林 . 2019. 粤港澳大湾区视域下内地与澳门经济耦合实证研究 . 学术论坛 , 42(3):89-97.

戴东昌 . 2018-10-14. 粤港澳大湾区现代化交通运输体系基本形成 . 新京报 , (A10).

丁艳 , 晏烽 . 2019. 粤港澳大湾区背景下佛山市高端物流产业发展对策研究 . 广州城市职业学院学报 , 13(3):52-57.

傅崇辉 . 2016. 家庭转变的动态过程及其环境负载研究 . 人口研究 , 40(2):23-37.

傅崇辉 , 王文军 , 曾序春 , 等 . 2013. 生活能源消费的人口敏感性分析——以中国城镇家庭户为例 . 资源科学 , 35(10):1933-1944.

傅崇辉 , 王文军 , 汤健 , 等 . 2014. PM2.5 健康风险的空间人口分布研究——以深圳为例 . 中国软科学 , (9):78-91.

傅莎 . 2012. 基于能源系统模型的中国低碳发展技术战略和政策选择研究 . 北京 : 中国人民大学 .

港珠澳大桥管理局 . 2019. 港珠澳大桥项目简介 . https://www.hzmb.org/Home/Enter/Enter/cate_id/19.html [2019-10-10].

谷立静 , 张建国 . 2017. 重塑建筑部门用能方式实现绿色发展 . 中国能源 , 39(5):21-25, 33.

广东省建设厅建筑节能现状调查小组 . 2008. 广东省建筑节能现状调查报告 . 广东建材 , (1):6-19.

国际能源署 . 2013. 交通用生物燃料技术路线图 . 巴黎 : 国际能源署 .

国家统计局 . 2019. 民生活实现历史性跨越 阔步迈向全面小康 . http://www.stats.gov.cn/tjsj/zxfb/201908/ t20190809_1690098.html[2019-9-27].

黄秀连 , 潘雪 . 2017. 旧金山湾区发展启示：从淘金胜地到科技硅谷的涅槃之路 . 北京 : 中国指数研究院 .

黄莹 , 郭洪旭 , 廖翠萍 , 等 . 2019. 基于 LEAP 模型的城市交通低碳发展路径研究——以广州市为例 . 气候变化研究进展 . 15(6): 670-683.

黄莹 , 郭洪旭 , 谢鹏程 , 等 . 2017. 碳普惠制下市民乘坐地铁出行减碳量核算方法研究——以广州为例 . 气候变化研究进展 , 13(3): 284-291.

黄莹 , 廖翠萍 , 赵黛青 . 2011. 基于情景分析法的广东交通运输节能减排潜力研究 . 开放导报 , (4): 40-43.

焦桂花 , 傅崇辉 , 王玉霞 . 2019. 平均家庭户规模的模拟与预测——基于改进的 Bi-logistic 方法 . 统计与信息论坛 , 34(6):98-106.

劳伦斯·R. 格里 , 戴维·E. 麦克纳布 . 2016. 美国的能源政策：变革中的政治、挑战与前景 . 付满译 . 南京 : 江苏人民出版社 .

李广 . 2016. 基于联立方程组模型的中国宏观经济预测 . 北京 : 中国财政科学研究院硕士学位论文 .

李平 , 江飞涛 , 王宏伟 , 等 . 2011. 2030 年中国社会经济情景预测——兼论未来中国工业经济发展前景 . 宏观经济研究 , (6):3-10.

李志坚 , 叶茂桂 . 2019. 粤港澳大湾区推进协同创新发展的问题与对策 . 科技中国 , (10):30-34.

廖萍康 . 2019. 关于粤东西北地区对接融入粤港澳大湾区的思考 . 广东经济 , (8):24-29.

刘坚 , 钟财富 . 2019. 我国氢能发展现状与前景展望 . 中国能源 , 41(2): 32-36.

刘俊伶 , 孙一赫 , 王克 , 等 . 2018. 中国交通部门中长期低碳发展路径研究 . 气候变化研究进展 , 14 (5): 513-521.

刘胜 . 2019. 以高端生产性服务业推动粤港澳大湾区制造业高质量发展 . 广东经济 , (8):12-15.

刘世锦 . 2015. 中国经济增长十年展望 (2015—2024): 攀登效率高地 . 北京 : 中信出版社 .

鲁飞 , 尧灿丽 . 粤港澳大湾区机场群为何能建成世界级航空枢纽 . 2018-06-21. http://www.ccaonline.cn/news/top/419725.html[2019-7-18]

邵宇 , 秦培量 . 2013. 危机三部曲 全球宏观经济 金融 地缘政治大图景 . 上海 : 文汇出版社 .

斯坦利•L. 恩格尔曼 , 罗伯特•E. 高尔曼 . 2018. 剑桥美国经济史 . 北京 : 中国人民大学出版社 .

孙燕 . 2007. 我国宏观经济函数系数计量的联立模型及其估计 . 统计与决策 , (3):39-40.

汪瑞琪 , 陈建均 . 2020. 基于潜能模型的粤港澳大湾区民用机场公路交通网络可达性研究 . 公路 , (4): 225-231.

王丽珍 . 2015. 保险波动、宏观经济波动与区域差异——基于联立方程模型的研究 . 宏观经济研究 , (9):50-57, 116.

王凌霞 . 2019-09-30. 加强粤港澳大湾区电子信息产业区域协同 . 中国计算机报 , (14).

王洛林 , 张季风 . 2013. 日本经济与中日经贸关系 . 北京 : 社会科学文献出版社 .

王文军 , 骆志刚 , 赵黛青 . 2011. 低碳科技服务业发展研究——兼论广东省低碳科技服务业的现状与未来 . 广东商学院学报 , 26(1):63-69.

王文军 , 谢鹏程 , 李崇梅 , 等 . 2018. 中国碳排放权交易试点机制的减排有效性评估及影响要素分析 . 中国人口•资源与环境 , 28(4):26-34.

王文秀 , 匡耀求 , 黄宁生 . 2014. 广东省能源消费碳排放空间自相关分析 . 环境科学与技术 , 37(3):180-187, 193.

魏晶 , 韩子睿 , 陈艳 , 等 . 2016. 建设"全球有影响的产业科技创新中心"的内涵与对策 . 天津科技 , 43(2):4-6.

魏凯 , 卜羽勤 , 陈梦妍 . 2018-04-03. 出租车数量管控之争: 人均出租车保有量低于国际水平 . 南方都市报 , (AA04105).

吴敬琏 . 2006. 中国增长模式抉择 . 上海 : 上海远东出版社 .

吴宗鑫 , 滕飞 . 2015. 第三次工业革命与中国能源向绿色低碳转型 . 北京 : 清华大学出版社 .

香港环境保护署 . 2015. 香港都市节能蓝图 2015 ~ 2025+. https://www.epd.gov.hk/epd/SEA/sc/index.html[2019-7-30].

香港环境保护署 . 2017. 香港气候行动蓝图 2030+. https://www.epd.gov.hk/epd/SEA/sc/index.html[2019-7-25].

香港政府统计处 . 2017. 香港人口推算 2017-2066. https://www.censtatd.gov.hk/home.html[2019-9-23].

谢克昌 . 2017. 推动能源生产和消费革命的战略研究 . 北京 : 科学出版社 .

谢鹏程 , 王文军 , 廖翠萍 , 等 . 2018. 基于能源活动的广州市二氧化碳排放清单研究 . 生态经济 , 34(3):18-22.

徐滇庆 , 刘颖 . 2016. 看懂中国产能过剩 . 北京 : 北京大学出版社 .

徐芳燕 , 张芝婷 . 2019. 粤港澳大湾区城市群技术进步的差异性——基于 2007—2016 年面板数据 . 浙江树人大学学报 (人文社会科学), 19(5):32-38.

徐枫 . 2019. 粤港澳大湾区发展成为国际创投中心的前景展望 . 华南理工大学学报 (社会科学版), 21(5):1-11.

闫建涛 . 2018. 多国将传统燃油车禁售提上日程 能源替代竞争压力冲击石油行业 . 国际石油经济 , 26(1): 16-17.

杨冠淳 . 2013. 关于中国远期运输需求和交通业能源消费的思考 . http://doc.xueqiu.com/145d035c22f26c3 fe7285181[2017-12-17].

张戈 , 杨燕红 , 刘峰 . 2018. 我国氢燃料电池汽车标准体系的现状及分析 . 重庆理工大学学报 (自然科学), 32(12): 21-30.

张国强 . 2019. 粤港澳大湾区港口群优化协调发展研究 . 综合运输 , 41(1): 1-6.

张季风 .2016. 日本经济结构转型：经验、教训与启示 . 北京：中国社会科学出版社 .

张其仔 , 郭朝先 , 杨丹辉 . 2015. 2050：中国的低碳经济转型 . 北京：社会科学文献出版社 .

张恬 .2019. 粤港澳大湾区 9+2 城市智慧物流产业升级及供应链生态闭环系统研究 . 物流工程与管理 , 41(9):101-104, 85.

赵黛青 , 蔡国田 , 廖翠萍 , 等 . 2019. 中国区域能源转型与低碳发展战略及政策研究 . 新能源进展 , 7(2):190-198.

中国建筑节能协会能耗统计专业委员会 . 2018. 中国建筑能耗研究报告 (2018 年). 上海：中国建筑节能 协会 .

中国新闻网 , 2017. 统计局：2016 年全国居民人均住房建筑面积 40.8 平方米 .http://www.chinanews.com/ cj/2017/07-06/8270373.shtml[2019-7-14].

朱跃中 , 伊文婧 , 田智宇 , 等 . 2017. 重塑能源：中国面向 2050 年能源消费和生产革命路线图 (交通卷). 北京：中国科学技术出版社 .

住房和城乡建设部标准定额研究所 . 2016. 中国民用建筑能耗总量控制策略——民用建筑节能顶层设 计 . 北京：中国建筑工业出版社 .

住房和城乡建设部标准定额研究所 , 深圳市建筑科学研究院股份有限公司 , 清华大学建筑节能研究中心 . 2018. 国家标准《民用建筑能耗标准》实施指南 . 北京：中国建筑工业出版社 .

邹晓锐 .2018. 珠三角地区城镇民用建筑能耗情况初步分析 . 墙材革新与建筑节能 , (7):56-59.

2050 中国能源和碳排放研究课题组 . 2009. 2050 中国能源和碳排放报告 . 北京：科学出版社 .

Association of Bay Area Governments. 2018. Plan Bay Area Projections 2040. http://www.bayareametro. gov[2019-9-7].

Claire S J, Dinh T M, Fanai A K, et al. 2015. Bay Area emissions inventory summary report: Greenhouse gases. San Francisco, CA, USA: Bay Area Air Quality Management District.

Huang Y, Liao C P, Zhang J J, et al. 2019. Exploring potential pathways towards urban greenhouse gas peaks: a case study of Guangzhou, China. Applied Energy, 251: https://doi.org/10.1016/j.apenergy.2019.113369.

Metcalf G. 2018. Four Future Scenarios for the San Francisco Bay Area. https://www.spur.org/sites/default/files/ publications_pdfs/SPUR_Future_Scenarios_for_the_SF_Bay_Area_print.pdf[2019-8-27].

Stockholm Environment Institute, Tellus Institute. 2005. LEAP: long range energy alternatives planning system, user guide for LEAP 2005. http://forums.seib.org/leap/documents/Leap 2005 User Guide English.pdf[2016-9-18].

Tam L, Jo Szambelan S. 2016. Fossil-Free Bay Area: a cleaner future for the region's energy. https://www.spur. org/sites/default/files/publications_pdfs/SPUR_Fossil_Free_Bay_Area.pdf[2019-9-12].

UNEP. 2014. Energy-Efficient Measures in Building Retrofits Can Deliver Increased Profits and Address Climate Change.https://www.unenvironment.org/news-and-stories/press-release/energy-efficient-measures-building-retrofits-can-deliver-increased[2019-8-4].